智能车辆先进技术丛书

无人驾驶汽车概论

陈慧岩　熊光明　龚建伟　姜　岩　主编

北京理工大学出版社

BEIJING INSTITUTE OF TECHNOLOGY PRESS

内容提要

本书总结了北京理工大学智能车辆研究所长期研究无人驾驶汽车技术的经验和成果，并借鉴了国内外相关科研成果，结合无人驾驶汽车的新发展，对无人驾驶汽车技术涉及的重点内容进行了全面的介绍。

全书共9章，主要包括无人驾驶汽车的产生与发展，无人驾驶汽车的体系结构，无人驾驶汽车环境感知技术，无人驾驶汽车定位导航技术，无人驾驶汽车路径规划技术，无人驾驶汽车运动控制方法，无人驾驶汽车的一体化设计方法，以及无人驾驶汽车发展面临的机遇与挑战等内容。

本书适用于对无人驾驶汽车感兴趣的各类人员，也可作为高等院校车辆工程、自动化、计算机等专业的参考教材，同时，还可为广大从事汽车行业的工程技术人员提供参考。

图书在版编目（CIP）数据

无人驾驶汽车概论/陈慧岩等主编 . —北京：北京理工大学出版社，2014.7
（2022.8 重印）
ISBN 978 - 7 - 5640 - 9457 - 7

Ⅰ. ①无…　Ⅱ. ①陈…　Ⅲ. ①无人驾驶-汽车-概论　Ⅳ. ①U469.79

中国版本图书馆 CIP 数据核字（2014）第 140924 号

出版发行／北京理工大学出版社有限责任公司
社　　址／北京市海淀区中关村南大街5号
邮　　编／100081
电　　话／（010）68914775（总编室）
　　　　　82562903（教材售后服务热线）
　　　　　68944723（其他图书服务热线）
网　　址／http：//www.bitpress.com.cn
经　　销／全国各地新华书店
印　　刷／北京虎彩文化传播有限公司
开　　本／710毫米×1000毫米　1/16
印　　张／14.5　　　　　　　　　　　　　　责任编辑／梁铜华
字　　数／252千字　　　　　　　　　　　　文案编辑／梁铜华
版　　次／2014年7月第1版　2022年8月第10次印刷　责任校对／周瑞红
定　　价／39.00元　　　　　　　　　　　　责任印制／王美丽

图书出现印装质量问题，请拨打售后服务热线，本社负责调换

前言

2013 年，国际知名汽车企业开展了一场无人驾驶汽车的研发竞赛，一些企业研发的无人驾驶汽车相继亮相，并宣称在 10~15 年的时间内实现量产。无人驾驶汽车之所以能够提上各大汽车企业的研究与开发日程，被国内外相关机构作为研究重点，投入大量的人力和物力，不仅因为它代表了高新科技水平，更因为它满足了人类对汽车技术发展的迫切需求。

从长远的角度来看，汽车发展的趋势是实现自主驾驶。无人驾驶汽车是自主驾驶的一种表现形式。从广义上说，无人驾驶汽车是在网络环境下用计算机技术、信息技术和智能控制技术武装起来的汽车，是有着汽车外壳的移动机器人。

本书作为国内第一本系统阐述无人驾驶汽车的专门书籍，是作者在北京理工大学智能车辆研究所无人驾驶汽车技术方面长期研究积累并总结国内外科研成果的基础上编写而成的。北京理工大学在 20 世纪 90 年代参与了由我国有关部委"八五"计划支持的"军用地面机器人"项目，在国内首次针对国产手动变速器车辆成功开发车辆自动操纵系统，实现了油门、制动、转向、换挡等的自动控制。2009 年，北京理工大学研制的 BIT 号无人驾驶汽车参加首届"中国智能车未来挑战赛"，获得了第二名和最佳环境感知奖。2013 年研制的采用一体化设计方法对汽车电动助力转向系统、发动机电控、自动变速器、电控驻车制动、组合仪表和灯光进行协调控制的 Ray 无人驾驶汽车，参加第五届"中国智能车未来挑战赛"，获得了第一名。

本书涉及无人驾驶汽车的体系结构、环境感知、定位导航、控制与决策以及一体化设计等方面的内容。全书共 9 章。其中，第 1 章对无人驾驶汽车的产生与发展进行了简要的介绍；第 2 章主要介绍了无人驾驶汽车的体系结构；第 3 章主要介绍了无人驾驶汽车环境感知技术基础；第 4 章介绍了无人驾驶汽车环境感知的相关内容；第 5 章介绍了无人驾驶汽车定位导航技术；第 6 章介绍了无人驾驶汽车路径规划技术；第 7 章介绍了无人驾驶汽车运动控制方法；第8章介绍了无人驾驶汽车一体化设计方法；第9章介绍了无人驾驶汽车发展面临的机遇与挑战。

本书由陈慧岩、熊光明、龚建伟和姜岩主编。智能车辆研究所教师翟涌、金辉、席军强、金亚英，博士研究生江燕华、胡玉文、张玉、刘凯，硕士研究生李勇、张瑞琳、刘璐、袁盛玥、李晓芸、王诗源、周帅、肖强、李宁、叶刚和孙银健，参加了部分章节的编写及部分文字、图表的修订工作。

本书能够撰写完成，首先需要感谢的是所有参与研发中国第一辆具有自主识别功能的无人驾驶车辆ATB-1的研究人员。正是他们，把机器人和汽车有机地结合在一起，奠定了今天中国无人驾驶汽车研究的基础。其次需要感谢的是，所有关注无人驾驶汽车并为无人驾驶汽车的发展做出努力的人们。正是大家共同的努力，成就了今天我们所看到的无人驾驶汽车。本书在编写过程中参考了大量国内外公开发表的资料，在此也向相关资料的作者一并表示感谢。

由于无人驾驶汽车技术在不断发展之中，加之作者水平和能力有限，书中不当之处，望广大读者批评指正。

编　者
2014 年 3 月

目 录

1

第 1 章

无人驾驶汽车的产生与发展

　　无人驾驶平台包括无人机、无人艇、无人潜水器和地面无人驾驶车辆。地面无人驾驶车辆也称自主地面移动平台、自主地面车辆等。本书探讨的无人驾驶汽车是地面无人驾驶车辆的一种。它主要偏重于民用领域。目前，国际上对于无人驾驶车辆和无人驾驶汽车，尚缺乏统一的定义。在本书中约定，所有地面无人驾驶载体统称地面无人驾驶车辆。它既包括军用平台和民用平台，也包括各种不同形式的移动机构，如轮式、履带式和腿式。从广义上来看，无人驾驶汽车是在网络环境下用计算机技术、信息技术和智能控制技术武装起来的汽车，或者可以说是有着汽车外壳兼顾汽车性能的移动机器人。

　　与无人驾驶汽车这一术语相关的概念有辅助驾驶、主动安全、自主驾驶汽车以及智能车辆等。其中，智能车辆包含的范围最广。它涵盖了辅助驾驶、主动安全以及自主驾驶等各个方面。它在向智能化发展过程中逐渐实现了辅助驾驶和主动安全。自主驾驶是智能车辆发展的最终方向。美国加利福尼亚州制定的关于自主驾驶汽车的法案指出，"自主驾驶汽车"是指使用计算机、传感器和其他技术及设备，使车辆在没有驾驶员的主动控制和连续监测下可以安全行驶的机动车辆。可以看出，无人驾驶汽车是自主驾驶的一种表现形式。它具有整个道路环境中所有与车辆安全性相关的控制功能，不需要驾驶员对车辆实施控制。

　　从发展历程来看，地面无人驾驶车辆起源于军事应用。本章首先简要介绍了国外军用地面无人驾驶车辆的发展。其次，以 NavLab 系列、VaMoRs－P 系列和 ARGO 系列为例，介绍了无人驾驶汽车兴起初期国外的发展情况，并简要介绍了同一时期国内无人驾驶汽车的发展状况。再次，以美国国防部高级研究计划局（The Defense Advanced Research Projects Agency，DARPA）挑战赛和"中国智能车未来挑战赛"为例说明无人驾驶汽车已经在一定程度上成为现实。本章最后阐述无人驾驶汽车研究内容与发展趋势。

1.1　地面无人驾驶车辆的发展

从 20 世纪 70 年代开始，西方发达国家就开展了地面无人驾驶车辆的研究，并且取得了一系列研究成果。国外军用地面无人驾驶车辆的发展主要经历了 3 个阶段：在 20 世纪 80 年代之前，受限于硬件技术和计算机、图形处理、数据融合等关键技术，地面无人驾驶车辆的发展侧重于遥控。20 世纪 80 年代以后，随着自主车辆技术及其他相关技术突破性的进展，地面无人驾驶车辆得以进一步发展，出现了各种自主和半自主移动平台；但是由于受定位导航设备、障碍识别传感器、计算控制处理器等关键部件性能的限制，同一时期的自主车辆虽然在一定程度上实现了自主行驶，但行驶速度低，环境适应能力弱。这些平台主要用于执行扫雷、排爆、侦察等任务。自 20 世纪 90 年代以来，由于在计算机、人工智能、机器人控制等技术方面的突破，半自主型地面无人驾驶车辆得到了进一步发展。部分地面无人驾驶车辆参与了实战，检验了地面无人驾驶车辆的作战能力，使各国看到了地面无人驾驶车辆的前景，大大激发了各国研发地面无人驾驶车辆的热情，掀起了研究高潮。

下面以美国未来作战系统（Future Combat Systems，FCS）以及 FCS 计划中发展的多用途通用/后勤装备（Multifunctional Utility/Logistics and Equipment，MULE）车辆和美国国防部智能侦察车 DEMO Ⅲ 系列演示平台为例进行介绍。

1）美国未来作战系统

美国未来作战系统是一个高度信息化的陆军综合作战系统，是一种按网络中心战理念设计，由多种系统集成的高度信息化的武器系统。美国国防部于 1997 年 5 月首次提出了军队转型的概念。美国陆军的转型计划是美国军队转型的有机组成部分。它的最终目标是在 2030 年前后，将陆军逐步改造为一支全新的，能在各种军事行动中取得主导地位的，信息时代的战略反应部队——未来部队，而未来部队的核心装备就是 FCS。

FCS 中最主要的地面无人作战平台为武装机器人车（Armed Robotic Vehicle，ARV）。美国专门设立了挂靠在卡内基·梅隆大学（Carnegie Mellon University，CMU）机器人研究所的国家机器人工程研究中心，由它成立专门团队开发 ARV 的轮式机动平台样机，并攻关 ARV 的自主控制技术，包括越野环境感知技术与自主导航系统，先后成功开发了 3 代轮式 ARV 样机：Spinner、Crusher 和 APD。

自 2009 年 4 月以来，FCS 项目作为一个整体被取消，但该项目中一些技术的研发还在继续，其中包括无人驾驶车辆。

2）多用途通用/后勤装备（MULE）车辆

MULE 是一种集运输、补给、监视、侦察和作战等多种功能于一体的"自动化步兵支援系统"。MULE 车辆长 4.57 m，宽 1.83 m。其基本功能是替士兵运送各类军用设备。MULE 还有多种其他功能，包括净化水源、为单兵作战系统充电、无线下载最新作战数据等。其前部装有热像仪和生化武器监测传感器等先进设备，车内通信系统可与前线的无人机系统实现联网，共享信息，为作战小分队提供战场 360°全视景图像等。

整套 MULE 系统以"共用机动平台"（Common Mobility Platform，CMP）为核心。该平台重约 2.5 t，采用柴/电混合动力驱动系统，每侧各有 3 个车轮，每个车轮的轮毂内均装有独立的伺服电机来驱动车轮。这些设计赋予了MULE 出色的越野机动性。另外，CMP 还配有中央轮胎充放气系统，以适应地形或在轮胎中弹时调整胎压。按照模块化的设计思想，CMP 搭配模块化的"任务装备套件"，可以执行各种不同的任务。

3）DEMO 计划

1992 年 DARPA 及 JRP（Joint Robotics Program）整合了之前取得的机器人技术成果，资助了 DEMO Ⅰ 计划，研究高速遥控及简单的"学习"功能等技术，如自动返回能力。1996 年 JRP 和 DARPA 又联合资助了 DEMO Ⅱ 计划，改进了地面无人驾驶车辆的自动操控技术，演示了越野自主机动性能。它采用立体视觉探测障碍物。

DEMO Ⅲ 项目用来解决在 DEMO Ⅱ 项目试验当中出现的操控局限性问题。它主要研究感知、智能控制及人机接口技术，以便使车辆以 32 km/h 的速度自主越野行驶。计划包括 3 个部分：①技术开发；②技术集成；③建模、仿真和试验。该计划在规划、研究、开发及评估等各个阶段，特别强调用户的参与，以保证所提供的技术能够满足未来的军事需求。

1999 年在阿伯丁靶场进行了 DEMO Ⅲ A 试验。试验采用了通用动力机器人系统公司的两辆试验性无人驾驶车辆（eXperimental Unmanned Vehicle，XUV）。陆军研究实验室还进行了 XUV 侦察车与无人机及微型无人机的协同作战试验。试验的目的是要评价无人机对提高部队杀伤力及生存能力的作用，弄清无人驾驶车辆的侦察盲区，以及需要使用多少架次微型无人机及其成功率是多少。2000 年 10 月进行了 DEMO Ⅲ B 的自主机动性鉴定试验，白天车辆在有植被的崎岖地形上越野行驶的速度达到 32 km/h，夜间及湿地时达 16 km/h。在不太恶劣的气候条件下，该车可以 64 km/h 的速度在道路上行驶，试验车与遥控人员的通信距离为 10 ~ 15 km。

1.2　无人驾驶汽车的产生

实现无人驾驶是人类一直以来的梦想。在军事应用需求的推动下，无人驾驶车辆技术得到了不断发展和完善。在这方面，美、德、意等国走在世界前列。在 2000 年之前，以美国卡内基·梅隆大学研制的 NavLab 系列和意大利的 ARGO 项目最具代表性，德国的 VaMoRs - P 系统也涉及了很多无人驾驶车辆技术。下面分别介绍这些无人驾驶车辆项目，并简单说明同一时期我国无人驾驶车辆研究工作。

1）NavLab 系列

美国卡内基·梅隆大学机器人研究所研制了 NavLab 系列智能车辆。其典型代表有 NavLab - 1 系统、NavLab - 5 系统和 NavLab - 11 系统。

（1）NavLab - 1 系统。NavLab - 1 系统于 20 世纪 80 年代建成。其计算机系统由 Warp、Sun3 和 Sun4 组成，用于完成图像处理、图像理解、传感器信息融合、路径规划和车体控制；采用的传感器主要包括彩色摄像机、ERIM 激光雷达、超声、陀螺、光码盘、GPS 等。NavLab - 1 系统在典型结构化道路情况下运行速度为 28 km/h，而使用神经网络控制器 ALVINN 控制车体的最高速度可达 88 km/h。

（2）NavLab - 5 系统。NavLab - 5 系统于 1995 年建成。卡内基·梅隆大学与 Assist - Ware 技术公司合作，在 NavLab - 5 上开发了便携式高级导航支撑平台（Portable Advanced Navigation Support，PANS），以及快速自适应车体定位处理器——RALPH 视觉系统。PANS 平台为系统提供计算基础和 I/O 功能，并能控制转向执行机构并进行安全报警。该平台的计算机系统包括一台 Sparc Lx 便携式工作站。该工作站能完成传感器信息处理与融合，以及全局与局部路径规划任务。

NavLab - 5 在实验场环境道路上自主驾驶的平均速度为 88.5 km/h。公路实验时首次进行了横穿美国大陆的长途自主驾驶实验。其自主驾驶行程为 4 496 km，占总行程的 98.1%。车辆的纵向导航控制由驾驶员完成，而车辆的横向控制完全实现自动控制。尽管所行驶的道路绝大部分为高速公路，但仍有一部分路况复杂的市区公路以及路面条件较差的普通道路，同时还包括清晨、夜晚和暴雨等恶劣气候条件。

（3）NavLab – 11 系统。NavLab – 11 系统是 NavLab 系列最新的平台。其车体采用 Wrangler 吉普车。安装在车身上的传感器包括差分 GPS、陀螺仪和光电码盘、激光雷达、摄像机等。其中，差分 GPS 系统用的设备是 Trimble Ag-GPS 114，采用广域增强系统，可以实现实时亚米级精度；陀螺仪和光电码盘，采用 Crossbow 的 VG400CA 惯性姿态测量系统，可以实现在动态环境当中的全姿态测量；激光扫描仪 SICK LMS 221 – 30206，最大检测范围为 50 m，分辨率为 10 mm，最大扫描角为 180°，角分辨率为 0.5°；SONY EVI – 330 彩色摄像机一台。

NavLab – 11 的车上装有工业级四核计算机，处理各种传感器传输来的信息，并把信息分送到各个子单元，包括对象侦测器、路肩侦测器、防撞子单元、控制子单元等。它的最高车速为 102 km/h。

2）ARGO 项目

ARGO 试验车由意大利帕尔玛大学研制。它装有视觉系统，以获得道路环境信息，并有不同的控制设备，以实现车辆无人驾驶功能。它采用通用芯片、商用 MMX Pentium 2 车载计算机系统。其传感器系统也采用普通适用性传感器。该车视觉系统采用商用低成本的 CCD 摄像机，应用立体视觉检测和定位车辆前方的障碍，通过单目图像来获取车辆前方道路的几何参数，通过 I/O 板来获得车辆的速度及其他数据。车道检测算法是从单目灰度图像中提取出道路特征，采用直线道路模型进行匹配。

在 1998 年意大利汽车百年行活动中，ARGO 试验车由通用障碍和车道检测（Generic Obstacle and Lane Detection，GOLD）系统驾驶，沿着意大利的高速公路网进行了 2 000 km 的道路试验。在试验中 ARGO 试验车行驶的道路既有平坦区域，也有高架桥和隧道丘陵区域。ARGO 的无人驾驶里程达到总里程的 94%。在试验中，ARGO 试验车的最高车速为 112 km/h。

3）VaMoRs – P 系统

在无人驾驶自主导航的研究上，德国联邦国防大学研制的 VaMoRs – P 系统也具有一定的代表性。VaMoRs – P 的计算机系统由并行处理单元和两台 PC – 486 组成。传感器系统包括由 4 个小型彩色 CCD 摄像机构成的两组双目视觉系统、3 个惯性线性加速计和角度变化传感器、测速表及发动机状态测量仪等。除传感器系统外，底层执行器还包括用于驾驶控制的力矩电机、电子油门、液压制动器等设备。

VaMoRs – P 系统在高速公路和普通标准公路上进行了大量实验。实验内容包括跟踪车道线、躲避障碍以及自动超车等。车辆前进速度由驾驶员根据交通信号、环境条件和目标进行选择。该系统1995年公布的最高时速为130 km/h。

4）ATB系列

由我国有关部委"八五"和"九五"计划支持的"军用地面机器人"Autonomous Test Bed（ATB）系列（如图1-1所示），代表了同一时期（20世纪90年代）国内无人驾驶车辆技术研究领域的先进水平。

在"八五"期间，由南京理工大学、北京理工大学、清华大学、浙江大学和国防科技大学等联合研制的ATB-1无人驾驶车辆（如图1-1（a）所示），其车体选用国产跃进车，车上集成了二维彩色摄像机、陀螺、超声波雷达等传感器。计算机系统采用两台Sun Spark 10完成信息融合、黑板调度、全局和局部路径规划。两台PC486负责路边信息的提取识别和激光信息处理。8098单片机负责定位计算和车辆自动操控驾驶系统。其体系结构以水平式结构为主，采用传统的"感知-建模-规划-执行"算法流程。实际演示表明，该车能在结构化及非结构化的野外道路上自主行驶、跟踪道路、避障、越野及岔路转弯。在直路上自主行驶的最高速度达21.6 km/h，弯路速度也可达12 km/h。

"九五"期间，我国继续组织研究了第二代无人驾驶车辆ATB-2系统（如图1-1（b）所示）。ATB-2系统的车体改装自德国奔驰Sprinter414厢式货车，具有面向结构化道路环境和越野环境的功能，同时还具有临场感遥控及夜间行驶、侦察等功能。实验结果表明，该车在结构化道路中最高行驶速度为74 km/h，平均速度为30.6 km/h；越野环境下白天行驶最高速度为24 km/h，夜间行驶最高速度为15 km/h。

（a）　　　　　　　　　　　　　　（b）

图1-1　ATB-1系统和ATB-2系统

1.3　无人驾驶汽车成为现实

为了激发相关技术的研究热情，推动无人驾驶汽车相关技术的发展，国内外都举办过无人驾驶汽车相关比赛，其中最有代表性的当属美国 DARPA 无人驾驶车辆挑战赛和中国智能车未来挑战赛。下面简要介绍美国 DARPA 比赛和中国智能车未来挑战赛的发展历程。这些比赛的一个共同点是：车辆在自主行驶时，不允许任何人员乘坐在车内。从一定意义上说，它们实现了真正的无人驾驶。

1）美国 DARPA 比赛情况

2004—2007 年美国共举办了 3 届 DARPA 无人驾驶挑战赛。2012—2013 年美国举办了两届机器人挑战赛。参赛队伍汇聚了包括高校、企业和其他组织的研究人员，涉及技术涵盖了人工智能、计算机技术、汽车设计等方面。每一届比赛的顺利进行对无人驾驶车辆技术的发展都起到了极大的推动作用。

（1）2004 年 DARPA 挑战赛。第 1 届 DARPA 无人驾驶车辆挑战赛于 2004 年 3 月在美国莫哈韦沙漠举行。比赛要求参赛车队必须是无人驾驶的自主地面车辆，不允许远程遥控，并对每辆参赛车进行实车跟踪。

第 1 届赛事共有 21 支参赛车队在加利福尼亚的高速公路上进行了一英里①长路程的自主导航与障碍测试的资格赛，有 15 支车队进入了决赛，但在决赛中，没有一支车队完成整场比赛。所有车队中，行驶最远的是卡内基·梅隆大学的 Sandstorm，共完成了 11.78 km 的路程。

第 1 届比赛结果显示，比赛中一些无人驾驶车辆能够准确进行 GPS 导航，但未能成功感知前方障碍物；而一些车辆则能很好地感知障碍物，但在 GPS 导航方面有较多困难。它们或在行进途中受到自身干扰，或检测到虚假障碍物。第 1 届参赛车辆配备的感知系统都庞大而且昂贵，整车系统不够稳定，没有一支队伍能够完成比赛；但它是首次实现车辆在无人状态下的避障驾驶，极大地激发了人们对于无人驾驶汽车以及无人驾驶技术的兴趣，提高了人们在无人驾驶领域的创新意识，具有里程碑的意义。

（2）2005 年 DARPA 挑战赛。第 2 届 DARPA 挑战赛共有 195 支队伍申报。其中，43 支车队通过审核进入了资格赛。资格赛按所用时间、通过项目数、绕障碍物表现，以及比赛完成程度 4 个方面来进行排名，其中 23 支队伍进入了决赛。在决赛中，有 5 支队伍（Stanley，CMU's Sandstorm，Highlander，

---

① 1 英里≈1.609 千米。

Gray Team's Kat－5 和 Oshkosh Truck's Terramax）通过了全部考核项目。

组委会在比赛前2个小时发放路网文件。路网文件中包括平均每间隔72 m 的一个GPS点，根据路况复杂程度会调整GPS点的密集程度。第2届DARPA 挑战赛越野环境道路比较恶劣，如图1－2所示。

图1－2　2005年的比赛环境

第2届参赛车辆依然装备了大量的传感器，但已经有车队采用线控技术来控制参赛车辆。这相对于第1届比赛来说是一个很大的提高。另外，参赛车辆的功能也得到了完善，并且在稳定性上也有了相对的提高。比赛中比较有代表性的队伍是来自斯坦福大学的Stanley以及来自卡内基·梅隆大学的Sandstorm 和Highlander。其中，Stanley以平均速度30.7 km/h，总时长6 h 53 min 8 s 夺得了冠军；卡内基·梅隆大学的Sandstorm和Highlander紧随其后，平均速度分别为29.9 km/h和29.3 km/h。Stanley由大众途锐R5改装而成，装备了各种感知环境和自身定位传感器。Sandstorm是在第1届比赛用车基础上改装而成，车上装备了1个长距离激光雷达、5个短距离激光雷达、1个360°雷达、1个彩色摄像机和1个GPS/INS设备，并且在参赛之前经过了超过5 000 km的测试。测试环境包括松软的沙地和高速路面。卡内基·梅隆大学在往届平台上进一步改装，使技术能够被很好地传承，比赛前的大量测试，保证了车辆在比赛中具有较好的稳定性。

第2届DARPA挑战赛是无人驾驶汽车雏形基本形成、无人驾驶汽车功能基本完成的阶段。虽然车辆所用的传感器数量比较多，价格也都比较昂贵，但这也正是研究无人驾驶的必经阶段。从功能实现到降低成本需要一个过程。5辆无人驾驶汽车能够完成比赛任务，说明了无人驾驶成为现实的可行性。

（3）2007年DARPA挑战赛。2007年11月，DARPA城市挑战赛在加利福尼亚州一个已关闭的空军基地举行。资格赛分为3个独立的测试区域：测试A区域要求车辆能够安全地并入复杂的双向交通道路，测试B区域要求车辆通过长为 2.8 英里的蜿蜒道路，而测试 C 区域要求车辆在一系列十字路口地区进行交互协作行驶。最终有 11 支参赛队伍进入总决赛。这届比赛任务是参赛车辆在 6 h 内完成 96 km 的市区城市道路比赛，并要求参赛车辆在与其他车辆相互协调、避障和车辆交会的同时遵守所有交通规则。在决赛开始之前，这 11 支队伍都获得了路网文件，但是直到比赛开始前 5 min 才收到任务文件。通过这种方法，使车队在没有先验知识的情况下，创建一个真正的自主驾驶测试；同时，为了增加道路车辆的密集度，包括有人驾驶和无人驾驶车辆在内，总共有超过 50 辆汽车行驶在比赛道路中，最终有 6 支队伍完成了比赛。

与以往比赛相比，这届比赛的提升点在于无人驾驶汽车在检测和避开其他车辆的同时，需要遵守所有交通规则。这对于车辆软件来说是一个特殊挑战。如：车辆必须根据其他车辆的行动实时做出"智能"决定。

（4）2013 年 DARPA 机器人挑战赛。发展到 2013 年，DARPA 举办的机器人挑战赛主要针对机器人系统和软件的设计，目的在于设计出能够帮助人应对自然和人为灾害的机器人。参赛队伍要在一年之内设计出机器人的硬件系统、软件系统、传感器、人机交互模块等来使机器人完成相关 8 项任务：机器人驾驶时指定车辆穿过障碍路段，把车停在指定区域，然后下车离开现场；横穿 3 段障碍区域；通过躲开指定点和触到指定点来完成爬楼梯；移开 5 片以上废料并从开着的门中走出；打开推式门并进入门内，打开拉式门并进入门内，打开有阻挡的门并进入门内；拆除墙上指定部分；按顺序关闭 3 个阀门；持软管接到三通上。其中，机器人代替有人驾驶汽车来完成启动车辆、驾驶车辆、开车避障以及下车走出特定区域的任务，这是智能车发展的另一个方向。机器代替了人的功能，相当于是智能车辆的分解体，这样既让智能车有了可替换性，也让智能车辆有了更强的适应性，同一款智能机器人可以适应不同车辆。

2）中国智能车未来挑战赛

为研发具有自然环境感知与智能行为决策能力的无人驾驶车辆验证平台，国家自然科学基金委员会启动了"视听觉信息的认知计算"重大研究计划，并决定自 2009 年起，每年举办一届"中国智能车未来挑战赛"（Future Challenge）作为其重大研究计划的重要组成部分，旨在集成创新研发无人驾驶汽车，并通过真实道路环境下的自主行驶来检验研究成果，以促进研发交流及产业化应用。我国无人驾驶技术与国外研发的无人驾驶汽车的主要不同点在于：国外无人驾驶汽车主要依赖 GPS 信息和电子地图，而我国参加"中国智能车未来挑战赛"的无人驾驶车辆则更注重展示车辆感知自然环境并自动处理视听觉信息的能力和效率。

第 1 届"中国智能车未来挑战赛"于 2009 年 6 月，在西安浐灞生态区举行。这次比赛的参赛队伍包括湖南大学、北京理工大学、上海交通大学、西安交通大学和意大利帕尔玛大学等。比赛要求无人驾驶车辆从起点无碰撞地自主行驶到终点。比赛中设有障碍物，考查无人驾驶车辆在直道行驶时的避障能力；设有交通信号灯，考查无人驾驶车辆识别信号灯的能力，以及红灯停、绿灯行的决策与控制能力。此外，还考查了无人驾驶车辆执行 U 形转弯的能力。第 1 届"中国智能车未来挑战赛"在中国无人驾驶车辆发展史上具有里程碑式的意义。它是中国首次举办的第 3 方无人驾驶车辆测试赛，推动了中国无人驾驶车辆驶出实验室，驶向实际环境；同时，它打破了过去那种自行研发、自行测试的无人驾驶车辆研究与开发模式。

第 2 届"中国智能车未来挑战赛"于 2010 年 10 月，在西安市长安大学举行。参加这届比赛的队伍来自清华大学、北京理工大学、国防科技大学、军事交通学院、西安交通大学、中科院合肥物质研究院、南京理工大学、武汉大学、装甲兵工程学院等单位。这届比赛分为静态交通标志识别、曲线行驶、有障碍定点泊车、寻位泊车和复杂环境综合测试等 5 个比赛环节，主要测试无人驾驶车辆的基本能力和应对复杂环境的综合能力。

第 3 届"中国智能车未来挑战赛"于 2011 年 10 月，在内蒙古自治区鄂尔多斯市举行。与前两届相比，这届比赛首次从封闭道路环境走向真实道路环境，通过长约 10 km、设有交通信号识别、静动态障碍物避让、汇入车流以及 U 形转弯等无人驾驶行为测试内容的真实城区道路，综合测试无人驾驶车辆的环境感知和智能决策行驶能力。本次比赛中，清华大学、国防科技大学、西安交通大学、北京理工大学、中科院合肥物质研究院、军事交通学院、南京理工大学、上海交通大学、武汉大学等单位参加了比赛和展示。

第 4 届"中国智能车未来挑战赛"于 2012 年 10 月 31 日至 11 月 1 日，在内蒙古自治区赤峰市举行。比赛汇聚来自国内 12 所大学及科研机构的 14 支参赛车队。与往届比赛不同，这届大赛设置长 6.9 km 的城市赛道和长 15.8 km 的乡村赛道。比赛在城区道路环境设置静态车辆干扰、假人通行避让、U 形转弯、有人驾驶车辆干扰等测试无人驾驶车辆避让或汇入简单车流的能力，并在包含弯道和坡道等路段的乡村道路上设有雾天模拟装置，以检验无人驾驶车辆在复杂路况和恶劣天气环境下的无人行驶能力。

第 5 届"中国智能车未来挑战赛"于 2013 年 11 月，在江苏常熟举行。比赛汇聚了国内外科研机构的 18 支参赛车队。比赛在城郊道路（约 18 km）和城区道路（约 5 km）上举行，着重考核无人驾驶车辆的 4S（安全性、智能、平稳性和速度）性能。与以往相比，这届比赛的道路环境更加复杂和多样化，除行驶过程中常遇的障碍车、缓行车，以及道路临时阻塞和前方施工等场景外，还增加了拱桥、隧道、匝道口、学校门口等场景，重点考核无人驾驶车辆智能感知交通标志、人、车、物，以及自主决策和正确行为的控制能力。

纵看已经举办的5届"中国智能车未来挑战赛"，参赛队伍由少到多，车上配置的传感器由多到少，无人驾驶汽车的速度不断提升，功能不断强化，并从试验场地走向了真实道路，从单纯的实验室研究到校企合作，无人驾驶汽车技术已经取得了长足的发展。虽然制约无人驾驶汽车发展的因素依然存在，但是无人驾驶汽车已经得到越来越多的认可。无人驾驶汽车的发展已经被各大汽车企业提到了研发日程上。

1.4　无人驾驶汽车概述

1）无人驾驶汽车发展趋势

无人驾驶汽车之所以能够提上各大汽车企业的研发日程，被国内外科研机构作为研究重点投入大量的人力和物力，由军事应用向民用化发展，不仅因为它代表了高新科技水平，更因为它满足了人们对汽车技术发展的迫切需求。公路等级的不断提高，高速公路的迅速发展，汽车行驶速度的大幅提高，汽车保有量的大量增加，都意味着交通系统对人们的驾驶技术的要求越来越高。交通事故频发已经不仅是一个个数据，而是切实影响人们生活的重要问题。在汽车技术开发领域，人们普遍认为技术比人类更可靠。欧洲的一项研究表明：汽车驾驶员只要在有碰撞危险的0.5 s前得到"预警"，就可以避免至少60%的追尾撞车事故、30%的迎面撞车事故以及50%的路面相关事故；若有1 s的"预警"时间，将可避免90%的事故发生。该研究还表明：如果用技术代替人开车，有望将交通事故减为零。尤其是无人驾驶汽车与车联网相结合，形成一个庞大的移动车联网络，再加上现有的智能交通系统（Intelligent Transportation System，ITS）提供的丰富的道路交通信息，无人驾驶汽车便可更加自由安全地行驶在城市道路环境中，反过来将形成更加智能的交通系统。其价值和意义在于：大幅提高公路的通行能力，大量减少公路交通堵塞和拥挤，降低汽车油耗，可使城市交通堵塞和拥挤造成的损失减少。

虽然完全意义上的无人驾驶汽车还没有能够走进普通人的生活，但是综合了自适应速度控制、自动紧急制动等多种辅助驾驶功能的汽车已经出现在市场上了。这使得半自主驾驶汽车在许多地区的汽车市场第1次成为现实。根据相关研究机构的调查估计，第1辆无人驾驶汽车可能会在2020年投入生产。

无人驾驶汽车的销量将从2020年的每年8000辆增长到2035年的每年9500万辆，占所有轻型车销量的75%。美国研究机构Navigant Research预测：无人驾驶汽车数量占汽车总数的比率将从2025的4%增长到2030年的41%和2035年的75%。该研究机构给出了2035年世界各个地区无人驾驶汽车销量的预测情况。其中，亚太、北美和西欧占据了绝大部分的比重。尤其是亚太地区，几乎占到全球无人驾驶汽车销量的一半。

可以看到，无人驾驶汽车将是汽车行业发展的必然趋势，并且中国也将会成为无人驾驶汽车的销售大国。

2）主要内容

作为一个复杂的智能系统，无人驾驶汽车涉及的内容主要有以下几个方面：

（1）体系结构。体系结构是一个系统的"骨架系统"，确定了系统的基本组成框架和相互关系；对无人驾驶汽车系统来说，体系结构还包括了系统信息的交流和控制调度，因此又起到了"神经系统"的作用。无人驾驶汽车体系结构定义了系统软、硬件的组织原则、集成方法及支持程序。一个合理的体系结构可以实现系统模块之间的恰当协调，并在系统的软、硬件上具有开放性和可扩展性。

（2）环境感知。无人驾驶汽车的环境感知像人类的视听感觉一样，利用各种传感器对环境进行数据采集，获取行驶环境信息，并对信息中的数据进行处理。环境感知系统为无人驾驶汽车提供了本车和周围障碍物的位置信息，以及本车与周围车辆等障碍物的相对距离、相对速度等信息，进而为各种控制决策提供信息依据。它是无人驾驶汽车实现避障、自定位和路径规划等高级智能行为的前提条件和基础。

（3）定位导航。无人驾驶汽车通过定位导航系统获得汽车的位置、姿态等信息。定位导航系统是无人驾驶汽车行驶的基础。常用的定位导航技术有航迹推算（Dead-Reckoning，DR）技术、惯性导航（Inertial Navigation System，INS）技术、卫星导航定位技术、路标定位技术、地图匹配定位（Map Matching，MM）技术和视觉定位导航技术等。在组合导航系统中，综合两种或两种以上不同类型的导航传感器信息，以获得更高的导航性能。

（4）路径规划。路径规划是指在一定环境模型基础上，给定无人驾驶汽车的起始点与目标点后，按照某一性能指标规划出一条无碰撞、能安全到达目标点的有效路径。路径规划主要包含两个步骤：一是建立环境地图；二是调用搜索算法在环境地图中搜索可行路径。

（5）运动控制。无人驾驶汽车的运动控制分为纵向控制和横向控制。通过对油门和制动的协调，纵向运动控制实现对期望车速的精确跟随。在保证车辆操纵稳定性的前提下，横向运动控制实现无人驾驶汽车的路径跟踪。

（6）一体化设计。相对于传统的添加外部机构的改造方法，无人驾驶汽车的一体化设计是未来无人驾驶汽车设计的导向。它综合考虑无人驾驶汽车对局部环境的感知和决策，以及车辆的动力学特性等性能之间的相互联系和影响，在构建的无人驾驶汽车上集成设计各个模块及其相关过程。它注重设计的整体性，以获得无人驾驶汽车设计整体最优为目标，在控制、结构、性能、布局、强度、可靠性、维修性和寿命周期费用等多方面进行综合分析和协调权衡。

参 考 文 献

［1］ 吴绍斌，陈慧岩. 军用地面无人车辆的发展［J］. 车辆与动力技术，2002（4）：49-55.

［2］ Senator Hernandez of California Senate. SB 1298, Autonomous Vehicles: Safety and Performancerequirements［EB/OL］. http://leginfo. ca. gov/pub/11-12/bill/sen/sb_ 1251-1300/sb_ 1298_ bill_ 20120925_ chaptered. pdf.

［3］ US Army, Future Combat Systems（FCS）［EB/OL］. http://www. army. mil/fcs/factfiles/mule. html.

［4］ Shoemaker C M, Bornstein J A. Overview of the DemoⅢUGV Program［C］. Robotic and Semi-Robotic Ground Vehicle Technology, Florida, 1998（4）：202-211.

［5］ Bellutta P, Manduchi R, Matthies L, et al. Terrain Perception for DEMOⅢ［C］. Intelligent Vehicles Symposium IV 2000, Dearborn, 2000, 10（03-05）：326-331.

［6］ 辛贾. 美国陆军的未来战术移动机器人计划［J］. 机器人技术与应用，2001（4）：33-35.

［7］ Coombs D, Murphy K, Lacaze A, et al. Driving Autonomously Off-road up to 35 km/h［C］. Intelligent Vehicles Symposium IV 2000, Dearborn, 2000, 10（03-05）：186-191.

［8］ Thorpe C, Kanade T. Vision and Navigation［M］. Pittsburgh：Kluwer Academic Publishers, 1990.

［9］ 王宏，何克忠. 智能车辆的自主驾驶与辅助导航［J］. 机器人，1997，19（2）：155-160.

［10］ The ARGO Project. Project Description.［EB/OL］. http://www. argo. ce. unipr. it/argo/english/ index. html.

［11］ NavLab11. The Newest Platform Vehicle of the Project［EB/OL］. http://www. cs. cmu. edu/~tyata/Project/NavLab11. html.

［12］ Maurer M, Behringer R, Dickmanns D, et al. VaMoRs-P：An Advanced Platform for

Visual Autonomous Road Vehicle Guidance [C]. SPIE Proceedings, Boston, 1994 (10):239-248.

[13] Darpa Grand Challenge [EB/OL]. http://www. darpagrandchallenge. com/.

[14] 孙扬,熊光明,陈慧岩. 基于 Fuzzy-EAHP 的无人驾驶车辆智能行为评价[J]. 汽车工程,2014,36(01):22-27.

[15] Navigant Research. Autonomous Vehicles[EB/OL]. http://www. navigantresearch. com/research/autonomous - vehicles.

第 **2** 章

无人驾驶汽车体系结构

体系结构是一个系统的"骨架"。它描述了系统各个组成部分的分解和组织，以及各组成部分之间的交互；定义了系统软硬件的组织原则、集成方法及支持程序。比较经典的体系结构有分层递阶式体系结构、反应式体系结构和二者结合的混合式体系结构。应用于 Demo Ⅲ 的四维实时控制系统（4-Dimensional Real-time Control Systems，4D/RCS）是一种混合式的体系结构，而被美国汽车工程师协会采纳的无人系统联合体系（Joint Architecture for Unmanned System，JAUS）则是基于分层递阶式体系结构。体系结构在无人驾驶汽车系统中占据着十分重要的地位。它确定系统的各组成模块及其输入输出；确定系统的信息流和控制流，并组织面向目标的体系构成；提供总体的协调机制，并按工作模型进行总体协调指挥。本章首先对常用体系结构进行介绍，然后介绍无人驾驶汽车的体系结构实例。

2.1 分层递阶式与反应式体系结构

2.1.1 分层递阶式体系结构

分层递阶式体系结构是一个串联的系统结构，如图 2 - 1 所示。在这种体系结构中，传感器感知、建模、任务规划、运动规划、运动控制和执行器等模块次序分明，前者的输出结果为后者的输入，又称感知 - 模型 - 规划 - 行动结

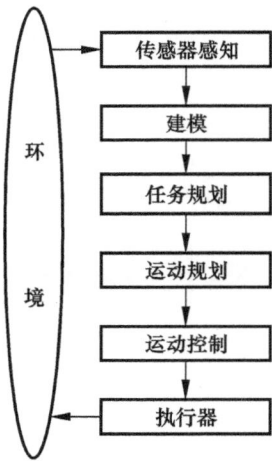

图2-1 分层递阶式体系结构

构。该结构具有良好的规划推理能力，及自上而下对任务逐层分解，使模块的工作范围逐层缩小，问题求解精度逐层增高，比较容易实现高层次的智能。

在这种体系结构下，系统所产生的动作不是传感器数据直接作用的结果，而是经历一系列从感知、建模到规划、控制等阶段之后的结果，具有处理明确描述特定任务的能力。在给定目标和约束条件之后，规划模块根据局部环境模型和已有全局环境模型决定下一步行动，从而依次完成整个任务。全局环境模型的建立，一部分根据用户对环境中已知对象的了解及相互关系的推测与分析，另一部分根据传感器模型的自主构造。全局环境模型的表示具有一定的通用性，适用于许多任务规划场合；反之，如果没有这样一个通用模型，系统就不能获得执行任务规划时所需要的一些特征。

分层递阶式体系结构对通用环境模型的要求比较理想化。它对传感器提出了很高的要求，并且认知过程和环境模型的建立存在计算瓶颈，即传感器到执行器的控制环路中存在延时，缺乏实时性和灵活性。另外，这种依序排列的结构导致系统的可靠性不高。一旦某个模块出现软件或硬件故障，就可能导致整个系统瘫痪。这种实时反应功能只有将感知、规划和控制三者紧密地集成在一个模块中才能实现。

2.1.2 反应式体系结构

反应式体系结构中常用的是基于行为的反应式体系结构。这种体系结构又称包容结构。基于行为的反应式体系结构是并联体系结构，如图2-2所示。它针对各个局部目标设计各种基本行为，形成各种不同层次的能力。每个控制层直接基于传感器的输入进行决策，可以适应完全陌生的环境。尽管高层次会对低层次施加影响，但低层次本身具有独立控制系统运动的功能，而不必等高层次处理完成。它突出了"感知-动作"的行为控制。

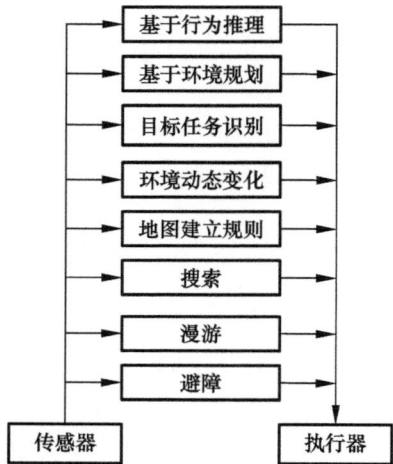

图2-2 基于行为的反应式体系结构

16

　　这种体系结构封装了控制中应具备的感知、探测、避障、规划和执行任务等能力。系统中存在着多个并行控制回路，构成各种基本行为。传感器数据根据需求以一种并行方式给出。各种行为通过协调配合后作用于驱动装置，产生有目的的动作。基于行为的反应式体系结构中许多行为仅设计成一个简单的特殊任务，占用的内存不大，故可以产生快速的响应，实时性强；整个系统可以方便灵活地实现从低层次的局部定位到高层次的障碍规避，再到漫游等，逐步提高和扩展；系统的鲁棒性和灵活性也得到很大的提高。每一层负责系统所需执行的一个行为，而每一行为包含一个从感知到动作的完整路径，且执行方式可以并行。即使某一层模块出现故障，其他层次仍然能够产生有意义的动作。

　　基于行为的反应式体系结构需要克服的最大难点是，需要设计一个协调机制来解决各个控制回路对同一执行器争夺控制的冲突，更重要的是各种行为需要相互协调，以获得有意义的结果。不仅如此，随着任务复杂程度以及各种行为之间的交互作用的增加，预测一个体系整体行为的难度将会增大。这也是这种体系结构的主要缺点。

　　分层递阶式体系结构的系统缺乏实时性和灵活性，且可靠性不强；以"感知-动作"结构为代表的基于行为的反应式体系结构的系统虽然实时性和灵活性得到提高，但是缺乏较高等级的智能。两种结构都存在各自的问题，因此越来越多的业内人士开始研究混合体系结构，将分层递阶式体系结构和反应式体系结构的优点有效地结合在一起。

2.2　4D/RCS

1）4D/RCS 概述

　　4D/RCS 体系结构是基于混合式体系结构的无人平台体系：在较低层次上，生成了面向目标搜索的反应式行为；在较高层次上，则生成面向目标定义的递阶慎思式行为。在实时控制系统中，4D/RCS 是一个三维空间加上一维时间构成的四维概念。它具有以下特点：

　　（1）4D/RCS 体系结构是一个结合传感器、传感器数据处理、数据存储、计算机建模和控制于一体并可以操作的框架。

　　（2）4D/RCS 体系结构是一个可以渗透一个或多个系统的体系，且其中的体系可以是完全自主的，或可通过多种方式进行交互。

　　（3）4D/RCS 体系结构可以和远程数据库、控制中心进行交互。

　　（4）4D/RCS 体系结构对于多系统的体系，可以作为决策者的一个决策工具。

　　4D/RCS 为设计、建造、整合和测试提供了理论依据。其开发系统体系结构包含大量的军事和商业标准，便于维护、调试、升级子系统和软件。它包含的概念和技术有人工智能、控制理论、运筹学、博弈理论、模式识别、图像理解等。

4D/RCS 使系统能够分析过去，感知现状，并预测未来。它能为系统评估成本、风险和效益，分析过去发生的事情，计划未来的事件，做出明智的选择，并规划出合适的行动路线。4D/RCS 需实现 3 个层次的功能：概念框架、体系结构参考模型和工程指南。

（1）概念框架：4D/RCS 提供一个概念框架来解决系统运行的一般问题，达到人工指挥者所监督的使命目标。4D/RCS 的概念框架跨度很大，包括所有影响操作运行的时间，时间上从几毫秒到几个月间发生的事，空间上从几毫米到几千米发生的事都在其中。4D/RCS 模型的使用范围，从分析一个单一的执行器在一个单独子系统的综合活动规划，到控制成百上千的车辆和完全覆盖整个战斗的人员空间分配。为了遍及如此广大的范围，4D/RCS 采用一个多级分层体系结构，且每一层在空间和时间上都设置有不同的范围和分辨率。

（2）体系结构参考模型：4D/RCS 提供一个参考的体系结构来支持设计和开发无人驾驶系统，并且为未来的发展提供一个理论依据。它严格执行当前指令，控制结构的等级，在每一级都定义功能模块。

（3）工程指南：4D/RCS 提供工程指南，以建立和测试特定的智能机器系统。为了在短期内建立一个实用智能系统，4D/RCS 工程指南自一个单一车辆的子系统开始，从细节到总体发展，以组为单位与其他系统协同工作。

4D/RCS 是由计算节点组成的多层/多分辨率体系结构。其基本节点由感知处理（Sensory Processing，SP）、环境建模（World Modeling，WM）、价值评估（Value Judgment，VJ）和行为生成（Behavior Generation，BG）等 4 个模块组成。另外，还有知识库（Knowledge Database，KD）和操作界面（Operator Interface，OI）等模块，如图 2-3 所示。

（1）感知处理：感知数据与先验储备知识相互作用，从而检测出外界的有用信息。感知处理过程首先从传感器接收输入数据，然后对数据进行预处理并计算观测到的特征和属性，并与内部预测模型进行比较。感知过程和内部预测模型都可用于探测和识别实体事件和场景，且它们之间的差异可被用于对内部模型的更新。

（2）环境建模：构建和保持一个环境模型。环境建模有四大主要功能：①环境建模为伺服系统提供了一个对环境现状的最佳估计反馈，并为操作者提供最新的状态信息，用以制订运行计划；②环境建模能够建立一个关于目标、单元、环境等的知识库，包括任务技巧和自然法则方面的知识，并随时统计，以更新通用模型；③基于知识库环境建模能做出一些感官观察，可用于预测感官信号处理配置过滤器、窗口界面、相关模板、模型匹配及递推估计；④环境建模还可以模拟可能会用到的方案的结果，而模拟结果由价值评估系统进行评估，从而筛选出用以执行的最佳方案。

（3）价值评估：价值评估感知事件状态从而使行为生成程序能分清目标的轻重缓急。它计算出哪些是更重要的、哪些是次要的、哪些是有利的、哪些是有害的。价值评估主要包含4个过程：估算行动或计划的成本、风险和利益，估算物体、事件、状况的意义和价值，评估信息的可靠性，以及判断感知到的状态和事件的有利或有害之处。

（4）行为生成：为了达到行为目标，生成行动的计划和控制。行为生成过程接受带有特定目标和优先级的任务命令。它指定并选择计划并且控制行动。行为生成过程通过一个先验的储备知识和价值评估功能选择和发展计划，并且与环境建模程序所提供的实时信息相结合，从而找出对各单元最合适的工具和资源分配方法，并且提出行动的最佳安排表。行为生成过程通过反馈行动计划和误差补偿来控制行为，同时还可以优化系统模型和控制规则。

知识库作为组成系统环境模型的动态及静态信息的数据结构，存储有关世界信息形式的结构和动态模型、状态变量、象征实体以及象征实体的事件、规则和方程式、任务知识、图像和地图等。知识库有两个部分：一个包含所有通用的象征符号和特定的物体、事件和常见运行规则的长期储存区；另一个包括计划，已实现的状态和属性，以及标志性、拓扑和需要引起当前注意的实体象征符号的短期储存区。操作界面模块作为系统内部与外界的交流窗口，主要起两方面作用：一是为一些系统参数提供输入接口，保证系统的正常运行；二是将系统中一些感兴趣的状态输出到显示器上，可以被直观地查看，从而使操作人员实时了解系统的运行状态，进行合理的操作。

体系结构中各层次之间以时间/空间划分。层次较高时，其时间和空间跨度很大，但分辨率很低；层次较低时，时间和空间跨度较小，分辨率较高。每个节点的功能相当于一个智能控制器，操作者可以进入各级节点的任意模块。

通过组织处理过程的节点，行为生成模块构成了一个命令树。知识库的信息在子树节点中的环境建模模块之间进行共享。在图2-3中，每个节点的右侧部分都是行为生成（BG）模块的功能特性，而左侧是感知处理模块（SP）处理的信息和由环境模型添加到知识库中的地图范围。价值评估（VJ）模块隐藏在环境模型模块后面，且每个节点都能形成一个控制回路。操作员可以在每一个节点模块进行输入和输出操作。在低层上时间与空间的处理范围小且分辨率高，而在高层上时间与空间的处理范围大且分辨率低。因而，高精度与快反应的行为在低层上完成，而长时计划与抽象的概念在高层上实现。

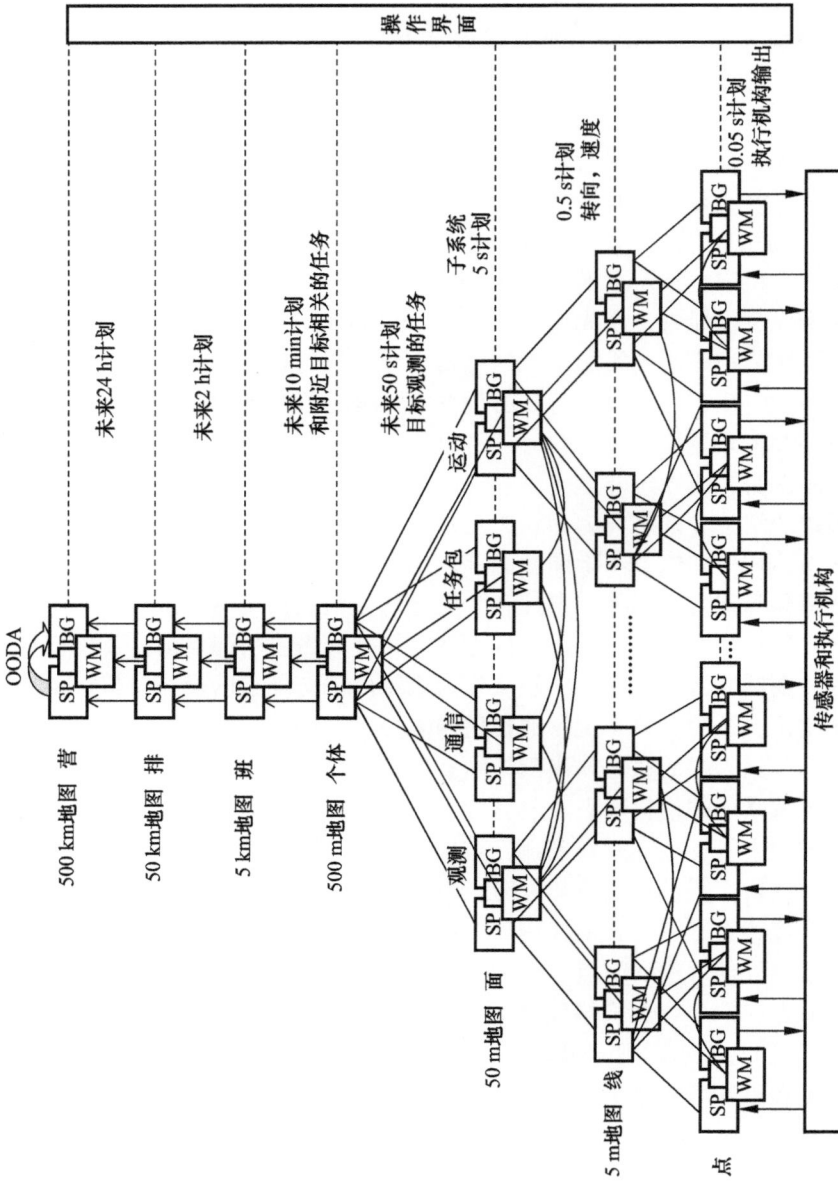

图 2-3 4D/RCS 系统结构图

2）应用4D/RCS 的 DEMO Ⅲ

DEMO Ⅲ的软件体系结合地图和规划工具，支持从时间、空间和战术等多角度推断问题。在时间层面上，高速行驶下需要产生毫秒级的指令并把它发送到相应的执行机构；在空间层面上，高水平的 4D/RCS 系统可以支持 10 km 外的人和多辆无人驾驶车辆数小时的操作。在这两个层面下，需要 3 或 4 个中间层参与控制一辆单独的车辆。

4D/RCS 体系可以在当前的规划结果失效前生成新的规划结果，而每一层的执行器都执行该层的规划结果。这样，行为总是发生在最近的一个规划结果下。与此同时，规划器根据环境模型的更新进行重新规划。每个规划器都有一个自己的环境模型，适用于这一层需要解决的问题。规划器和执行器异步工作。在每一层内，规划器都会生成一个新的规划，而执行器对下层输出规划数量级 10 倍的指令；在下一层中，规划层首先缩小为上一层的 1/10。采取这样的措施是为了提高不同任务层之间控制的稳定性和平滑性。在所有层中，执行器对传感器进行反馈，需做出比重新规划的时间间隔更快的反应，并在每个控制周期检测下一层的反馈结果。当执行器发现它发出的任务指令和预测的下一层状态之间存在偏差时，它将对发出的任务指令做出调整，于是便构成一个有一定延迟的闭环反馈系统。

DEMO Ⅲ的体系结构如图 2－4 所示。图中底部是从环境中获取数据的传感器和对外界环境做出反应的执行机构。最右侧是规划器和执行器，规划器和执行器的左边是路径规划用到的地图。在每一层中，地图的维度适用于这一层的路径规划任务。其中，随动系统规划器没有地图，主要对传感器的反馈做出反应并处理执行机构。基元层规划器的地图范围为 5 m，分辨率为 4 cm。这个层面使车辆能够精确地行动，例如在狭窄通道中停车或前进，对路径进行精确修正，从而避免颠簸。子系统规划器的地图范围为 50 m，分辨率为 40 cm。这个地图被用来规划未来 5 s 内的路径。车辆规划器的地图范围为 500 m，分辨率为 4 m。这个地图被用来规划未来 1 min 内的路径，且规划中考虑了地形特点，如公路、灌木丛、沟壑、林间小路等。区域规划器的地图范围为 5 km，分辨率约 40 m。这个地图被用来为未来 10 min 做规划，从而完成一系列的战术行为。图 2－4 中最左侧是感知处理的 5 个层面，且每一层都有相关部分的图像，而标志框架代表了个体以及图像区域和框架之间的联系。中间是从左边图像和区域到右边图像和区域之间进行的坐标转换。这些地图的范围和分辨率由其每一层的规划决策部分决定，而图像的范围由图像的光学特性和感兴趣区域决定。

21

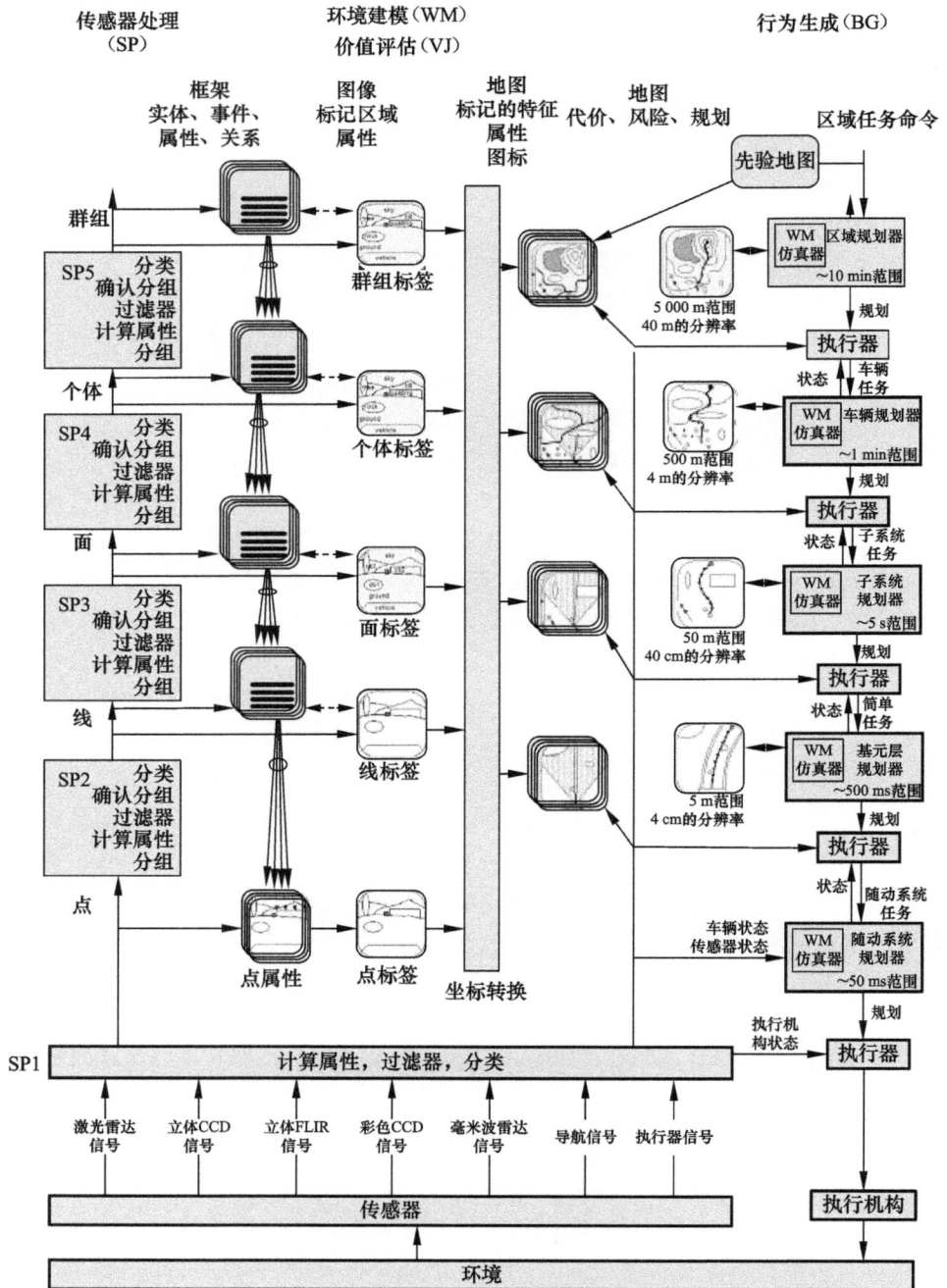

图 2-4　DEMOⅢ的体系结构图

2.3 JAUS

1）JAUS 概述

无人系统联合体系（Joint Architecture for Unmanned System，JAUS）是1998 年美国国防部（Department of Defense，DOD）提出的针对无人系统领域的开放式体系结构，并于 2005 年被美国汽车工程师协会（Society of Automotive Engineers，SAE）采纳，作为无人系统体系的标准。JAUS 是一个基于组件，在计算机终端进行信息传递，指定数据格式和通信方法的体系结构。它对信息以及所构成的行为进行详细说明。这些行为不受技术、计算机硬件、操作者使用以及传递平台的限制，与任务相互独立。

（1）JAUS 体系结构的层级划分。JAUS 体系的层级结构如图 2－5 所示。系统由几个子系统组成，且每个子系统都是一个独立的实体，如一个无人驾驶汽车或一个操纵控制单元。子系统包含有各种节点，且每个节点都包含一个或多个组件。

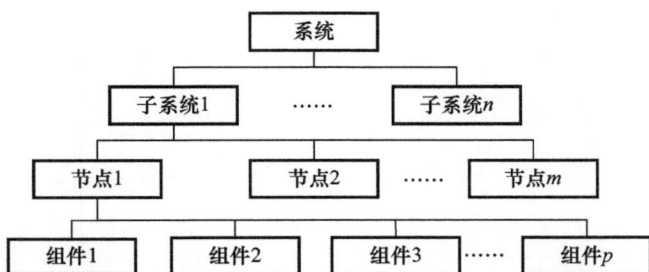

图 2－5 JAUS 体系的层级结构

JAUS 协议将整个系统划分为系统、子系统、节点和组件这几个级别。各级别之间既相互独立，又相互依赖。为了保证高效率，每个处理器下都有几个次级处理器处理数据。各级别简单定义如下：

- 系统级别——系统是一个或几个子系统的逻辑分组，包括所有的人机接口子系统和无人子系统在机器人和无人驾驶中的应用，不包括控制中心和操作控制单元。
- 子系统级别——子系统是一个独立的单位，不包括操作控制单元、移动平台和固定传感器。
- 节点级别——节点表示在一个子系统内独特的处理能力，不包括机动控制器和测障处理器。

● 组件级别——组件是在 JAUS 体系中分解出的最基层的部件。

一个组件是一个实体，用于执行特定功能或提供特定服务，例如传感器或电机驱动器。组件通常以它们的 JAUS 地址为标志。这个地址的形式一般是一个四联体密码：〈SubsystemID〉.〈NodeID〉.〈ComponentID〉.〈InstanceID〉。系统里的每个组件都有且仅有一个地址。SubsystemID 和 NodeID 数字是范围在 1 ~ 254 内的任意整数。ComponentID 是在参考架构（Reference Architecture）中指定的组件类型号码。当一个节点包含有多个组件时，就使用 InstanceID 代替 ComponentID 来标识每一个组件。

其中有两个重要组件：通信器（Communicator）和节点管理器（Node Manager）。每个子系统有且仅有一个通信器。它负责该子系统与整个 JAUS 系统的通信。由于一个子系统可以包含几个节点，通信组件必须有一些类似于路由的结构来接收各个节点的消息，这样便需要用到节点管理器。

如图 2-6 所示，一旦信息被直接引导到某个节点，该节点的节点管理器就负责将这些信息汇总并储存在这个节点的一个单体组件上，随后发送到通信组件，然后由通信组件与其他子系统进行通信。

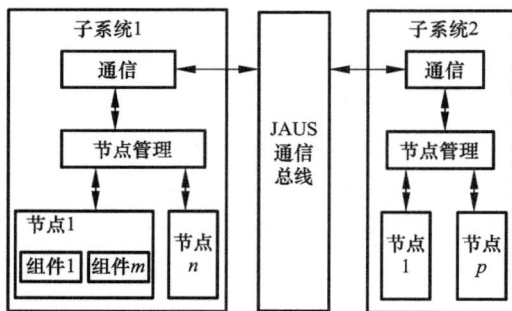

图 2-6　JAUS 的节点交互

（2）JAUS 信息格式。在 JAUS 中，所有信息都必须由一个头域和数据字段组成，而头域的数据格式都一样，共有 16 个字节。数据内容包括两部分：第 1 部分定义 JAUS 版本和 ACK/NAK，而第 2 部分命令代码以两字节数据来表示信息类型。

为了实现 JAUS 系统功能，定义了 3 个层次的兼容性。第 1 层（最低层次）要求 JAUS 在子系统级别具有兼容性。也就是说，由一个具有合适 JAUS

地址的通信器通过子系统实现一些核心信息的传送。这种层次定义的目的是提供一个预留机制，使非 JAUS 平台和控制器也可以用来进行相互操作。第 2 层进一步要求 JAUS 在节点级别的兼容性。这个级别是为了将设备，如机械臂、移动平台和传感器组装到 JAUS 中的一个子系统，同时不限制其功能的实现。第 3 层要求 JAUS 在组件级别的兼容性。这就是说，每个系统的功能模块必须有一种方法可以通过其节点的节点管理来发送和接收消息，并且必须处理一套核心消息。消息一共有命令、查询、通知、事件设置、事件通知、节点管理和实验等 7 类。将这些区分之后用户可以很快在规定的时间内组织信息并找到特定的信息。消息的分级不会以任何方式影响它的格式。

（3）JAUS 系列标准。美国汽车工程师协会 Aerospace Standards Unmanned Systems Steering Committee AS – 4 发布了 JAUS 系列标准。

（a）JAUS 传输考虑（AS5669A）：讨论了在 JAUS 组件之间进行 JAUS 消息传输时相关标准设计中的重点和特性，作为 JAUS 传输规范和标准的附件或补充材料；

（b）JAUS 服务接口定义语言（AS5684）：定义了在无人系统域中通用的指定服务规范语言；

（c）JAUS 核心服务包（AS5710A）：包括一套服务规范，定义了服务通用的接口，简化了其他需要包含上述接口的服务规范的编制，提高了可重用性；

（d）JAUS 机动性服务包（AS6009）：定义了机动系统服务相关的消息接口，支撑独立于平台的无人系统能力；

（e）JAUS 人机交互服务包（AS6040）：提供了一套标准的交互方式，用于操作人员与 JAUS 网络中组件之间进行交互；

（f）JAUS 操作服务包（AS6057）：为无人系统的操作设备（如机械手）提供了标准化的命令和控制指令。

JAUS 系列标准中信息与传输相互独立，通常采用 UDP/IP 协议传输。JAUS 系列标准主要包含具有非强制性结构组件的消息协议，并逐步向面向服务的体系结构发展。简单来说，JAUS 是一个标准的信息集，能够在无人系统之间进行通信。

2）基于 JAUS 的 NaviGATOR 系统

佛罗里达大学 NaviGATOR 体系结构是参考 JAUS 体系结构扩展而来的。它定义了一系列可重复利用的组成模块和接口。在最高层，NaviGATOR 体系结构包括 4 个基本要素：规划要素、控制要素、感知要素和智能要素，如图 2 – 7 所示。

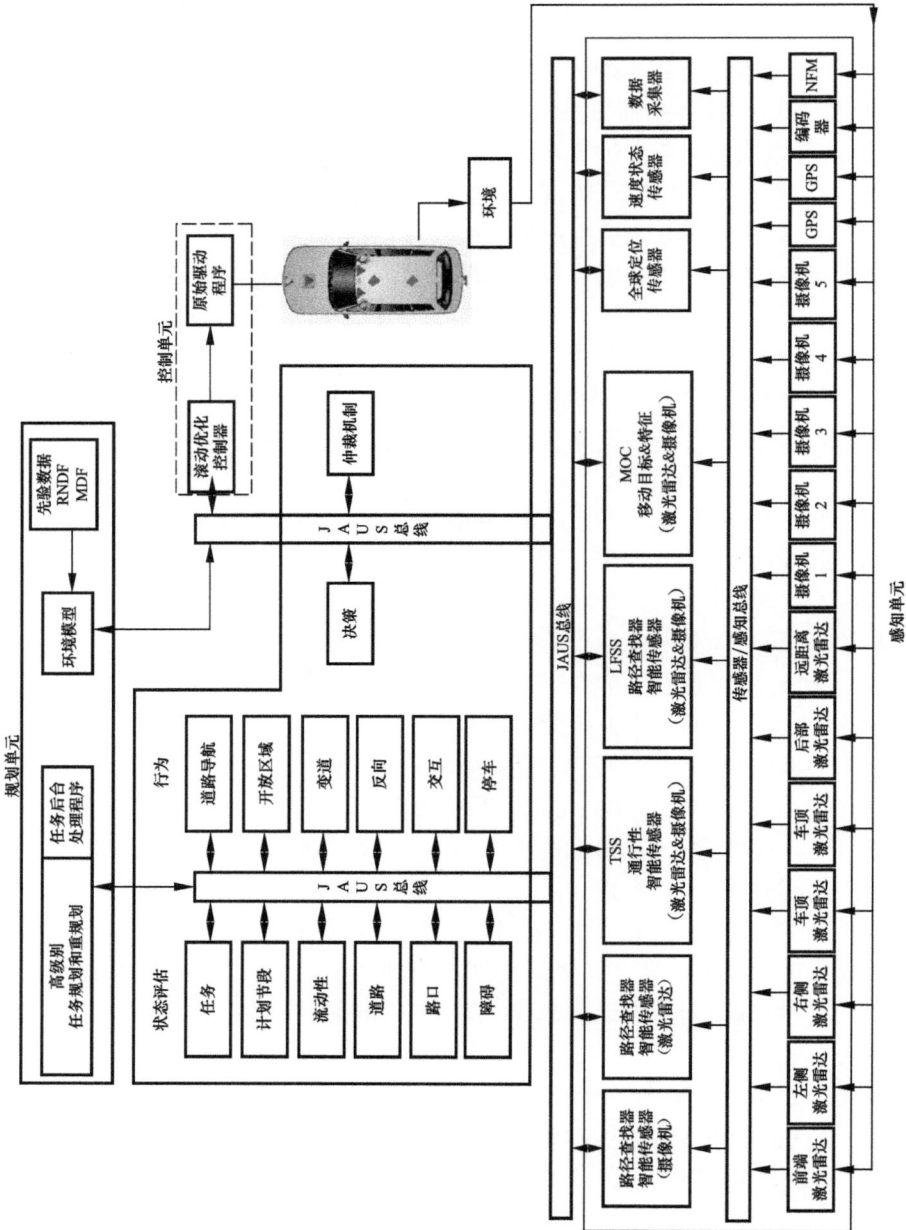

图 2-7 NaviGATOR 体系结构

其中规划要素包含充当先验数据存储库的组件，如路网文件（Road Network Definition File，RNDF）和任务文件（Mission Definition File，MDF）。该要素也被用于高层次路径规划以及基于这些要素数据和系统中其余部分提供的实时数据信息的重规划。控制要素中包含用于保持车辆在指定路径上的闭环控制的原始驱动程序。感知要素包含为了确定车辆位置而执行感知任务的组件，如找出车道、找出车道上柏油路、找出静态和动态障碍物、评估地形的平滑度。最后，智能要素包含根据当前任务和形势，在复杂环境下为无人驾驶汽车确定最佳行动方案的组件。它实现了自适应规划，并提供位置估计、行为模式估计、行为选择与执行的方法。软件系统通过 JAUS 总线协议与 10 台双核计算机交互实现。

2.4 无人驾驶汽车体系结构实例

2.4.1 Boss 无人驾驶汽车体系结构

2007 年美国 DARPA 城市挑战赛冠军——卡内基·梅隆大学研制的 Boss 无人驾驶汽车（如图 2-8 所示）在原车基础上整合现成的商业线控系统，实现加速、制动、转向、变换挡位等自动操纵。

图 2-8 Boss 无人驾驶汽车

Boss 计算系统采用 10 个 2.16GHz 的 Core2Duo 处理器，且每个处理器都配置 2G 内存和 2 个吉比特以太网接口。Boss 采用的传感系统如表 2-1 所示。

表 2-1　Boss 采用的传感系统

传感器	特　点
Applanix POS - LV 220/420 GPS/IMU（APLX）	通过 Omnistar VBS 修正具有亚米级精度，tightly coupled inertial/GPS bridges GPS - outages
SICK LMS 291 - S05/S14 激光雷达	180°/90°×0.9°两种扫描范围，角分辨率有两种，即 1°和 0.5°；最大测距范围为 80 m
Velodyne HDL64 位激光雷达	360°×26°扫描范围，角分辨率为 0.1°；最大测距范围为 70 m
Continental ISF 172 激光雷达	12°×3.2°扫描范围，最大测距范围为 150 m
IBEO Alasca XT 激光雷达	240°×3.2°扫描范围，最大测距范围为 320 m
Continental ARS 300 雷达	60°/17°×3.2°扫描范围，最大测距范围为 60 m/200 m
Point Grey 摄像机	高动态摄像机，45°扫描范围

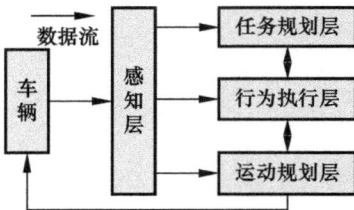

图 2-9　Boss 的软件结构

Boss 的软件结构可以分为感知层、任务规划层、行为执行层和运动规划层等部分，如图 2-9 所示。

其中，感知层融合处理来自 Boss 车载传感器的数据，为整个系统的其他部分提供周围环境的关键信息，包括：①车辆状态信息：位姿和速度。②道路信息：现实环境中道路的形状、停车区域和交叉路口。③动态障碍物：车辆周边其他车辆信息估计。④静态障碍物地图：二维栅格图展示现实环境中的无障碍区域、危险区域和不可通行区域。⑤堵塞道路：对明确的不能通过区域的估计。

任务规划层根据已有的路网信息计算所有到达下一任务检测点可行路径的代价，再根据道路拥堵情况、最大限速等信息比较生成的可行路径，得到到达下一个检测点的最优路径。

行为执行层将任务规划层提供的决策信息和感知层提供的当地交通与障碍信息结合起来，为运动规划层产生一系列局部任务。行为执行层可以大体地分为 3 个部分：道路行驶、路口方案和目标选择。前两部分的作用不言自明。目标选择部分负责分配前两部分或运动层要执行的任务，选择方法，以实现错误纠正和系统恢复。行为执行层实现系统对于不同规则道路的适用性，并对各种不规则情况进行侦查和矫正。这些局部任务采用离散运动目标形式，如沿着某条特定路线行驶等。沿着一条道路行驶的情况下的期望路线和速度要求被发送给运动规划层，以完成相应的行为规划，如车距保持、超车等。

运动规划层根据来自行为执行层的运动目标生成相应运动轨迹并执行,从而使 Boss 到达该运动目标。它包含两个规划器,且每个都能在到达预期目的地的过程中规避静态和动态障碍物。其中考虑了两种常用方案:结构化道路跟随驾驶和非结构化道路驾驶。对于结构化道路跟随驾驶,规划器生成的路径是在规定道路上规避障碍物;对于非结构化道路驾驶,如驶入停车场,需要用到具有四维搜索空间(位置、方位和行驶方向)的规划器。

2.4.2 BIT 号无人驾驶汽车体系结构

北京理工大学 BIT 号无人驾驶汽车 2009 年参加首届"中国智能车未来挑战赛",获得第二名和最佳环境感知奖。BIT 号无人驾驶汽车实验平台及传感器布置如图 2-10 所示,在硬件设备上采用了多种传感器进行环境感知。GPS 为车辆提供位置信息,惯性导航系统提供车体姿态信息,两者又组成组合导航定位模块;激光雷达检测车辆周围的障碍物信息,摄像机提取车辆周围的图像进行车道线、停车线和交通标志等的识别,前轮偏角传感器反馈当前车辆的前轮偏角,而里程计测量车辆的速度及行程。

29

图 2-10 BIT 号无人驾驶汽车

按照功能可以将 BIT 号无人驾驶汽车系统结构分为环境感知系统、规划决策系统、底层控制系统、车辆数据采集系统、危险应急停车系统、数据通信系统和预留功能系统,如图 2-11 所示。其中,环境感知系统主要包括环境感知传感器和信息处理系统,规划决策系统包括路径规划、路径跟踪和数据决策及融合,底层控制系统包括纵向控制系统、横向控制系统和换挡控制系统,车辆数据采集系统包含前轮偏角、车速和换挡位置采集,而危险应急系统有手动紧急停车和无线紧急停车 2 种方式。

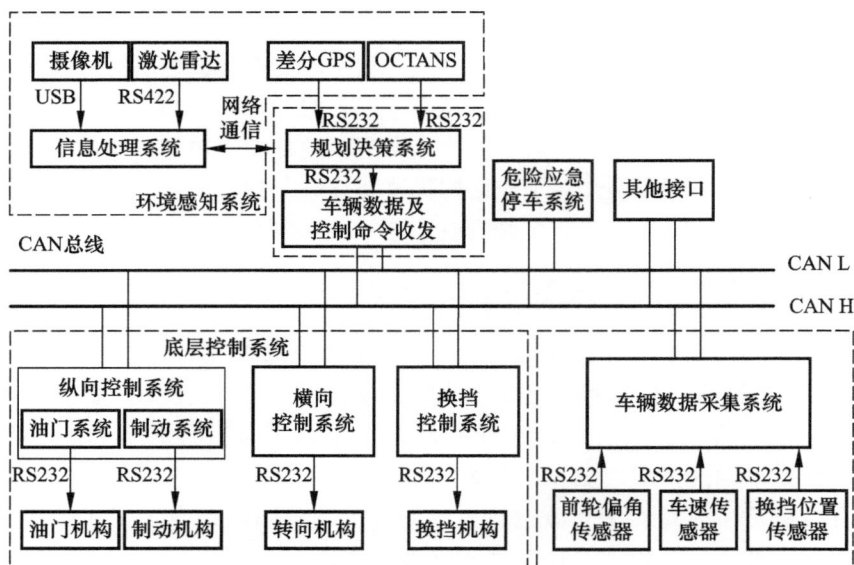

图2-11 BIT号无人驾驶汽车系统组成

BIT号无人驾驶汽车根据传感器的信息融合模块提供的信息,当判断到周围环境无障碍物信息时,根据定位模块提供的当前位置和方向角,由全局路径规划模块控制无人驾驶汽车行驶路径。若判断前方有障碍物,则由传感器信息融合模块进行决策融合,提供控制信号,对路径进行修正,以避开障碍物。避开障碍物后,根据定位模块提供的车辆当前位置和方向角信息,继续跟踪全局参考路径。BIT号无人驾驶汽车的软件系统数据流如图2-12所示。

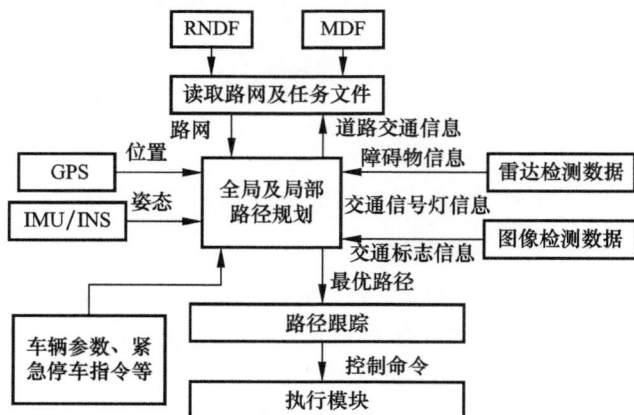

图2-12 BIT号无人驾驶汽车软件系统数据流

参 考 文 献

[1] 蔡自兴，贺汉根，陈虹. 未知环境中移动机器人导航控制理论与方法 ［M］. 北京：科学出版社，2009：10-12.

[2] 程磊. 多移动机器人协调控制系统的研究与实现 ［D］. 武汉：华中科技大学，2005.

[3] 贺炜. 移动机器人体系结构的设计和研究 ［D］. 哈尔滨：哈尔滨工程大学，2006.

[4] Raj Madhavan, Elena Messina, James Albus. Intelligent Vehicle Systems：A 4D/RCS Approach ［M］. New York：Nova Science Publishers，2006：6-15，302-309.

[5] James Albus. 4-D/RCS Reference Model Architecture for Unmanned Ground Vehicles ［C］. International Conference on Robotics & Automation. San Francisco，USA，April 2000：3260-3265.

[6] Rowe Steve, Wagner Christopher R. An Introduction to the Joint Architecture for Unmanned Systems（JAUS）［EB/OL］. http://robot-chopper. googlecode. com/svn/trunk/DataSheets/JAUS/JAUSIntroduction/07F-SIW-089%20Introduction%20to%20JAUS(2). pdf.

[7] Open JAUS LLC ［EB/OL］. http：//www. openjaus. com/understanding-sae-jaus.

[8] Crane Carl, Armstrong David, Arroyo Antonio, et al. Team Gator Nation's Autonomous Vehicle Development for the 2007 DARPA Urban Challenge ［J］. Journal of Aerospace Computing，Information，and Communication，2007，4（12）：1059-1085.

[9] Ferguson Dave, Howard Thomas M, Likhachev Maxim. Motion Planning in Urban Environments ［J］. Journal of Field Robotics，2008，25（11-12）：939-960.

[10] Urmson Chris, Anhalt Joshua, Bagnell Drew, et al. Autonomous Driving in Urban Environments：Boss and the Urban Challenge ［J］. Journal of Field Robotics，2008，25（8）：425-466.

[11] 刘凯. 无人驾驶车辆体系结构与定位导航技术研究 ［D］. 北京：北京理工大学，2010.

[12] Xiong Guangming, Zhou Peiyun, Zhou Shengyan, et al. Autonomous Driving of Intelligent Vehicle BIT in 2009 Future Challenge of China ［C］. Intelligent Vehicles Symposium，San Diego，USA，June 21-24，2010：1049-1053.

第3章

无人驾驶汽车环境感知技术基础

无人驾驶汽车的组成按照功能可以分为环境感知、决策规划和车辆控制3个部分。其中环境感知部分是其他部分的基础，是实现辅助驾驶和自主驾驶的前提条件。环境感知技术在无人驾驶技术中起着非常重要的作用。如果没有环境感知功能，无人驾驶汽车就像驾驶员没有视听感觉一样。国内外在环境感知技术方面取得了许多研究成果，并得到了一定程度的应用。

本章主要介绍无人驾驶汽车的环境感知技术基础，包括激光雷达、毫米波雷达及车载视觉传感器的相关内容以及传感器标定方法。

3.1　环境感知中的传感器

在无人驾驶技术中，传感器负责采集无人驾驶汽车所需要的信息，包括感知汽车自身、汽车行驶的周围环境等，为无人驾驶汽车的安全行驶提供及时、准确、可靠的决策依据。因此，在无人驾驶技术中，传感器就相当于系统的感受器官，可以快速、精确地获取信息，是实现车辆安全行驶的前提。目前常用的环境感知传感器包括超声波传感器、红外线传感器、激光雷达、毫米波雷达、微波雷达、立体视觉摄像机等。根据各传感器的特点，不同环境下应选择不同的传感器。例如在高速公路环境下，由于车辆速度较快，通常选用检测距离较大的微波雷达；在城市环境中，由于环境复杂，通常选用检测角度较大的激光雷达。本节将对部分传感器进行简要介绍。

1）超声波传感器

超声波传感器是利用超声波的特性研制而成的传感器。超声波是一种振动频率高于声波的机械波，具有频率高、波长短、绕射现象小，特别是方向性好，能够成为射线而定向传播等特点。

超声波传感器的数据处理简单快速，检测距离较短，主要用于近距离障碍物检测。超声波在空气中传播时能量会有较大的衰减，难以得到准确的距离信息，一般不单独用于环境感知，或者仅仅应用于对感知精度要求不高的场合。

2）红外线传感器

红外线传感器是指利用红外线的物理性质进行测量的传感器。红外线又称红外光，具有反射、折射、散射、干涉、吸收等性质。红外线传感器与超声波传感器性能相似，只是红外线传感器不受光线、风、沙、雨、雪、雾的影响，因此它的环境适应性好，且功耗低。与超声波传感器相比，其探测视角小，方向性和测量精度有所提高。

目前，利用红外线传感器测距的原理主要有两种：第1种是根据具有一定温度的物体会发出红外线的原理，通过检测红外线强弱来测量距离。当物体温度一定时，物体相隔越远，红外线强度越弱。红外线强度和距离存在一定的对应关系，而通过这个对应关系就可测出物体的距离。第2种与超声波测距相类似，通过检测红外线发射器发射出一定频率的红外线，到红外线接收器接收到经前方障碍物反射回来的反射波信号时间差来求出目标距离。其中第2种测距原理通常采用三角测量法，把发射器和接收器按照一定距离安装，然后与被探测点形成三角形的三个顶点。由于发射器和接收器距离已知，发射角度已知，反射角度也可以被检测到，因此可以求出检测点到发射器的距离。

3）激光雷达

激光雷达是以发射激光束来探测目标位置的雷达系统。根据扫描机构的不同，激光雷达有二维和三维两种。它们大部分都是靠旋转的反射镜将激光发射出去并通过测量发射光和从物体表面反射光之间的时间差来测距。三维激光雷达的反射镜还附加一定范围内俯仰，以达到面扫描的效果。用激光雷达测量时间差主要有脉冲检测法、相干检测法和相移检测法3种不同的方法。其中，脉冲检测法是利用激光脉冲传播往返时间差的测量来完成的。

二维激光雷达和三维激光雷达在无人驾驶汽车上得到了广泛应用。与三维激光测距雷达相比，二维激光雷达只在一个平面上扫描，结构简单，测距速度快，系统稳定可靠；但是也不可否认，将二维激光雷达用于地形复杂、路面高低不平的环境时，由于其只能在一个平面上进行单线扫描，故不可避免会出现数据失真和虚报的现象。同时，由于数据量有限，用单个二维激光雷达也无法完成越野环境下的地形重建工作。

4）毫米波雷达

毫米波雷达是指工作频率选在 30～300 GHz 频域（波长为 1～10 mm，即毫米波波段）的雷达。毫米波雷达波束窄，角分辨率高，频带宽，隐蔽性好，抗干扰能力强，体积小，重量轻，而最大优点是可测距离远。与红外、激光设备相比较，具有对烟、尘、雨、雾良好的穿透传播特性，不受雨、雪等恶劣天气的影响，抗环境变化能力强。

车载毫米波雷达根据测量原理不同，一般分为脉冲方式和调频连续波方式两种。采用脉冲测量方式的毫米波雷达需要在短时间内发射大功率脉冲信号，通过脉冲信号控制雷达的压控振荡器从低频瞬时跳变到高频；同时，在对回波信号进行放大处理之前，需将其与发射信号进行严格的隔离。这种雷达在硬件结构上比较复杂、成本高。目前大多数车载毫米波雷达都采用调频连续波方式。其测量原理如图 3－1 所示。

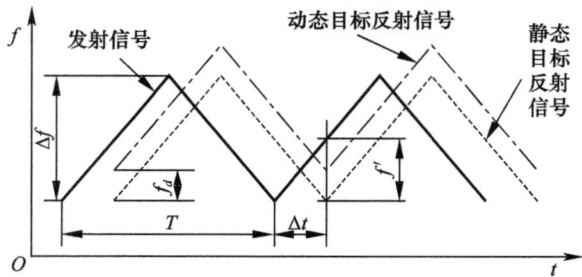

图 3－1　调频连续波雷达测量原理

调频连续波测距方式的雷达结构简单、体积小，最大的优势是可以同时得到目标的相对距离和相对速度。它的基本原理是当发射的连续调频信号遇到前方目标时，会产生与发射信号有一定延时的回波，再通过雷达的混频器进行混频处理，而混频后的结果与目标的相对距离和相对速度有关。雷达测距和测速的计算公式为：

$$\begin{cases} s = \dfrac{c \cdot \Delta t}{2} \\[2mm] \Delta t = \dfrac{T \cdot f'}{2\Delta f} \\[2mm] v = \dfrac{c \cdot f_d}{2f_0} \end{cases} \qquad (3-1)$$

其中，s 表示相对距离，单位为 m；c 表示光速，单位为 m/s；f' 表示发射信号与反射信号的频率差，单位为 Hz；Δf 为调频带宽，单位为 Hz；T 为信号发射周期，单位为 s；f_d 为多普勒频移，单位为 Hz；f_0 为发射信号的中心频率，单位为 Hz；v 表示相对速度，单位为 m/s。

5）立体视觉

人的立体感是这样建立的：双眼同时注视某物体，双眼视线交会于一点，即注视点。从注视点反射回到双眼视网膜上的光点是对应的，且这两点将信号传入大脑视觉中枢合成一个物体完整的像。立体视觉不但看清了物体，而且这一物体与周围物体间的距离、深度、凸凹等都能辨别出来。

双目立体视觉理论建立在对人类视觉系统研究的基础上，通过双目立体图像处理，获取场景的三维信息。其结果表现为深度图，再经过进一步处理就可得到三维空间中的景物，实现二维图像到三维空间的重构。采用立体视觉进行环境距离感知和障碍检测，是一种很有前景的方法，但目前还有很多问题需要解决。如研究视差像素点匹配的新方法，使其既具有较好的鲁棒性，又没有过大的计算量。

3.2　激光雷达测距传感器

利用激光雷达测距技术可以得到车辆周围的深度信息，从而可以准确地发现车辆周围存在的障碍。本节以 LMS511 激光雷达和 64 线激光雷达为例，分别对它们的性能参数、数据通信及数据校验方式等进行介绍。

3.2.1　LMS 511 激光雷达

1）激光雷达介绍

SICK LMS511 雷达是一种二维雷达，如图 3 - 2 所示。它可扫描某一区域，并根据区域内各个点与扫描仪的相对位置，返回测量值。LMS511 的测量数据用极坐标表示，返回的是测量物体与扫描仪扫描中心之间的距离和相对角度。

LMS511 雷达可以设置多种角度分辨率和扫描频率组合。它输出的每个光束的测量距离表达方式与所设置的角度分辨率及扫描频率有关，如表 3 - 1 所示。

图 3 - 2　SICK LMS511
激光雷达

表 3-1   SICK LMS511 的配置及输出性能

扫描频率/Hz	角度分辨率/(°)	放大因子	最大测量距离/m
25	0.166 7	×1	65
25	0.25	×2	80
35	0.25	×1	65
35	0.5	×2	80
50	0.333 3	×1	65
50	0.5	×2	80
75	0.5	×1	65
75	1	×2	80
100	0.666 7	×1	65
100	1	×2	80

表 3-1 中，放大因子为从激光雷达输出距离数据转换到真实测量距离数据时需要放大的因子。

2）数据接口

LMS511 激光雷达通过参数设置可以选择多种不同的数据传递方式，如网络接口、USB 接口、串口等。为了能够实时地获取雷达的测量数据，通常采用网络接口传输的方式。

采用网络接口传输方式连接上位机与 LMS511 激光雷达，首先需要在二者之间建立 TCP/IP 连接，由上位机向激光雷达发送扫描请求，然后激光雷达通过网络接口按设定频率发送数据包。

3）雷达操作顺序

对 LMS511 雷达进行操作需要遵照一系列的操作顺序：登入，设置频率和角度分辨率，确定，保存参数，登出，扫描请求等。这些操作都是通过向 LMS511 发送指令完成的。具体如表 3-2 所示。

表 3-2   雷达操作顺序表

编号	步骤	ASCII 码指令
1	登入	sMNSetAccessMode
2	设置频率和精度	sMNmLMPsetscancfg
3	设置扫描数据内容	sWNLMDscandatacfg
4	设置扫描数据输出	sWNLMPoutputRange
5	存储参数	sMNmEEwriteall
6	登出	sMN Run
7	扫描请求	sRNLMDscandata/sENLMDscandata

4）LMS511 报文分析

对于网络接口的传输方式，LMS511 报文采用 ASCII 码形式。进行数据处理前，首先需要把 ASCII 码表达的数值转化为对应的二进制数值。

进行初始化设置后，激光雷达将按照定义的报文格式输出。数据包以 STX（0x02）为包头，以 ETX（0x03）为包尾。包头后的"sSNLMDscandata"是对雷达设置指令连续测量的应答，接下来是 11 个数据（数据与数据间由空格 0x20 间隔）的雷达版本信息、设备信息、状态信息以及保留字；然后是雷达扫描频率、测量频率、编码器个数和通道数，接着是输出数据的通道号和放大因子，再就是起始角度、角度分辨率和测量数据个数，最后是具体的数据值。

5）数据处理

数据处理的主要目的是从激光雷达接收到的一串 ASCII 数据包中找出雷达扫描的距离值，并将其从 ASCII 码转换为对应的数值。

数据处理流程如图 3-3 所示。先找包头，然后继续找通道号。找到通道号后将数据存储的指针指向对应通道的数据数组，并依此接收起始角度、角分辨率、数据个数以及具体测量值等，接收的数值被保存在数据存储指针指向的数组中，由此获得一帧激光雷达测量的障碍物距离值。

6）坐标转换

根据 SICK LMS511 的配置参数，在不同的应用场合可进行相应的设置。以无人驾驶汽车在某场合的应用为例，设置 SICK LMS511 激光雷达的扫描视角范围是 $-5° \sim 185°$，共 $190°$ 的视角，角度分辨率为 $0.25°$，具体设置参数如表 3-3 所示。在该视角范围及角度分辨率下，LMS511 一帧扫描数据的点数为 761。

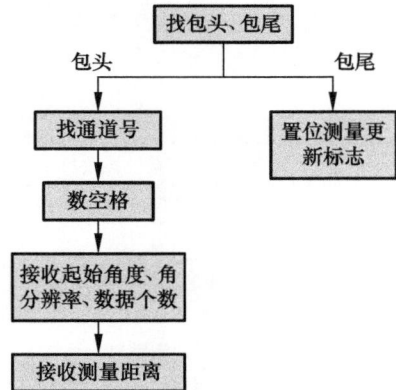

图 3-3 LMS511 数据接收流程

表 3-3 LMS511 无人驾驶汽车应用参数设置表

项　目	性能指标
扫描视角	$-5° \sim 185°$
角度分辨率	$0.25°$
最大扫描距离	80 m
扫描数据点	761
扫描频率	25 Hz

LMS511 传输的数据经过转换得到极坐标下的角度和距离，可以表示为 $L = (\rho, \theta)$。其中，ρ 是距离值，θ 是对应角度。为方便使用，需要将测量结果从极坐标系下表示的参数转换到笛卡儿坐标系下的参数表示方法 (x, y)。其中，x 为笛卡儿坐标系下的横坐标值，y 为纵坐标值。转换方法如式（3 - 2）所示。

$$\begin{cases} x = \rho \cos\theta \\ y = \rho \sin\theta \end{cases} \qquad (3 - 2)$$

3.2.2　64 线激光雷达

1）HDL - 64E S2 激光雷达简介

Velodyne HDL - 64E S2 激光雷达传感器是一款多光束三维成像激光扫描系统，被广泛应用于无人驾驶和三维地图等领域。

HDL - 64E S2 激光雷达共有 64 线激光扫描束，在其内部按垂直方向排列，垂直方向的可视范围为 26.8°。由于激光发射与接收装置被安装在一个旋转电机上，故水平方向的可视范围可以达到全向 360°。HDL - 64E S2 激光雷达的各项关键性能指标如表 3 - 4 所示。

表 3 - 4　Velodyne HDL - 64E S2 性能指标

激光发射器/接收器数目	64
最大水平扫描角度	360°
垂直扫描角度	26.8°
角度分辨率	0.09°（可调）
扫描频率	5 ~ 20 Hz
最远检测距离	120 m
测量精度	<2 cm
旋转速度	300 ~ 1 200 rpm
输入电压	12V DC
数据量	每秒 133 万个三维数据点

2）HDL - 64E S2 激光雷达的接口

HDL - 64E S2 激光雷达与上位机的数据通信接口有串口和网络接口两种。上位机对雷达的控制是通过串口实现的。上位机发送约定的控制指令对雷达进行设置。这些控制指令主要包括设置雷达旋转速度，设置雷达 IP 地址、端口号以及水平检测角度 HFOV 等。上位机接收雷达的测量数据是通过网络接口基于 UDP 协议实现的。雷达出厂默认的雷达源 IP 地址为 192.168.3.43，目标 IP

地址为 192. 168. 3. 255，端口号为 2368。

3）HDL – 64E S2 激光雷达的数据协议

HDL – 64E S2 激光雷达通过 UDP 协议向上位机发送测量数据。它的输出为 UDP 数据包。每个数据包都包含有每一激光束返回的距离信息和角度信息。64 对激光发射器和接收器分为上、下两层，即上、下层分别放置了 32 对激光发射器和激光接收器。在传输数据时，数据也是分为上、下层检测数据而被分开发送的。下面以一层检测数据为例详细说明。定义一个完整上层（或者下层）检测数据为一个子数据包，如图 3 – 4 所示。它包括 2 字节的激光层 ID，表征该子数据包是上层检测数据或下层检测数据。激光层 ID 的值为 0xEEFF 时，表示上层雷达检测数据；值为 0xDDFF 时，表示下层雷达检测数据。另外，包括 2 字节的旋转角度，表示激光雷达电机旋转的角度位置。接下来是激光雷达检测的 32 组检测数据，其中每一组检测数据都包括 2 字节的距离值以及 1 字节的回波强度值。在相同角度位置下的两个相邻子数据包构成 HDL – 64E S2 激光雷达在某一位置、同一时刻的一次测量。这 64 个测量点近似在垂直方向的同一个扇面上。定义这两个子数据包组成的一个扇面上的测量为一扇数据包，并定义激光雷达旋转一周的完整测量为一帧数据。

39

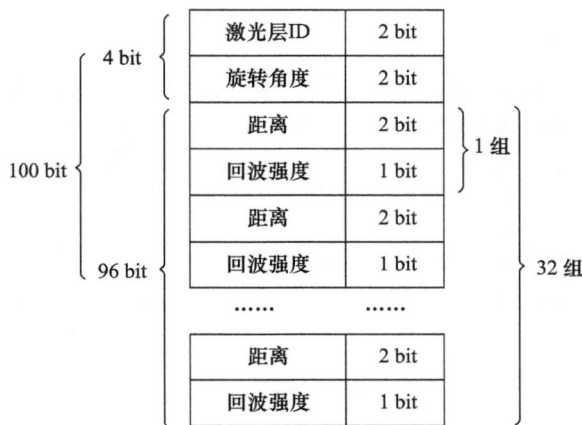

图 3 – 4　HDL – 64E S2 激光雷达数据协议

4）HDL – 64E S2 激光雷达的几何模型

HDL – 64E S2 激光雷达坐标系定义如图 3 – 5 所示。理想状态下，HDL – 64E S2 激光雷达的 64 束光从坐标系的原点射出，且每束激光的起始位置都为坐标系原点；但实际上，每个激光器的安装位置不同，光束的水平方位角也有

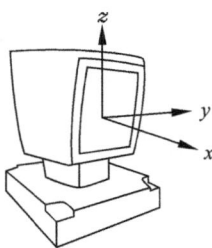

图 3 – 5   HDL – 64E S2
激光雷达坐标系定义

差异，光束并不在同一个垂直平面内。因此，对应每个激光器都有一组校准参数。

为了将 HDL – 64E S2 激光雷达返回的距离和角度信息转换为激光雷达坐标系中的笛卡儿坐标，需要对每一条激光束采用 5 个参数进行建模。

（1）距离校正因子 D_{corr}：每一条激光束的距离偏差。返回的距离值 D_{ret} 加上距离校正因子 D_{corr} 表示激光束测得的真正距离 D。

（2）垂直偏移量 V_0：在竖直平面内激光束测量的起点到雷达坐标系原点的偏移量。

（3）水平偏移量 H_0：在 xy 平面激光束测量的起点到激光雷达坐标系原点的偏移量。

（4）垂直校正角 θ：激光束相对于激光雷达坐标系 xy 平面的角度偏移量，向上偏移为正，向下偏移为负。

（5）旋转校正角 α：激光束与激光雷达编码盘零度角之间的角度偏移量。当激光雷达旋转时，假设其当前旋转角度为 γ，每一条激光束都有一个不同的旋转校正角 α，定义另外一个角 $\beta = \gamma - \alpha$ 表示激光束相对于 yz 平面的角度。

HDL – 64E S2 激光雷达在出厂时对每束激光的上述 5 个校准参数都已进行了标定，但由于时间和环境的影响，在使用时一般需要对这些校准参数进行重新标定。标定方法可以采用基于平面特征和改进 Gauss – Helmert 平差模型方法。

获取 64 束激光的标定参数后，采用式（3 – 3）可以将每一条激光束返回的距离值 D_{ret} 和当前激光雷达的旋转角度 γ 转化为激光雷达坐标系中的笛卡儿坐标（P_x，P_y，P_z）。

$$
\begin{aligned}
D &= D_{ret} + D_{corr} \\
D_{xy} &= D\cos\theta - V_0\sin\theta \\
P_x &= D_{xy}\sin\beta - H_0\cos\beta \\
P_y &= D_{xy}\cos\beta + H_0\sin\beta \\
P_z &= D\sin\theta + V_0\cos\theta
\end{aligned}
\tag{3 – 3}
$$

从美国 DARPA 举办的历届无人驾驶车辆挑战赛和中国智能车未来挑战赛可以看出，激光雷达在无人驾驶汽车上的应用已经日趋成熟。

3.3　ESR 毫米波雷达

3.1节简要介绍了毫米波雷达的工作原理，本节以 ESR（Electronically Scanning Radar）高频电子扫描毫米波雷达为例介绍毫米波雷达的性能参数。

ESR 高频电子扫描毫米波雷达在其视域内可同时检测到 64 个目标。该雷达发射波段为 76～77 GHz，同时具有中距离和远距离的扫描能力。图 3－6 为 ESR 毫米波雷达的针脚图。表 3－5 说明了使用到的相关针脚。

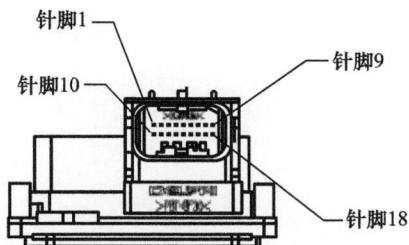

图 3－6　ESR 毫米波雷达针脚

表 3－5　ESR 毫米波雷达接插件的针脚定义

针脚数	针脚名称
1	电源 BATT
3	地 GND
7	VCANL（车辆）
8	VCANH（车辆）
9	PCANL（专用 CAN 接口）
10	点火（Ignition）
18	PCANH（专用 CAN 接口）

表 3-5 中，针脚 7 和针脚 8 连在车辆总线上，针脚 7 是 CAN 低线，针脚 8 为 CAN 高线，针脚 10 与针脚 3 共同接到地线。ESR 雷达通过车辆总线获得所需的车速、方向盘转角等信号。ESR 雷达检测到的目标信息，如距离、相对速度等，通过针脚 9（CAN 低线）、针脚 18（CAN 高线）传输。其扫描范围定义如图 3－7 所示。

具体参数如表 3－6 所示。

根据 ESR 雷达 CAN 接口数据协议，解析输出数据，可获取车辆前方有关目标的相对距离 L、角度 θ 和相对速度信息 v。其中相对距离 L 可由雷达发射信号与反射信号的时间差确定，角度 θ 可由天线波束状态确定，相对速度信息 v 可由多普勒频移确定。

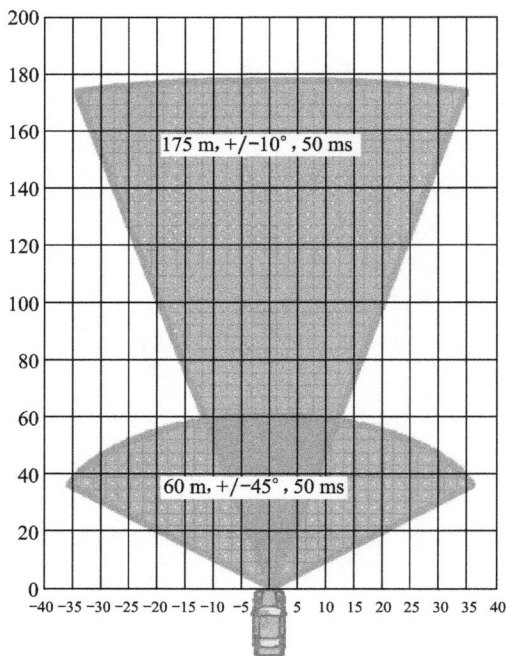

图3-7 雷达扫描范围

表3-6 ESR具体参数

参　　数	长距离	中距离
系统特性		
频段/GHz	76~77	
尺寸大小/mm	130×90×39 （$w×h×d$）	
刷新率/ms	50	50
可检测的目标数	通过长距离和中距离目标的合并，总共64个目标	
覆盖范围		
距离/m	1~175	1~60
相对速度/(m·s^{-1})	-100~+25	-100~+25
水平视角/(°)	±10	±45
精确度		
距离/m	±0.5	±0.25
相对速度/(m·s^{-1})	±0.12	±0.12
角度/(°)	±0.5	±1

　　毫米波雷达因其硬件体积小且不受恶劣天气影响等优点，被广泛应用在汽

车的自适应巡航系统、汽车防撞系统等商用汽车产品中。

3.4　车载视觉传感器

3.4.1　车载视觉

车载视觉起源于生理视觉，是基于机器视觉的理论知识，并结合光学、微电子技术、计算机技术等知识及车辆运动的特点而形成的。车载视觉是无人驾驶技术的重要组成部分，相当于驾驶员的眼睛，是未来无人驾驶技术的发展重点。

1）机器视觉特点

机器视觉用机器代替人眼来做测量和判断，即通过图像获取装置（如CMOS和CDD），将目标的光线信号转化为图像模拟电信号，传送给专用的图像处理系统，再根据像素分布、亮度和颜色等信息，转变为数字化信号。最后，计算机对这些数字信号进行各种运算，以抽取目标的特征，进而获得相应的识别信息。一般会将机器视觉与计算机处理技术相结合，故机器视觉又称计算机视觉，是一种利用摄像机获取图像信息，再利用计算机处理图像信息，获取识别信息的系统。

2）车载视觉特点

车载视觉是机器视觉在车辆上的应用，需要满足车辆行驶环境及车辆自身行驶状况的特点。影响车载视觉的因素主要有：

（1）天气变化。天气变化主要影响场景的光线强度变化状况。光源角度直射及物体的反光会引起摄像机过度曝光，而光线过暗又会产生摄像机曝光不足。这些都会在摄像机图像中产生无纹理的高光或低光区域。

（2）车辆运动速度。车辆运动速度大小与车载视觉图像质量成反比。当车辆速度较小时，图像质量接近摄像机静止时的拍摄图像质量，质量较好；车辆速度较大时，受摄像机拍摄帧频限制，会在所拍摄图像上产生运动模糊，失去纹理特征，或产生错误纹理，而且车辆速度越大，所拍摄的图像质量就越差，对视觉算法实时性要求也越高。

（3）车辆运动轨迹。车辆运动轨迹主要分为直线与曲线。当车辆轨迹为直线时，摄像机前后帧图像中特征匹配重叠率较高，摄像机水平面基本与地面平行；当车辆轨迹为曲线时，由于车辆转弯时的惯性作用，车辆将会出现侧倾现象，使摄像机水平面倾斜于水平地面，从而降低匹配重叠率，同时对特征形状造成影响。

（4）随机扰动。它包括车辆轮胎的滑移及地面颠簸抖动。它们将使视觉图像产生运动模糊。

（5）摄像机安装位置。安装位置分车内与车外，仰角与俯角。由于车辆一般行驶在室外阳光下，安装在车外的摄像机曝光只需根据环境中对照度进行调节即可；而安装在车内的摄像机可能受到车内阴影的干扰，使拍摄外部环境图像时产生过曝光或曝光不足的现象。同时，由于环境中光照强度不均匀，地面上会出现高、低光区域，如光斑等。摄像机俯仰角越朝下，对照度越敏感，越容易出现过曝光或曝光不足；而摄像机视角越平行于路面，由于视觉图像中像素精度与距离成反比，故图像算法的精度就越低。

车载视觉对视觉系统获取图像的质量要求更高：首先，摄像机输出给计算机图像的速度一定要快，这样才能给高速行驶中的无人驾驶汽车提供相关图像导航信息。其次，摄像机输出给计算机的图像应包含尽可能多的灰度纹理信息，尽量避免出现纯黑或纯白色区域的图像，以保证图像识别算法的顺利运行。

视频图像采集工作流程如图 3－8 所示。摄像机捕获图像后，会依次通过其内置的增益调节、亮度调节、Gamma 调节、白平衡调节生成 8 bit 或 16 bit 的图像。一般来说，16 bit 图像所包含的灰度为 $2^{16}=65\,536$ 个层次，而 8 bit 图像只有 $2^8=256$ 个灰度层次。

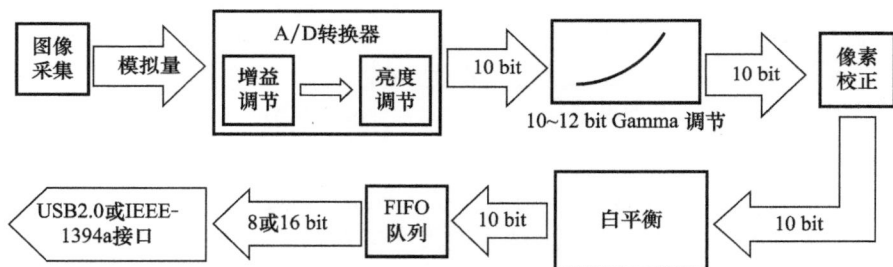

图 3－8　摄像机数据采集流程

3.4.2　彩色空间模型

摄像机采集图像时可获取彩色图像或黑白图像。根据人的生理视觉特点，环境中的主要视觉信息集中在光线的亮度信息中，即黑白图像。对于彩色图像则可通过变换彩色空间来进行调整：一般摄像机采集原始图像时使用 RGB 彩色空间模型，而在处理图像时则可使用 HSI 彩色空间模型或 HSV 彩色空间模型。

1）RGB 彩色空间模型

任何色彩都可以由 3 种不同的基本色彩按不同的比例混合而得到，其表达式为

$$Y = aR + bG + cB \qquad\qquad (3-4)$$

其中，R 为红色分量；G 为绿色分量；B 为蓝色分量；a，b，c 分别为各分量的权值；Y 为合成后的色彩。

在 RGB 彩色空间模型中，每种色彩都出现在红、绿、蓝的原色光谱分量中。该彩色模型是基于笛卡儿坐标系统的。其彩色空间模型为如图 3-9 所示的立方体。图中，红、绿、蓝位于 3 个角上，青、深红和黄位于另外 3 个角上，黑色在原点处，而白色位于离原点最远的角上。灰度等级沿着这两点的连线分布。因此，不同的色彩处在立方体上或其内部，并可用从原点分布的向量来定义。为了方便起见，假定所有的色彩值都归一化至 [0，1] 范围内取值。

在数字图像处理技术中，RGB 彩色空间模型使用最多，但在该彩色空间模型中，彩色图像的 3 个分量不仅代表色彩，还代表着亮度。因此，R，G，B 各分量间存在着很大的相关性。这种相关性意味着亮度的变化会导致 R，G，B 各分量的变化，所以 RGB 彩色空间模型并不适用于彩色图像的精确分割。

2）HSI 彩色空间模型

HSI（色调 Hue，饱和度 Saturation，亮度 Intensity）彩色空间模型是从人的视觉系统出发的彩色模型。该模型可在彩色图像中从携带的彩色信息（色调和饱和度）里消除亮度分量的影响，使 HSI 模型成为开发基于彩色描述图像处理方法的理想工具。其彩色空间模型如图 3-10 所示。

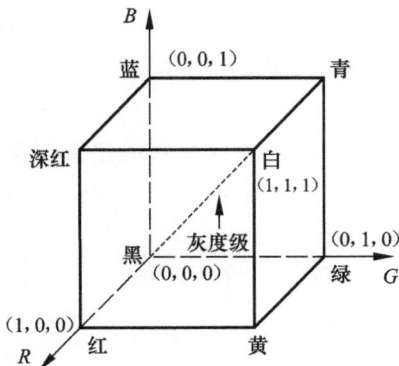

图 3-9 RGB 彩色空间模型

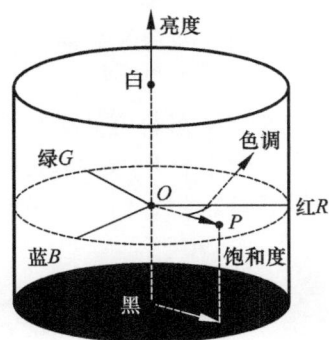

图 3-10 HSI 彩色空间模型

如图 3 – 10 所示，在 HSI 彩色空间模型中任意取一点 P，则该点的色调为原点 O（P 点的色彩横截面与垂直亮度轴的交点）到 P 点的向量与红轴的夹角，而饱和度（距垂直亮度轴的距离）为从原点 O 到 P 点的向量长度。HSI 彩色分量可由 RGB 彩色分量经过非线性变换得到。在每个 RGB 像素中，色调 H 分量都归一化至 $0° \sim 360°$。其公式如下：

$$H = \begin{cases} \alpha & B \leq G \\ 360° - \alpha & B > G \end{cases} \qquad (3-5)$$

其中，

$$\alpha = \left\{ \frac{(1/2)[(R-G)+(R-B)]}{[(R-G)^2+(R-G)(G-B)]^2} \right\} \qquad (3-6)$$

饱和度 S 分量归一化至 $0 \sim 1$，由下式得到：

$$S = 1 - \frac{3}{R+G+B}[\min(R,G,B)] \qquad (3-7)$$

最后，亮度 I 分量归一化至 $0 \sim 1$，由下式得到：

$$I = \frac{R+G+B}{3} \qquad (3-8)$$

由上述表达式可知，色调分量和亮度分量是完全分离的。利用色调和亮度进行彩色识别能够很好地对感兴趣区域进行分割，但从 RGB 彩色空间模型至 HSI 彩色空间模型的转换是一种非线性变换，会增加一定的系统处理时间；同时，当彩色图像接近为灰度图像时，色调信号是奇异的。另外，在 RGB 彩色空间中，将小变化的信号转换到 HSI 的彩色空间时，色调信号可能会有较大变化，具有不稳定性。

3）HSV 彩色空间模型

HSV（色调 Hue，饱和度 Saturation，明度 Value）彩色空间模型与 HSI 彩色空间模型相类似。HSV 认为饱和度为色彩的纯度，色彩混杂的白色越少，色彩越鲜明，饱和度就越趋近于 1；反之，白色比例越多，色彩越淡，其饱和度就越趋近于 0。因此，在 HSV 彩色空间模型中，饱和度 S 分量和明度 V 分量的定义与 HSI 彩色空间模型中的定义有所不同，而色调 H 分量的定义则是一致的，同时由于 R，G，B 分量分别归一化至 $0 \sim 1$，其饱和度 S 分量的表达式也归一化至 $0 \sim 1$，由下式得到：

$$S = \begin{cases} 0 & 如果(\max(R,G,B)=0) \\ \dfrac{\max(R,G,B)-\min(R,G,B)}{\max(R,G,B)} & 其他 \end{cases} \qquad (3-9)$$

其明度 V 分量归一化至 $0 \sim 1$，由下式得到：

$$V = \max(R,G,B) \qquad (3-10)$$

3.4.3　图像预处理

图像预处理主要包括图像灰度化、图像滤波、图像边缘增强以及图像二值化等几个步骤。摄像机采集的原始图像为 RGB 模型的彩色图像，但因算法实时性等多方面的原因，往往需要将摄像机采集的彩色图像转换为灰度图像，即图像灰度化；图像滤波可以衰减，甚至消除一些由外界环境干扰引起的噪声；图像增强算法可以增强图像的边缘信息；图像二值化则通过灰度阈值对图像进行分割，凸显图像中的边缘轮廓，以便提取图像中的物体特征，从而进行后续处理。

1）图像灰度化

由于人的视觉对颜色的敏感度不同，将等量的红（Red，R）、蓝（Blue，B）和绿（Green，G）混合是得不到对应亮度相同的灰度值的。大量的实验数据表明，将 0.3 份红色，0.59 份绿色和 0.11 份蓝色混合后，可以得到比较符合人类视觉的灰度值，即如式（3 – 11）所示。

$$灰度值 = (0.3 \times R) + (0.59 \times G) + (0.11 \times B) \qquad (3 – 11)$$

根据式（3 – 11）可以计算出当前像素对应的灰度值，并将其作为图像中彩色像素对应的灰度值。

2）图像滤波

由于光电转换过程中敏感元件灵敏度的不均匀性、数字化过程的量化噪声、传输过程中的误差以及人为因素等，摄像机获取的图像不可避免地存在着一定程度的噪声干扰。噪声恶化了图像质量，使图像模糊，特征被淹没，给分析带来了困难。去除图像噪声工作被称为图像平滑或者图像滤波。滤波的目的有两个：改善图像质量；突显对象特征。

由于噪声源众多（如光栅扫描、底片颗粒、机械元件、信道传输等），噪声种类复杂（如加性噪声、乘性噪声、量化噪声等），所以相应的平滑方法也多种多样。平滑既可以在空间域进行，也可以在频域进行。在空间域进行平滑滤波的算法，一般可以分为线性平滑、非线性平滑、自适应平滑等。这些算法有各自的优缺点，需要根据具体要求选择滤波算法。

线性平滑是将每个像素点的灰度值用它的邻域均值来代替，而其邻域大小一般取奇数，如 3×3，5×5 均值滤波器等。虽然是降低了噪声，但同时也模糊了图像的边缘和细节。

非线性平滑是对线性平滑的一种改进，不是对所有的像素都用它的邻域平均值来代替，而是通过取一个阈值，当像素灰度值与其邻域平均值之间的差值大于阈值时以均值代替，而当这个差值不大于阈值时，取其本身的灰度值。非线性平滑可以消除一些孤立点，且对图像的细节影响不大，但会给图像的边缘点带来一定的失真。

自适应平滑有一个适应的目标，根据目标不同，可以有各种各样的自适应图像处理方法。考虑到图像中的目标物体和背景一般都具有不同的统计特性，即不同的均值和方差，为保留一定的边缘信息，可采用自适应平滑。该算法比较好地保留了图像的细节。其主要目的是尽量不模糊边缘轮廓。以 5×5 窗口为例，在窗口内以某一点为中心像素，同时产生了 9 种形状的屏蔽窗口，如图 3-11 所示。分别计算每个窗口内的平均值和方差，由于含有尖锐边缘的区域，方差必定较平缓区域的大，因此采用方差最小的屏蔽窗口进行平均化。这种方法在完成滤波操作的同时，又不破坏区域边界的细节。

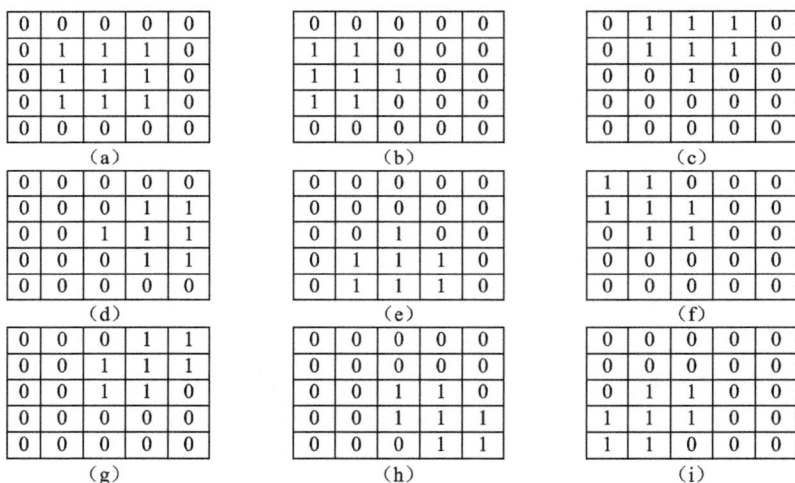

0	0	0	0	0		0	0	0	0	0		0	1	1	1	0

表格（a）：
```
0 0 0 0 0
0 1 1 1 0
0 1 1 1 0
0 1 1 1 0
0 0 0 0 0
```
（a）

表格（b）：
```
0 0 0 0 0
1 1 0 0 0
1 1 1 0 0
1 1 0 0 0
0 0 0 0 0
```
（b）

表格（c）：
```
0 1 1 1 0
0 1 1 1 0
0 0 1 0 0
0 0 0 0 0
0 0 0 0 0
```
（c）

表格（d）：
```
0 0 0 0 0
0 0 0 1 1
0 0 1 1 1
0 0 0 1 1
0 0 0 0 0
```
（d）

表格（e）：
```
0 0 0 0 0
0 0 0 0 0
0 0 1 0 0
0 1 1 1 0
0 1 1 1 0
```
（e）

表格（f）：
```
1 1 0 0 0
1 1 1 0 0
0 1 1 0 0
0 0 0 0 0
0 0 0 0 0
```
（f）

表格（g）：
```
0 0 0 1 1
0 0 1 1 1
0 0 1 1 0
0 0 0 0 0
0 0 0 0 0
```
（g）

表格（h）：
```
0 0 0 0 0
0 0 0 0 0
0 0 1 1 0
0 0 1 1 1
0 0 0 1 1
```
（h）

表格（i）：
```
0 0 0 0 0
0 0 0 0 0
0 1 1 0 0
1 1 1 0 0
1 1 0 0 0
```
（i）

图 3-11　5×5 窗口选择式自适应滤波

（a）中心正方形邻近；（b）左五边形邻近；（c）上五边形邻近；（d）右五边形邻近；（e）下五边形邻近；（f）左上六边形邻近；（g）右上六边形邻近；（h）右下六边形邻近；（i）左下六边形邻近

3）图像边缘增强

相对于目标的纹理、色彩等其他图像特征，边缘信息能很好地反映物体的形状特征。图像边缘中蕴含的丰富的内在信息（如方向、形状等），是图像局部特征不连续性（灰度突变、颜色突变、纹理结构突变等）的反映。它标志着一个区域的结束和另一个区域的开始。图像边缘对图像识别和图像分析具有很重要的作用。利用图像的边缘可以勾画出目标物体，看到物体清晰的轮廓。

在无人驾驶汽车的视觉导航系统中，车辆当前行驶路径的方向和车辆与道路之间的位置关系是车辆控制系统实现车辆导航的重要信息，而这些信息都可以通过定位道路边界来确定。图像的边缘增强是为了增强图像中道路边缘信息，以便于下一步检测道路的边界。

图像边缘检测首先检测出图像局部特性的不连续性，然后再将这些不连续的边缘像素连接成完备的边界。边缘的特性是沿边缘走向的灰度值变化平缓，而垂直于边缘方向的灰度值变化剧烈。提取边缘就是检测出符合边缘特性的边缘像素。边缘模糊是图像常出现的质量问题，由此造成图像的轮廓不清晰，给图像特征的提取与识别都带来了不小的难度。图像边缘增强算法可以分为在空间域和频率域中的处理。考虑到算法实时性的问题，常选用空间域图像边缘增强算法。

梯度法是图像边缘增强中常用的方法。设图像函数为 $f(x, y)$，它的梯度可以定义为如式（3-12）所示。

$$G[f(x,y)] = | f(x,y) - f(x + 1,y) | + | f(x,y) - f(x,y + 1) | \qquad (3-12)$$

在点 (x, y) 处的梯度，其方向是函数 $f(x, y)$ 在点 (x, y) 的最大变化率的方向。对于数字图像来说，常用差分来近似微分。为了减少计算量，可采用绝对差算法。

从梯度公式可以看出，梯度值与相邻像素的灰度值成正比。在图像轮廓上，像素灰度值若发生突变，相对应的梯度值就很大。

常用的有 Sobel，Laplacian，Prewitt，Krish 等梯度算子。其中，Sobel 算子计算量比较小，容易实现，可以抑制图像中的噪声，并且可以得到图像边缘轮廓的梯度方向信息。尤其对于实时性要求比较高的系统，Sobel 算子有很大的优势。虽然它对图像边界处理的效果不是最好，但该算法的计算量相对较少，而且利用该算法不仅可以得到图像边界点的位置信息，还可以得到梯度方向的梯度强度，可为道路边界检测提供更多的信息。Sobel 边缘算子处理效果如图 3-12 所示。

4）图像二值化

图像边缘增强后，图像就被分割成为几个有意义的部分。为了进一步对图像做分析和识别，必须通过对图像中的物体做定性或者定量的分析来得到正确的结论。这些结论建立在图像中物体的某些特征基础之上。图像的特征可以是像素的灰度值、颜色或多谱特性和纹理特性等，主要考虑用像素的灰度值，通过取阈值进行图像分割，即图像的二值化处理。这些分割技术基于以下假设：每个区域都由许多灰度值相近的像素构成，且物体和背景之间的灰度值有明显区别。

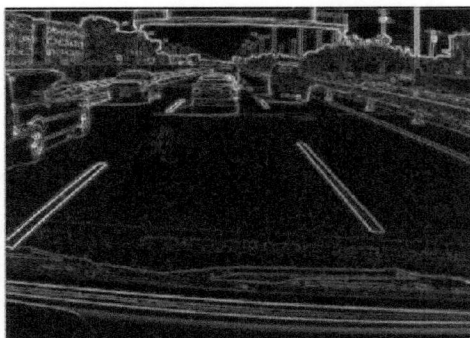

图 3 - 12   Sobel 边缘算子处理效果

对图像进行二值化处理，首先需要确定一个灰度值阈值，然后将图像中像素的灰度值依次与该阈值进行比较；如果小于该阈值，则将该像素的灰度值设置为 0，否则设置为 255。用 $f(x, y)$ 表示灰度图像，(x, y) 为数字图像像素的空间坐标，Z^* 为阈值，用式（3 - 13）对整幅图像进行二值化。

$$f(x, y) = \begin{cases} 0 & f(x, y) < Z^* \\ 255 & f(x, y) \geq Z^* \end{cases} \qquad (3 - 13)$$

因此，对图像进行二值化处理的关键是阈值的选择和确定。若阈值偏大，则可能出现有些边缘点不能被检测出来的情况；相反，阈值偏小则会有部分非边缘点也被检测出来，出现太多冗余信息。

阈值 Z^* 的选择现在有多种方法，如固定阈值法、迭代式阈值选取法、自适应阈值法、变量阈值法、双阈值法等。为了使分割更加鲁棒，固定阈值法显然是不能满足要求的，而其他的几种都属于自动阈值法。

基于概率的阈值选取方法为了划分背景与目标，一般选择背景灰度分布中心之间的中间值为阈值。选取阈值的依据是图像灰度分布的直方图，而图像的直方图可以被视为亮度分布的概率密度函数的估计。假设图像中只含有两种主要的亮度区域，则整个密度函数可以看作两个具有单峰的密度函数的总和或混合。其中，一个对应白色区域，另一个对应黑色区域。反映混合程度的参数与每种亮度在图中所占面积的大小成比例。若密度函数已知，则可以找到一个阈值来划分两个不同亮度的区域，即分割出现错误的概率为最小的条件下求出的阈值。

算法的主要步骤是：

（1）计算出图像中像素的最大值（记为 Z_h^*）和最小值（记为 Z_l^*）。

（2）求取 Z_h^* 和 Z_l^* 的平均值，即 $Z_0^* = (Z_h^* + Z_l^*)/2$。

（3）以 Z_0^* 为界，将像素阈值小于 Z_0^* 时的像素阈值平均值记为 Z_a^*，而将像素阈值大于 Z_0^* 时的像素阈值平均值记为 Z_b^*。

（4）求取 Z_a^* 和 Z_b^* 的平均值，即图像的阈值 Z^*。

采用该算法选取阈值，得到的处理结果如图 3 – 13 所示。图 3 – 13（a）为处理之前的原始图片，经过 Sobel 算子突出边缘后如图 3 – 13（b）所示；由道路边缘图像的直方图 3 – 13（c）来看，道路边缘图像的像素主要集中在直方图中像素值较低的部分，阈值选取应该在灰度值较低部分，所以可以适当地缩小搜索范围，减少算法的处理时间。选择阈值后的方法处理效果如图 3 – 13（d）所示。

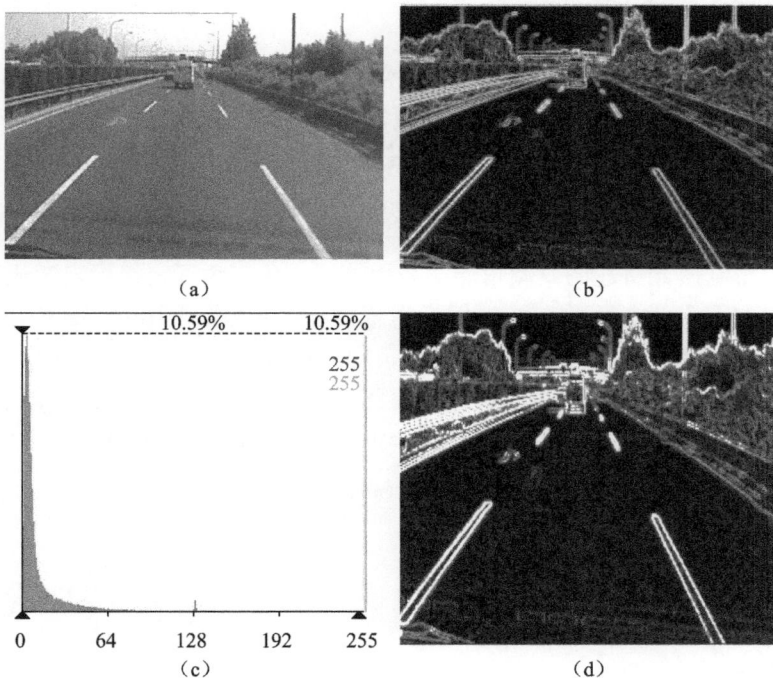

图 3 – 13　图像二值化处理

（a）原始图片；（b）Sobel 突出边缘后；（c）灰度直方图；（d）阈值分割图像

3.5　传感器标定

通过传感器标定可以确定传感器输入与输出之间的关系。无人驾驶汽车在道路上行驶时，需要通过实时识别周围环境来规划出一条安全、快速的可行驶路径，因此传感器标定是环境识别的基础。本节介绍激光雷达和摄像机的标定以及摄像机和激光雷达的联合标定。

3.5.1 激光雷达标定

激光雷达与车体为刚性连接，两者间的相对姿态和位移固定不变，而为了建立各个激光雷达之间的相对坐标关系，需要对激光雷达的安装进行简单的标定，并使激光雷达数据从激光雷达坐标系统转换至车体坐标系上。

1）激光雷达外部安装参数的标定

激光雷达外部安装参数的标定通常采用等腰直角三角标定板和正方形标定板来完成。需要标定的激光雷达的安装参数为激光雷达的俯仰角与侧倾角。

首先用正方形标定激光雷达的侧倾角。如图 3 – 14 所示，正方形 $ABCD$ 为标定板，边长已知，激光雷达在位置 O，则 γ 为激光雷达的侧倾角。$\angle FOE$，l_{OE} 和 l_{OF} 可由激光雷达测得，因此由余弦定理可得到 l_{EF}，由此可得：

$$\gamma = \arccos \frac{l_{AB}}{l_{EF}} \qquad (3 - 14)$$

标定得到激光雷达的侧倾角后，采用等腰直角三角标定板标定激光雷达的俯仰角，如图 3 – 15 所示。首先把标定板放于 A_1 位置。其中，$\angle B_1$ 是直角，$\angle F_1OE_1$，l_{OE_1} 和 l_{OF_1} 可由激光雷达测得，则可计算出 $l_{F_1E_1}$。根据前面计算出的激光雷达侧倾角，$l_{E_1D_1} = l_{E_1F_1} \times \cos\gamma$，因此，等腰三角形中，$l_{D_1B_1} = l_{B_1C_1} - l_{D_1E_1}$。把标定板移至 A_2 处，同理可得 $l_{D_2B_2}$。由此可知激光雷达的俯仰角 δ：

$$\delta = \arctan \frac{l_{D_1B_1} - l_{D_2B_2}}{l_{A_2A_1}} \qquad (3 - 15)$$

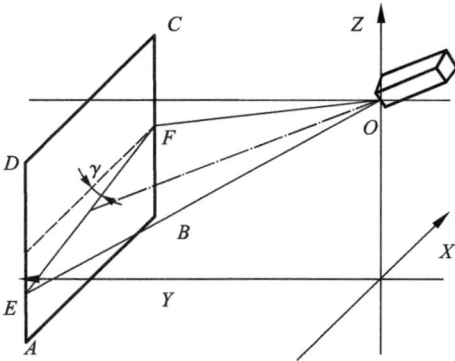

图 3 – 14 激光雷达侧倾角的标定

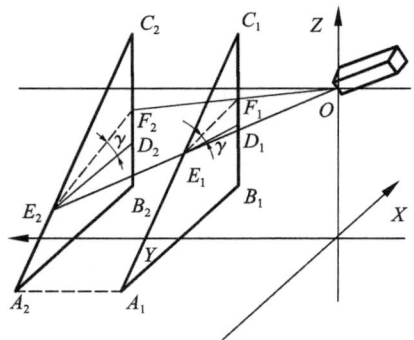

图 3 – 15 激光雷达俯仰角的标定

2）单个激光雷达数据的数据转换

（1）建立激光雷达基准坐标系。如图 3 – 16 所示，建立车辆质心坐标系 $Gx_Vy_Vz_V$，雷达基准坐标系 $Oxyz$，以及车头雷达坐标系 $Ox_Ly_Lz_L$。其中，y_L 轴沿车头雷达的扫射平面中心线方向。激光雷达返回的数据是极坐标数据（i，d_i），因此激光雷达所采得的数据点转换为笛卡儿坐标（x_L，y_L，z_L）为：

$$\begin{bmatrix} x_L \\ y_L \\ z_L \end{bmatrix} = \begin{bmatrix} -d_i\cos(b_0 + iA) \\ d_i\sin(b_0 + iA) \\ 0 \end{bmatrix} \tag{3 – 16}$$

其中，d_i 为扫描距离；b_0 为激光雷达扫描起始角；A 是设计采样步距；i 是激光雷达数据序列号。

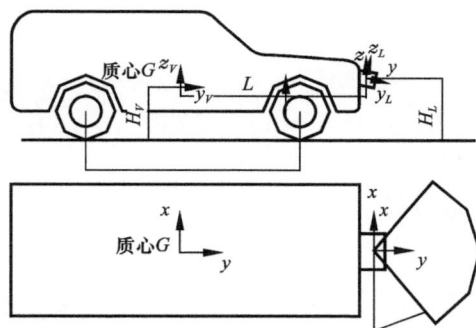

图 3 – 16　激光雷达坐标系

（2）转换到基准坐标系。将激光雷达的数据转换到基准坐标系中，基准坐标系绕 x_L 轴顺时针旋转了 β_0 角度，即旋转 $-\beta_0$ 角度得到激光雷达坐标系，则坐标变换矩阵为

$$\boldsymbol{T}_x = \begin{bmatrix} 1 & 0 & 0 \\ 0 & \cos(-\beta_0) & -\sin(-\beta_0) \\ 0 & \sin(-\beta_0) & \cos(-\beta_0) \end{bmatrix} \tag{3 – 17}$$

故采得的数据点在基准坐标系中的坐标为

$$\begin{bmatrix} x \\ y \\ z \end{bmatrix} = \begin{bmatrix} 1 & 0 & 0 \\ 0 & \cos\beta_0 & \sin\beta_0 \\ 0 & -\sin\beta_0 & \cos\beta_0 \end{bmatrix} \begin{bmatrix} -d_i\cos(b_0 + iA) \\ d_i\sin(b_0 + iA) \\ 0 \end{bmatrix} = \begin{bmatrix} -d_i\cos(b_0 + iA) \\ d_i\sin(b_0 + iA)\cos\beta_0 \\ -d_i\sin(b_0 + iA)\sin\beta_0 \end{bmatrix}$$

$$\tag{3 – 18}$$

（3）转换到车辆坐标系。考虑俯仰角 β 时，只需将 β 添加到式（3 – 18）

中的 β_0 项中即可。

考虑侧倾角 γ，令其绕 y 轴顺时针为正，则基准坐标系先绕 x_L 轴顺时针旋转 β_0 角度，再绕 y_L 轴逆时针旋转 γ 角度，绕 y 轴旋转的旋转矩阵为：

$$R_y^* = \begin{bmatrix} \cos\gamma & 0 & -\sin\gamma \\ 0 & 1 & 0 \\ \sin\gamma & 0 & \cos\gamma \end{bmatrix} \tag{3-19}$$

此时的坐标转换矩阵为：$T_{xy} = R_y^* T_x$，所以采得数据点在基准坐标系中的坐标为：

$$\begin{bmatrix} x \\ y \\ z \end{bmatrix} = \begin{bmatrix} \cos\gamma & 0 & -\sin\gamma \\ 0 & 1 & 0 \\ \sin\gamma & 0 & \cos\gamma \end{bmatrix} \begin{bmatrix} -d_i\cos(b_0 + iA) \\ d_i\sin(b_0 + iA)\cos\beta_0 \\ -d_i\sin(b_0 + iA)\sin\beta_0 \end{bmatrix}$$

$$= \begin{bmatrix} -d_i\cos(b_0 + iA)\cos\gamma + d_i\sin(b_0 + iA)\sin\beta_0\sin\gamma \\ d_i\sin(b_0 + iA)\cos\beta_0 \\ -d_i\cos(b_0 + iA)\sin\gamma - d_i\sin(b_0 + iA)\sin\beta_0\cos\gamma \end{bmatrix} \tag{3-20}$$

再将其平移到车辆坐标系中即可得到：

$$\begin{bmatrix} x_V \\ y_V \\ z_V \end{bmatrix} = \begin{bmatrix} -d_i\cos(b_0 + iA)\cos\gamma + d_i\sin(b_0 + iA)\sin\beta_0\sin\gamma \\ d_i\sin(b_0 + iA)\cos\beta_0 + L \\ -d_i\cos(b_0 + iA)\sin\gamma - d_i\sin(b_0 + iA)\sin\beta_0\cos\gamma + H_L - H_V \end{bmatrix}$$

$$\tag{3-21}$$

其中，L 为激光雷达安装点到车辆质心的距离沿 y 轴的分量，H_L 为激光雷达安装点离地的高度，H_V 为汽车质心离地的高度。

3）多个激光雷达的数据转换

对装有多个激光雷达的无人驾驶汽车，由于各个激光雷达的安装位置及外部参数不同，所得到的环境信息表示方法也不同。因此，为了能够得到统一形式的环境信息，就必须建立一个统一的坐标系，并把所有激光雷达的数据转换到这个坐标系下。

下面以车顶前部安装的激光雷达（简称为"顶前激光雷达"）数据转换为例，介绍各激光雷达的坐标转换。建立顶前激光雷达的坐标系为 $O_1x_1y_1z_1$，如图 3-17 所示，则顶前激光雷达所采集的环境数据从极坐标转换到笛卡儿坐标系中可表示为：

$$\begin{bmatrix} x_1 \\ y_1 \\ z_1 \end{bmatrix} = \begin{bmatrix} -d_i\cos(b_0 + iA) \\ d_i\sin(b_0 + iA) \\ 0 \end{bmatrix} \tag{3-22}$$

其中，d_i 为扫描距离；b_0 为激光雷达扫描起始角；A 是设计采样步距；i 是激光雷达数据序列号。

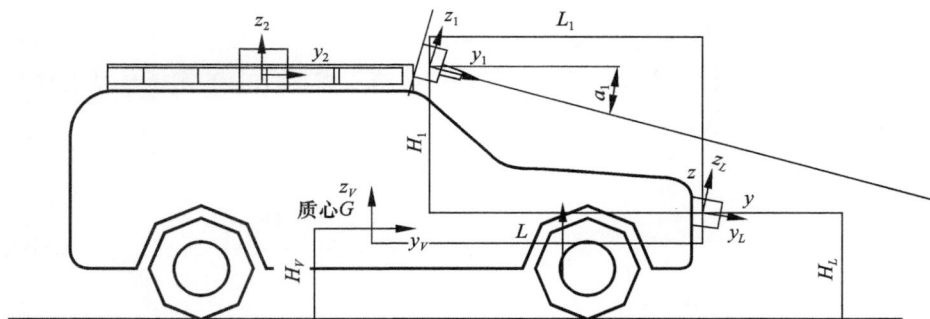

图 3 – 17　激光雷达数据坐标转换

顶前激光雷达相对于车头激光雷达的坐标为：$(0, -L_1, H_1)$。将其转换到基准坐标系下，顶前激光雷达坐标系绕 x_1 轴逆向旋转了 a_1 角度，再沿 y 轴和 z 轴分别平移 L_1 和 $-H_1$，这时的坐标变换矩阵分别为：

$$\boldsymbol{T}_x = \begin{bmatrix} 1 & 0 & 0 \\ 0 & \cos(-a_1) & -\sin(-a_1) \\ 0 & \sin(-a_1) & \cos(-a_1) \end{bmatrix}, \quad \boldsymbol{R}_l = \begin{bmatrix} 0 \\ L_1 \\ -H_1 \end{bmatrix} \qquad (3-23)$$

故得到数据在基准坐标系下的坐标：

$$\begin{bmatrix} x \\ y \\ z \end{bmatrix} = \begin{bmatrix} 1 & 0 & 0 \\ 0 & \cos(-a_1) & -\sin(-a_1) \\ 0 & \sin(-a_1) & \cos(-a_1) \end{bmatrix} \begin{bmatrix} -d_i\cos(b_0 + iA) \\ d_i\sin(b_0 + iA) \\ 0 \end{bmatrix} + \begin{bmatrix} 0 \\ -L_1 \\ H_1 \end{bmatrix}$$

$$= \begin{bmatrix} -d_i\cos(b_0 + iA) \\ d_i\sin(b_0 + iA)\cos a_1 - L_1 \\ -d_i\sin(b_0 + iA)\sin a_1 + H_1 \end{bmatrix} \qquad (3-24)$$

最后再将其平移到车辆坐标系中即可。

3.5.2　摄像机标定

摄像机以一定的角度和位置被安装在车辆上，为了将摄像机采集到的环境数据与车辆行驶环境中的真实物体相对应，即找到摄像机所生成的图像像素坐标系中的点坐标与摄像机环境坐标系中的物点坐标之间的转换关系，需要对摄像机进行标定。

1）单目摄像机标定

单目摄像机标定主要包括对摄像机模型的建立和对物点坐标的转换。

摄像机模型的建立，主要是建立摄像机环境坐标系、摄像机局部坐标系和图像坐标系之间的对应关系，如图 3 - 18 所示。采用针孔摄像机模型，通过将三维空间中的点透视变换投影到图像平面上，将三维空间上的物体从环境坐标系转换至图像坐标系。

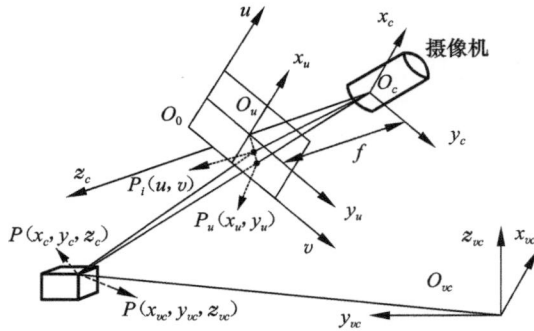

图 3 - 18　摄像机的透视变换模型

图 3 - 18 中，摄像机环境坐标系 $O_{vc}x_{vc}y_{vc}z_{vc}$ 是指摄像机所在真实环境的绝对坐标系，即安装摄像机的无人驾驶汽车的车辆坐标系。它是一个空间直角坐标系。摄像机局部坐标系 $O_c x_c y_c z_c$ 是指以摄像机为基准建立的空间直角坐标系，f 是透镜的焦距。图像坐标系又分为图像物理坐标系和图像像素坐标系两种。图像物理坐标系为平面直角坐标系 $O_u x_u y_u$。其原点为透镜光轴与成像平面的交点 O_u，x_u 与 y_u 轴分别平行于摄像机坐标系的 x_c 与 y_c 轴。图像像素坐标系是固定在图像上的以像素为单位的平面坐标系 $O_0 uv$。其原点位于图像左上角，u 轴与 v 轴平行于图像物理坐标系的 x_u 轴与 y_u 轴。投影是从视场点 P (x_{vc}, y_{vc}, z_{vc}) 反射出的或者起源于光源的光线（光束）穿过光心 O_c 射在像平面的点 $P_i(u, v)$ 处。

该模型实现了三维空间到二维空间的透视投影变换。摄像机环境坐标系中的物点 $P(x_{vc}, y_{vc}, z_{vc})$ 到摄像机坐标系 $O_c x_c y_c z_c$ 下 $P(x_c, y_c, z_c)$ 的转换方程如式（3 - 25）所示：

$$\begin{bmatrix} x_c \\ y_c \\ z_c \end{bmatrix} = \boldsymbol{R}_c^* \begin{bmatrix} x_{vc} \\ y_{vc} \\ z_{vc} \end{bmatrix} + \boldsymbol{T}_c^* \qquad (3 - 25)$$

其中：R_c^* 为 3×3 的坐标旋转矩阵，T_c^* 为 1×3 的坐标平移矩阵，如式（3 – 26）所示：

$$
R_c^* = \begin{bmatrix} r_1 & r_2 & r_3 \\ r_4 & r_5 & r_6 \\ r_7 & r_8 & r_9 \end{bmatrix}, \quad T_c^* = \begin{bmatrix} t_1 \\ t_2 \\ t_3 \end{bmatrix} \tag{3 – 26}
$$

实际上，R_c^* 和 T_c^* 分别表示摄像机相对于环境坐标系的安装角度和安装位置，因此把 R_c^* 和 T_c^* 定义为摄像机外部参数。其中，R_c^* 由摄像机的安装角度（航向角 φ，俯仰角 δ，以及侧倾角 ξ）确定，如式（3 – 27）所示：

$$
R_c^* = \begin{bmatrix} \cos\xi\cos\varphi & \sin\xi\cos\varphi & -\sin\varphi \\ -\sin\xi\cos\delta + \cos\xi\sin\varphi\cos\delta & \cos\xi\cos\delta + \sin\xi\sin\varphi\sin\delta & \cos\varphi\sin\delta \\ \sin\xi\sin\delta + \cos\xi\sin\varphi\cos\delta & -\cos\xi\sin\delta + \sin\xi\sin\varphi\cos\delta & \cos\varphi\cos\delta \end{bmatrix}
$$
$$\tag{3 – 27}$$

利用理想针孔摄像机模型，通过透视变换将摄像机环境坐标系中的物点 $P(x_{vc}, y_{vc}, z_{vc})$ 转换到理想非畸变的图像物理坐标系中的像点 $P_u(x_u, y_u)$。其转换过程如式（3 – 28）所示：

$$
x_u = f\frac{x_{vc}}{z_{vc}}, \quad y_u = f\frac{y_{vc}}{z_{vc}} \tag{3 – 28}
$$

根据图 3 – 18 可以将图像物理坐标系中像点 $P_u(x_u, y_u)$ 转换到图像像素坐标系中的像点 $P_i(u, v)$。转换过程如式（3 – 29）所示：

$$
u = \frac{x_u}{d_x} + u_0, \quad v = \frac{y_u}{d_y} + v_0 \tag{3 – 29}
$$

其中，(u_0, v_0) 为图像像素中心的坐标，即摄像机光轴与图像平面的交点；d_x 为摄像机传感器 x 方向的像素单元距离；d_y 为摄像机传感器 y 方向的像素单元距离。d_x 与 d_y 由摄像机厂家提供，为已知量。

联立式（3 – 28）和式（3 – 29），可得摄像机坐标系中的点 $P(x_c, y_c, z_c)$ 与图像像素坐标系中像点 $P_i(u, v)$ 的转换关系，如式（3 – 30）所示：

$$
\begin{bmatrix} u \\ v \\ 1 \end{bmatrix} = \begin{bmatrix} f_x & 0 & u_0 \\ 0 & f_y & v_0 \\ 0 & 0 & 1 \end{bmatrix} \begin{bmatrix} x_c/z_c \\ y_c/z_c \\ 1 \end{bmatrix} \tag{3 – 30}
$$

其中，$f_x = f/d_x$ 和 $f_y = f/d_y$ 分别为 x 方向和 y 方向的等效焦距，而 f_x，f_y，u_0，v_0 等参数只与摄像机和镜头的内部结构有关系，因此把 f_x，f_y，u_0，v_0 定义为摄像机的内部参数。目前，传统摄像机标定技术的理论和实验方法相对成熟，可使用计算机开源视觉库 OpenCV、MATLAB 摄像机标定工具箱等进行标定。

联立式（3-25）和式（3-30），可得摄像机环境坐标系中的物点 $P(x_{vc}, y_{vc}, z_{vc})$ 到图像像素坐标系中的像点 $P_i(u, v)$ 的转换关系，如式（3-31）所示：

$$z_c \begin{bmatrix} u \\ v \\ 1 \end{bmatrix} = \begin{bmatrix} f_x & 0 & u_0 \\ 0 & f_y & v_0 \\ 0 & 0 & 1 \end{bmatrix} \left(\boldsymbol{R}_c^* \begin{bmatrix} x_{vc} \\ y_{vc} \\ z_{vc} \end{bmatrix} + \boldsymbol{T}_c^* \right) \qquad (3-31)$$

上式为理想的针孔摄像机模型，因此物点 $P(x_{vc}, y_{vc}, z_{vc})$、光心、像点 $P_i(u, v)$ 3点在同一直线上，即其数学表达式为共线方程。根据这一特点，在摄像机内部参数确定的情况下，可以利用三维空间上的若干个特征点在环境坐标系中的坐标和图像像素坐标系中的坐标建立约束方程，从而求解出摄像机的外部参数。

实际上，物点在实际的摄像机成像平面上成的像与理想成像之间存在一定光学畸变误差，但在实际的车载摄像机的应用中，对摄像机的成像误差要求相对宽松，并且由于镜头畸变的摄像机模型比理想的摄像机模型复杂，物点和像点之间的转换计算量会更大。在实际应用中通常忽略摄像机的镜头畸变误差。

2）双目立体摄像机标定

双目立体摄像机标定主要包括双目立体视觉模型的建立、双目图像去畸变处理、双目图像校正、双目图像裁切等4个步骤。

（1）双目视觉模型的建立。为简化模型，选用型号和配置完全一样且位置固定的两台摄像机1和2。O_1，O_2 分别为左、右摄像机光心；O_1'、O_2' 分别为左、右成像中心。O_1O_1' 和 O_2O_2' 长度相同，均为 f。摄像机的基准线平行于 X 轴，且基准线长为 L。空间点 P 在左、右摄像机坐标系下的坐标分别为 $P(X_{C1}, Y_{C1}, Z_{C1})$、$P(X_{C2}, Y_{C2}, Z_{C2})$。点 P 通过透镜成像在像平面上的点分别为 P_1，P_2。其中，P_1 在左图像坐标系下的坐标为 $P_1(x_1, y_1)$，P_2 在右图像坐标系下的坐标为 $P_2(x_2, y_2)$。图3-19为双目立体视觉系统示意图。

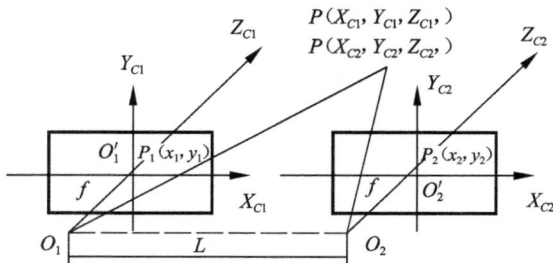

图3-19　双目立体视觉系统测量示意

推导可得出左、右摄像机的矩阵变换式

$$T_{C1}\begin{bmatrix} u_1 \\ v_1 \\ 1 \end{bmatrix} = T_1 \begin{bmatrix} X_w \\ Y_w \\ Z_w \\ 1 \end{bmatrix} \qquad (3-32)$$

$$T_{C2}\begin{bmatrix} u_2 \\ v_2 \\ 1 \end{bmatrix} = T_2 \begin{bmatrix} X_w \\ Y_w \\ Z_w \\ 1 \end{bmatrix} \qquad (3-33)$$

于是，利用双目立体视觉系统的三角交汇原理。已知某一空间点 P 在左、右摄像机透视变换下的计算机图像坐标为 (u_1, v_1)，(u_2, v_2)，再通过摄像机标定确定左、右摄像机内、外参数值确定变换矩阵 T_1 和 T_2，即可唯一确定点 P 的环境坐标。假设左摄像机相对于环境坐标系的旋转矩阵为 R_1^*，平移向量为 T_1^*；右摄像机相对于环境坐标系的旋转矩阵为 R_2^*，平移向量为 T_2^*，则两摄像机之间的相对旋转矩阵 R_r^* 和相对平移向量 T_r^* 可表示为：

$$R_r^* = R_2^* R_1^{*-1} \qquad (3-34)$$
$$T_r^* = T_2^* - R_2^* R_1^{*-1} T_1^* \qquad (3-35)$$

由以上分析可知，双目立体视觉系统摄像机内部参数标定可以通过分别对左、右摄像机进行标定得到，外部参数可以通过式（3-34）和式（3-35）得到。

采用 Bouguet 的 MATLAB 标定工具箱可以完成立体标定，得到左、右摄像机之间的旋转和平移关系向量。运用标定得到的参数可以完成去畸变、校正、裁切等处理，以利于立体匹配等后续计算工作。

（2）双目图像去畸变处理。透镜在制造和安装时不可避免会出现误差。因无法制造数学上理想的"球形"透镜而会产生径向畸变，又因无法保证透镜和图像采集器面平行而会产生切向畸变。对于径向畸变，由于透镜形状无法达到理想"球形"，在图像平面的边缘将会出现弯曲，且越远离透镜中心的地方弯曲越严重。假设光学中心（成像仪中心）的畸变为 0，越靠近边缘（半径 r 越大），畸变越大。常用泰勒级数的前 3 项 k_1，k_2 和 k_3 来表示畸变，这样图像就可通过式（3-36）进行调节。

$$\begin{cases} x_{\text{corrected}} = x(1 + k_1 r^2 + k_2 r^4 + k_3 r^6) \\ y_{\text{corrected}} = y(1 + k_1 r^2 + k_2 r^4 + k_3 r^6) \end{cases} \qquad (3-36)$$

其中，(x, y) 是畸变点在图像平面上的原始位置，而 $(x_{\text{corrected}}, y_{\text{corrected}})$ 是

校正后的新位置。

对于切向畸变，由于它是由透镜制造上的缺陷或摄像机安装的位置精度问题使得透镜本身与图像平面不平行而产生的，故可用两个参数 p_1 和 p_2 来表示，这样就可根据式（3 – 37）得到去畸变后的图像。

$$\begin{cases} x_{\text{corrected}} = x + \left[2p_1 y + p_2 (r^2 + 2x^2) \right] \\ y_{\text{corrected}} = y + \left[p_1 (r^2 + 2y^3) + 2p_2 x \right] \end{cases} \quad (3-37)$$

（3）双目图像校正。图像去畸变后只是相当于将图像展平了，即图像的

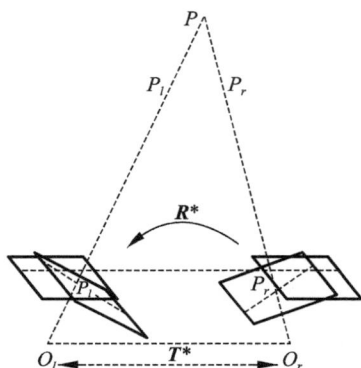

图 3 – 20　校正示意图

边缘处不会出现弯曲现象；但对于双目摄像机来说，还涉及两个摄像机拍摄的位置和角度的关系。如图 3 – 20 所示，两摄像机的光轴不是平行的，同时两摄像机所成图像的极线也没有对准，这时只有对两摄像机的图像进行相应的平移和翻转才能达到理想效果。

图像翻转是三维上的翻转，设依次绕 x，y，z 轴的旋转角度为 α、β、θ，那么总的旋转矩阵 $\boldsymbol{R}^*$ 是三个矩阵 $\boldsymbol{R}_x^*(\alpha)$，$\boldsymbol{R}_y^*(\beta)$，$\boldsymbol{R}_z^*(\theta)$ 的乘积，其中：

$$\boldsymbol{R}_x^*(\alpha) = \begin{bmatrix} 1 & 0 & 0 \\ 0 & \cos\alpha & \sin\alpha \\ 0 & -\sin\alpha & \cos\alpha \end{bmatrix} \quad (3-38)$$

$$\boldsymbol{R}_y^*(\beta) = \begin{bmatrix} \cos\beta & 0 & -\sin\beta \\ 0 & 1 & 0 \\ \sin\beta & 0 & \cos\beta \end{bmatrix} \quad (3-39)$$

$$\boldsymbol{R}_z^*(\theta) = \begin{bmatrix} \cos\theta & \sin\theta & 0 \\ -\sin\theta & \cos\theta & 0 \\ 0 & 0 & 1 \end{bmatrix} \quad (3-40)$$

这样就能通过旋转矩阵 $\boldsymbol{R}^*$ 来实现图像平面的翻转。根据 Bouguet 算法，将右摄像机图像平面旋转到左摄像机图像平面的旋转矩阵 $\boldsymbol{R}^*$ 应被平分成两部分，左右摄像机分别各旋转一半。

平移主要通过平移矩阵 $\boldsymbol{T}^*$ 来实现。它表示将一个图像平面坐标系的原点平移到另一个图像平面坐标系原点的平移向量。以左侧摄像机图像平面原点为基准，将右侧摄像机图像原点 $\boldsymbol{P}_r$ 平移到左侧图像原点 $\boldsymbol{P}_l$ 上，则平移向量

$T^* = P_l - P_r$。两图像平面可按式（3-41）进行平移和旋转，这样就能使两摄像机平面的光轴互相平行，同时也能保证两摄像机间的行对准。

$$P_{corrected} = R^*(P - T^*) \tag{3-41}$$

（4）双目图像裁切。校正后的图像有效信息范围边缘是曲线，不便于后续工作的执行，需要对边缘进行裁切；同时，为保证两图像在校正后是对准的，即同一物体的像素点在两图像上的行数是相同的，左右两图像裁切后的图像尺寸大小应保持相同。

双目图像裁切之后，左右图像行是对准的，同时能保留最大限度的重叠区域。在实际中，由于两摄像机拍摄角度和位置的不同，两摄像机图像中可能也会出现一些无法匹配的区域。

3.5.3　摄像机和激光雷达联合标定

通过提取标定物在单线激光雷达和图像上的对应特征点来进行摄像机外部参数的标定，从而完成单线激光雷达坐标、摄像机坐标、图像像素坐标等多个传感器坐标的统一，实现激光雷达与摄像机的空间对准。

1）空间上的数据融合

在实际应用中，激光雷达与无人驾驶汽车为刚性连接，两者间的相对姿态和位移固定不变，因此由激光雷达扫描获得的数据点，在环境坐标系中有唯一的位置坐标与之对应。同理，摄像机与无人驾驶汽车也为刚性连接，两者间的相对姿态与位移同样固定不变，针对三维空间的每一个点，同样只存在唯一的一个图像像素与之对应。故而，在同一空间内，每个激光雷达的扫描数据点都在图像空间中存在唯一的一个对应点。

因此，通过建立合理的激光雷达坐标系与摄像机坐标系，利用激光雷达扫描点与摄像机图像的空间约束关系，即可求解两坐标系的空间变换关系，从而完成激光雷达与摄像机的空间对准，实现激光雷达数据与可见光图像的关联。在此，激光雷达与摄像机的空间对准问题就转变为在给定雷达图像对应点的情况下的函数拟合问题。

摄像机的外部参数通过约束方程求解后，激光雷达、摄像机、图像和相对环境坐标系的相对关系就完全确定，因此激光雷达扫描点可以通过摄像机模型投影至图像像素坐标系上。其像素级数据融合可由下面的方程完成：

$$(u \quad v \quad 1)^T = K_c(R_c^*(x_{vc} \quad y_{vc} \quad z_{vc}) + T_c^*) \tag{3-42}$$

其中，$K_c = \begin{bmatrix} f_x & 0 & u_0 \\ 0 & f_y & v_0 \\ 0 & 0 & 1 \end{bmatrix}$ 为摄像机的内部参数矩阵。

当摄像机与激光雷达同时观测点 P 时，其在摄像机自身环境坐标系中的坐标为 $P_{vc}(x_{vc},\ y_{vc},\ z_{vc})$，在可见光图像中投影点的坐标为 $\boldsymbol{U} = (u,\ v,\ 1)^{\mathrm{T}}$，在雷达自身世界坐标中的坐标为 $P_{lv}(x_{lv},\ y_{lv},\ z_{lv})$。由于摄像机与激光雷达使用了同一个环境坐标系，则有

$$\boldsymbol{X}_{vc} = \begin{bmatrix} x_{vc} \\ y_{vc} \\ z_{vc} \end{bmatrix} = \boldsymbol{X}_w = \begin{bmatrix} x_w \\ y_w \\ z_w \end{bmatrix} = \begin{bmatrix} x_{lv} \\ y_{lv} \\ z_{lv} \end{bmatrix} = \boldsymbol{X}_{lv} = \begin{bmatrix} \rho_l \cos\theta_l \cos\alpha \\ \rho_l \sin\theta_l \\ H - \rho_l \cos\theta_l \sin\alpha \end{bmatrix} \quad (3-43)$$

其中，H 为激光雷达的安装高度。

由式（3 – 42）和式（3 – 43）联立，可得：

$$\boldsymbol{U} = \boldsymbol{K}_c(\boldsymbol{R}_c^* \cdot \boldsymbol{X}_{lv} + \boldsymbol{T}_c^*) \quad (3-44)$$

对式（3 – 44）进行变换可得：

$$\boldsymbol{R}_c^* \cdot \boldsymbol{X}_{lv} + \boldsymbol{T}_c^* = \boldsymbol{K}_c^{-1}\boldsymbol{U} \quad (3-45)$$

其中，$\boldsymbol{K}_c^{-1} = \{k_{ij}\}_{3\times3}$，由激光雷达的外参标定和摄像机的内参标定可获得 $\boldsymbol{X}_{lv}$ 与 $\boldsymbol{K}_c^{-1}$。将式（3 – 45）展开，如式（3 – 46）所示：

$$\begin{bmatrix} r_1 x + r_2 y + r_3 z + t_1 \\ r_4 x + r_5 y + r_6 z + t_2 \\ r_7 x + r_8 y + r_9 z + t_3 \end{bmatrix} = \begin{bmatrix} k_{11}u + k_{12}v + k_{13} \\ k_{21}u + k_{22}v + k_{23} \\ k_{31}u + k_{32}v + k_{33} \end{bmatrix} \quad (3-46)$$

由式（3 – 46）可知，该方程中有 12 个未知量。因此，只要特征点不在激光扫描面的同一直线上，方程要得到唯一解，理论上至少需要 4 组雷达图像对应点对才能得到结果。为了提高精度，使对应点对的数量 $n > 4$，此时问题转变为过约束问题，可以利用线性最小二乘法得到最优解。

综上所述，只需要提取足够多的图像雷达对应点对，通过求解线性方程即可获得相关的坐标旋转矩阵 $\boldsymbol{R}_c^*$ 和坐标平移矩阵 $\boldsymbol{T}_c^*$，进而可得到激光雷达数据和其对应图像像素间的变换关系。

现实中，激光雷达扫描线是不可见的，但其扫描的形状是已知的，并且可以直接获取距离和角度信息。因此，利用标定箱，通过对扫描形状的判断，可手工选取出其扫描到标定箱边界的激光点并提取出该点坐标。由于标定箱边界垂直于环境坐标系中的 xy 平面，可以将该扫描点沿 z 轴方向移动，从而获得标定箱的顶点在环境坐标系中的坐标值。同时，标定箱的棱角在摄像机中成像清晰，特征点的选取如图 3 – 21 所示。

通过多次改变标定箱的远近和方位，使其位置尽可能地均匀分布在图像分辨率范围内的各个位置，而通过采集多帧同步后的图像和激光雷达扫描数据，即可获得多组图像雷达对应点对。

图3-21　特征点的选取

2）时间上的数据融合

由于激光雷达、摄像机等传感器的数据采集通道不尽相同，其采样频率也各有差异，故导致了传感器的信息采集在时间上存在差异，继而引出了需要对各传感器数据在时间上进行同步的问题。常采用 GPS 授时的方法实现传感器间的时间同步，通过给不同的传感器授予不同的 GPS 时间，将时间变量作为一个同步参数处理。该方法可以获得高精度的融合结果，但实时性受到一定的限制。当然也可以使用多线程技术和数据双缓存技术对激光雷达数据、摄像机数据等进行时间上的同步。创建激光雷达数据采集线程和摄像机数据采集线程，并利用双缓存当前数据的方法可以解决传感器自身接收机制引起的数据滞后问题，保证程序中待处理的数据是当前时刻的最新数据。

参 考 文 献

［1］　冯江辉. 激光雷达在智能车辆路面识别技术中的应用［D］. 北京：北京理工大学，2006.

［2］　段玉林. 激光雷达在智能车辆路径规划中的应用［D］. 北京：北京理工大学，2007.

［3］　杨丽莉. 基于激光雷达的智能车辆避障与导航技术［D］. 北京：北京理工大学，2008.

［4］　邓为东. 基于多激光雷达的智能车辆简单环境检测与避障导航技术改进［D］. 北京：北京理工大学，2010.

［5］　张威. 面向编队行驶的车距辅助控制系统研究［D］. 北京：北京理工大学，2011.

［6］　李昕. 智能车辆多层激光雷达的负障碍识别技术研究［D］. 北京：北京理工大学，2011.

［7］　Bertozzi Massimo，Broggi Alberto，Fascioli Alessandra. Vision-based Intelligent Vehicles：

State of the Art and Perspectives［J］. Robotics and Autonomous Systems，2000，32（1）：1－16.

［8］ Broggi Alberto，Bertozzi Massimo，Fascioli Alessandra. The 2 000 km Test of the ARGO Vision-based Autonomous Vehicle［J］. IEEE Intelligent Systems，1999，14（1）：55－64.

［9］ Broggi Alberto，Bertozzi Massimo，Fascioli Alessandra，et al. Visual Perception of Obstacles and Vehicles for Platooning［J］. IEEE Transactions on Intelligent Transportation Systems，2000，1（3）：164－176.

［10］ 杨飞. 基于三维激光雷达的运动目标实时检测与跟踪［D］. 杭州：浙江大学，2012.

［11］ 郁肖飞，史朝龙，李新纯，等. 多光束三维成像激光扫描系统校准方法研究［J］. 战术导弹技术，2013（2）：92－98.

［12］ 谌彤童. 三维激光雷达在自主车环境感知中的应用研究［D］. 长沙：国防科学技术大学，2011.

［13］ 张威，陈慧岩，刘海鸥，等. 并线工况下车载雷达有效目标快速检测方法［J］. 北京理工大学学报，2011，31（1）：29－32.

［14］ 叶春兰. 基于图像颜色与激光点云信息的智能车辆行驶环境三维重建［D］. 北京：北京理工大学，2013.

［15］ Bouguet Jean-Yves. Complete Camera Calibration Toolbox for Matlab［EB/OL］. http://www. vision. caltech. edu/bouguetj/calib_doc/index. html.

［16］ Bouguet Jean-Yves. Visual Methods for Three-dimensional Modeling［D］. California：California Institute of Technology，1999.

■第4章

无人驾驶汽车环境感知

无人驾驶汽车行驶环境检测通常需要提取路面信息，检测障碍物，并计算障碍物相对于车辆的位置。主动传感系统，如激光雷达或毫米波雷达在驾驶环境障碍物检测中显示了一些好的性能：激光雷达通过发射接收激光束并计算发射和接收的时间差来测距，提供了高精度的测量结果，但对恶劣天气，如雨、雾、雪等天气敏感。另一方面，激光雷达也有一些固有的限制。例如，对于很细小的障碍物，如50 m外的电线杆，由于它们占有的扫描角小于激光雷达的分辨率，使得激光雷达无法检测到它们。毫米波雷达通过检测反射波来测距，即使在恶劣天气也能提供足够的精度，近年来得到广泛应用；但它也有缺点，通常来说毫米波雷达视场较小，侧向精度相对较低。

驾驶员在驾驶车辆时，80%的环境信息来自于人的视觉感知。与雷达相比，视觉系统视场宽，侧向精度高，成本低，而且它是被动传感器，相对来说，不受其他传感器影响，可以提供亮度和深度信息。因此，基于视觉的高效、低成本的环境感知将成为无人驾驶汽车未来产业化的主要方向。本章介绍以视觉传感器为主的无人驾驶汽车环境感知的相关内容，包括结构化道路、非结构化道路检测，行驶环境中行人和车辆的检测，交通信号灯和交通标志的检测。

4.1　结构化道路检测

道路检测是无人驾驶汽车视觉导航研究的重要问题之一。只有精确了解车道信息，才可以准确获得本车相对于车道的位置和方向。在真实城市交通环境中最常见的是结构化道路，结构化道路是指具有清晰车道标志线和道路边界等的标准化道路。本节主要介绍结构化道路检测中常用的基本假设，以及直道、弯道等情况下的道路检测。

4.1.1 结构化道路常用基本假设

由于现实生活中的道路千差万别，目前仍不存在通用的视觉道路检测系统。因此，在满足一般应用的情况下，适当地简化道路场景，有助于解决实际问题。

（1）道路形状假设：简化道路模型的一种有效方法就是使用道路形状假设，如回旋曲线、抛物线、直线或其他特殊形状等。由于高速公路的曲率变化缓慢，而回旋曲线有很好的光滑特性，可以解决道路直线部分与道路转弯的接口问题，回旋曲线由式（4-1）表示：

$$\rho_L = \rho_0 + \dot{\rho}_L \cdot L \tag{4-1}$$

式中，ρ_L 表示长度为 L 时的道路曲率，ρ_0 表示初始点的曲率，$\dot{\rho}_L$ 表示曲率的变化率。由于回旋曲线上任一点的曲率与该点到起始点的距离成比例，因此由两个参数就可以确定道路的形状，即在 L 为定值的情况下，只需要确定 ρ_0 和 $\dot{\rho}_L$ 便可确定当前道路线。

有些系统使用多项式曲线表示车道线，并采用简单的 Hough 变换进行匹配。最简单的多项式曲线为直线模型，如式（4-2）所示：

$$Y = KX + B \tag{4-2}$$

式中，X，Y 分别表示道路的横向坐标和纵向坐标；K 表示道路的斜率；B 表示截距。在近视野中，由于车辆行驶的速度不高，将道路形状假定为直线可以满足车辆导航的需要。

除上述模型以外，还有更一般化的道路形状假设，将具有明显梯度特征的像素组成道路轮廓，使用道路模型跟踪道路轮廓；采用矩阵矢量道路模型，用一组点坐标表示道路标志线所在的区域，通过不断迭代，逐渐逼近实际道路标志线。

（2）道路宽度和道路平坦假设：假设道路宽度固定或变化比较缓慢，在道路检测中可认为道路的两个边缘是平行的。在视觉检测系统获得图像的特征（道路边缘线、障碍物）后，为精确地控制车辆，需要将坐标从图像平面坐标系转换到车辆行驶的世界坐标系。假设车辆前方的道路是平坦的，就可以利用已知的摄像机标定信息进行逆透视变换。一般以上两个假设条件同时出现，如意大利帕尔马大学的 GOLD 系统，首先根据道路平坦假设，利用逆透视变换去除图像中的透视效果，然后利用当前车道两个边缘平行的约束，在转换后的道路俯视图上进行道路检测和障碍物检测。美国卡内基·梅隆大学的 RALPH 系统则进一步扩展了该方法，使用道路上任意的平行特征，如车道线、道路边界等来检测道路，并采用道路宽度假设，使系统对阴影和车辆遮挡的影响比较有鲁棒性，但这种假设不适用于宽度变化比较频繁的道路。

（3）道路特征一致假设：通常，图像中的路面区域具有一致的特征，如灰度特征、颜色特征、纹理特征等，而非道路区域则没有这样的特征，因而可以采用聚类的方法检测道路区域。

（4）感兴趣区域假设：道路跟踪实时处理的运算量非常大，根据物理约束和连续性约束，可以利用相邻帧之间的时间相关性加以简化，即在感兴趣的区域进行分析并寻找期望特征，而不需要对整幅图像进行分析，但前提是已经在前一帧图像中将道路区域检测出来，所以这种感兴趣区域假设仅仅是跟踪策略。如 GOLD 系统将待处理的道路区域限定在上一帧已经检测出道路区域的邻域内。

也可以对采集的原始图像进行窗口选择，按照已经标定好的摄像机信息，将包含整个道路区域的窗口用作道路检测的初始图像。如美国卡内基·梅隆大学的 RALPH 视觉系统选取了一个随车速变化的梯形窗口。该梯形窗口中每一行所对应的实际水平宽度为 7 m 左右，约为典型车道宽度的两倍，然后对梯形窗口的内容进行几何变换，建立一个像素为 30×32 的低分辨率图像。法国的 Peugeot 系统则抽取一帧图像中的大约 10 行，再从这 10 行中选取位于车道白线附近的一个局部区域进行处理。该区域的宽度仅为图像中车道总宽度的 30% 左右。感兴趣区域假设可以显著加快道路检测的速度，降低对硬件的要求，满足道路检测的实时性要求。如何选择感兴趣区域是关键，选择不当会导致检测失效。

4.1.2　直道检测

结构化道路的设计和建设都严格执行行业标准，轮廓比较规则，道路区域和非道路区域有明显画有车道线的道路边缘，而且规定车速为 120 km/h 时的极限转弯半径为 650 m，一般的最小转弯半径为 1 000 m，近视野内车道线完全可以近似为直线。在视觉导航系统中，利用距摄像机不远处的车道线方向变化不大，即曲率变化很小的假设，近似用直线来拟合车道线。视觉系统一般采用车道线信息进行道路区域与非道路区域的分割，从而完成道路检测。道路边缘检测主要包括图像预处理、边缘提取和二值化。预处理一般首先选定图像的感兴趣区域，然后用中值滤波、均值滤波、高斯滤波等消除噪声，再进行边缘增强。在边缘提取的过程中，常用的边缘检测包括 Sobel，Prewitt，Canny，Gauss Laplacia 等算子。边缘算子的选取主要根据算法执行时间和边缘检测结果综合考虑。

1）道路检测算法流程

公路上的道路区域通常可以用一个画有车道线的平面模型来表示。车道检测的过程分为两步：车道线边缘点搜索和车道线边缘曲线拟合。

车道线通常是指在较深的路面上具有一定宽度的白色四边形区域。在装有摄像机的汽车正前方的一段距离内，一般能够看到两组不被遮挡的车道线，系统只在此区域初始化一块检测区域用作车道线检测。一旦提取了车道线，就可以用鲁棒的直线拟合算法确定车道线方程，然后将整个车道从图像场景中分离出来。为了减少计算量，同时防止道路上如阴影或裂缝等环境干扰，减少其他车辆对车道线遮挡的可能性，需要采用一些序列图像的动态处理措施：

（1）在图像序列的每一帧，将车道线的搜索区域限制在包括车道线在内的动态框架里；

（2）将车道线边界点定义为每行搜索区域中边界灰度值跳变最大且超过预设阈值的点；

（3）如果检测的车道线边界点数超过一定数量，就启用直线拟合算法求取近似车道线，否则利用历史帧和当前帧的结果进行推导。

基于结构化道路的一些假设，系统中采用的车道线检测与识别算法流程如图 4-1 所示。首先根据灰度特征在初始化得到的检测区域中检测满足条件的

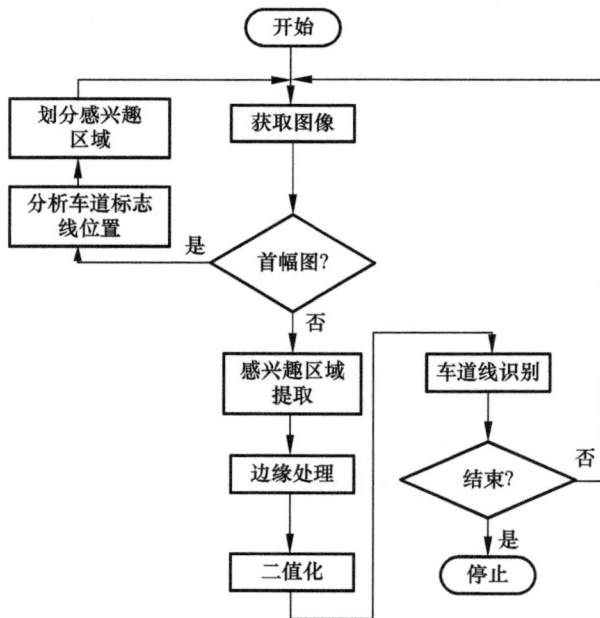

图 4-1 算法流程

特征点，然后对这些特征点进行预处理。如果经过预处理后得到的特征点个数超过预设的阈值且满足序列图像时空连续性假设，那么就启动直线拟合算法来拟合中间车道的两条车道线，并求出两条车道线的交点（消失点），否则采用历史帧的提取结果和当前帧的信息进行推导。至此，可以得到道路区域车道线的直线方程，以及各车道线之间的分界位置，从而将路面部分与背景区域区分开来。

2）车道线边缘直线拟合

（1）Hough 变换原理。Hough 变换是利用图像的全局特性，在二维像素中寻找直线、圆及其他简单形状曲线的一种方法。它将表决原理运用于参数估计，利用曲线上的点表决产生目标参数组，使分割过程具有较强的鲁棒性。其基本思想是建立图像空间与参数空间的映射关系，将研究对象从图像空间中的目标物体转化为参数空间中对应的参考点。其主要优点是受噪声和曲线间断的影响较小。

设有直线 L：$y = kx + b$。它在极坐标中可表示为 $l = x\cos\theta + y\sin\theta$。式中 l 表示直线离原点的法线距离，θ 是该法线对 X 轴的角度。由此可见，图像空间中的一条直线经 Hough 变换映射到参数空间中是一个点，如图 4-2 所示。图像空间中的一个点经 Hough 变换映射到参数空间则为一条正弦曲线，如图 4-3 所示。

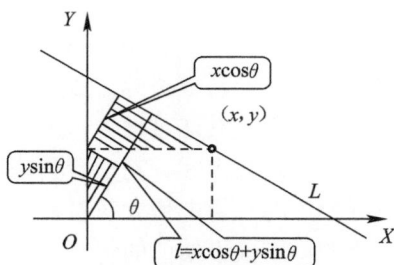

图 4-2　直线的 Hough 变换

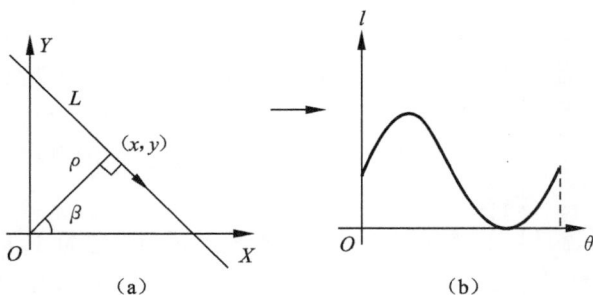

图 4-3　图像空间与参数空间的映射关系

（2）车道线识别算法。道路图像经边缘增强后强化了包括树木、行人、建筑、道路等各种边界信息，而道路边界信息则淹没在大量的边界信息之中，因此必须从诸多的边界信息中识别出道路边界。

传统的车道线识别算法是基于车道标志线为直线，且道路为平面的假设对车道标志线进行识别的。如图4-4所示，以图像左上角为坐标原点，水平方向为 X 轴方向，垂直方向为 Y 轴方向，建立图像平面坐标系。采用的左、右道路标志线模型为：

$$y_l = k\_ left \times x_l + b\_ left \qquad (4-3)$$

$$y_r = k\_ right \times x_r + b\_ right \qquad (4-4)$$

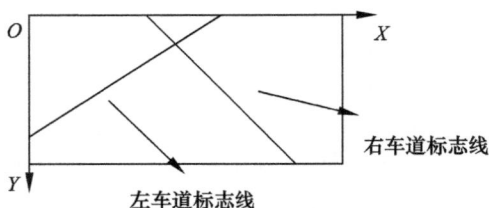

图4-4　图像平面坐标系

式中，x_l，y_l，x_r，y_r 分别表示左、右道路的横、纵向坐标；$k\_ left$，$k\_ right$ 分别表示左、右道路标志线的斜率；$b\_ left$，$b\_ right$ 分别表示左、右道路标志线的截距。具体过程为：采用沿 X 轴扫描的方式，找出每行中灰度跳变最大的点，记录其坐标。基于行驶路面灰度均匀分布的特征，采用预设阈值的方法对寻找出的每行中最大灰度跳变的特征点进行预处理，同时去除道路区域上灰度跳变小于预设阈值的特征点。当预处理后剩余特征点的个数超过一定值时，启动车道线直线拟合算法。

通过 Hough 变换式（4-3）可表示为 $l = x\cos\theta + y\sin\theta$；同理对式（4-4）进行 Hough 变换，从而使 $X-Y$ 平面的任一条直线变换对应 $l-\theta$ 空间中的一个点。为了找出分割图像中车道边缘点所构成的直线，将 $l-\theta$ 空间离散化为许多栅格，由每一个 (x, y) 点带入 θ 的离散化值，求出各个 l 值，落在相应的栅格内，该栅格计数加 1。当统计所有点后，计数值大的栅格对应于共线点，其 (l, θ) 作为直线拟合参数。

在不同的道路环境和光照条件下，对多幅道路图片进行了车道标志线识别试验。图4-5为部分试验图片，其中左、右两条直线为识别出的车道标志线。

4.1.3　弯道检测

弯道图像包含丰富的道路信息和环境信息，解释了道路周围的场景。弯道检测是从道路图像中检测出弯曲车道线的边界。弯道检测与传统道路检测的区别在于，弯道检测不仅要识别出道路边界线，还需要判断道路弯曲的方向，确

（a）　　　　　　　　　　　　（b）

（c）　　　　　　　　　　　　（d）

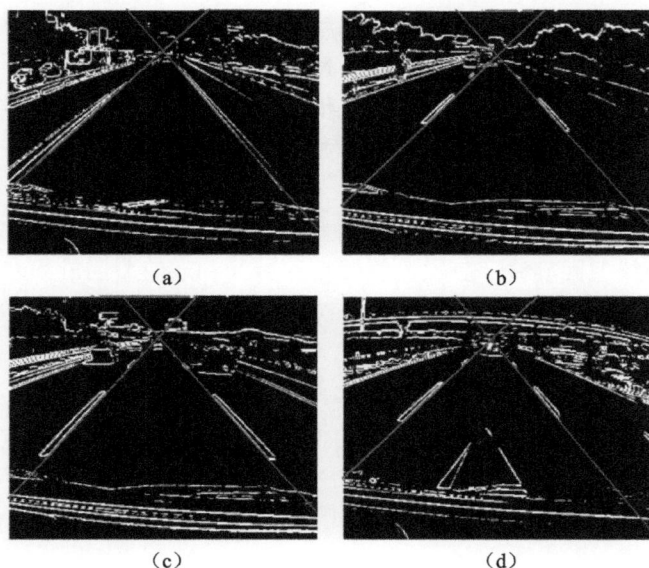

图4-5　车道线识别结果

定弯道的曲率半径。这也是弯道检测的难点所在。如何选择一个好的曲线模型来描述弯道车道线并由图像数据拟合出可靠的曲线方程，是弯道检测的主要难题。

由于车载摄像机安装角度的关系，原始图像中车道线所呈现的轨迹并不是规则的曲线，因而难以建立数学方程，一般需要用其他近似的曲线来进行拟合。从俯视的角度来看，一般公路平面的线形主要分为直线、圆曲线与回旋线，因此选择在俯视图中进行拟合；但由于逆投影变换后，俯视图中图像的精度相对较低，故这也是进行弯道检测时需要考虑的问题。

近些年来，关于弯道检测的研究越来越多，使用的方法也多种多样。常用的弯道检测方法可分为两大类：基于道路特征的方法和基于道路模型的方法。一般基于道路特征的方法在道路标记明显和完整的条件下才会有较好的检测效果，而基于道路模型的方法可以克服此弊端。国内外弯道检测的方法主要是基于道路模型的方法，即将弯道检测转化为各种曲线模型中数学参数的求解问题，一般可分为建立弯道模型、提取车道线像素点，以及拟合车道线模型3个步骤。

1）建立弯道模型

弯道模型是对道路形状的假设。一般来说，简单模型的鲁棒性强，但不能准确地表达复杂道路；复杂模型较灵活，但对噪声敏感。常用的弯道模型有同心圆曲线模型、二次曲线模型、三次曲线模型、双曲线模型、直线－抛物线模型、线性双曲线模型、回旋曲线模型、样条曲线模型、圆锥曲线模型和分段曲率模型等。研究者们分别用不同的曲线模型进行了尝试，并都取得了一定的成果，其中回旋曲线模型、样条曲线模型和三次曲线模型使用最为广泛，取得的结果也相对较好。

由于世界各国道路工程技术标准的差异，在公路工程设计中常使用3种回旋线——回旋线型回旋线、三次抛物线型回旋线和双纽型回旋线。其中，使用最多的是回旋线型回旋线，且我国的公路工程技术标准中也规定采用回旋线型回旋线，其方程为：

$$R \cdot L = \kappa^2 \qquad (4-5)$$

式中，R 表示回旋线上某点的曲率半径（m）；L 表示回旋线上某点到原点的曲线长；κ 表示回旋线参数。

由于式（4-5）不易计算，可采用如式（4-6）所示的近似的回旋线方程：

$$y = \frac{\dot{\rho}_0}{6} \cdot x^3 + \frac{\rho_0}{2} \cdot x^2 + \tan\varphi \cdot x + y_0 \qquad (4-6)$$

式中，ρ_0 为原点处的曲率；$\dot{\rho}_0$ 为曲率的变化率；φ 为车辆前进方向与螺旋线的夹角；y_0 为横向偏移距离。

2）提取车道线像素点

提取车道线像素点的目的是将目标像素点，即属于每一条车道线的像素点从前景像素点集中提取出来，作为拟合车道线模型的依据。

在车道线像素点提取的方法上，弯道检测与直道检测并没有太大的差别，也主要采用边缘检测的方法。边缘检测得到的检测结果如图4-6（a）所示。

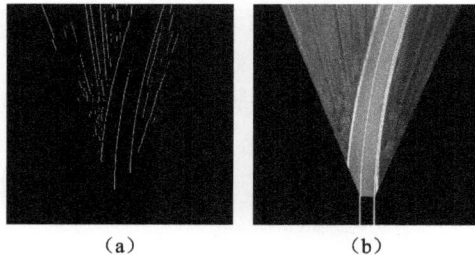

（a）　　　　　　　（b）

图4-6　曲线车道线检测

（a）边缘检测；（b）曲线拟合

　　车道线像素点提取的方法还有模板匹配、像素扫描和自适应随机 Hough 变换等。模板匹配根据车道线可能的方向和位置建立模板库，然后将处理后的弯道图像和预先定义好的车道线模板一一匹配。由于不同模板代表不同的弯道类型（如左弯道和右弯道），因此达到最佳匹配效果的模板所蕴含的数据就表示了图像中的弯道信息。像素扫描是车道线像素点提取技术中最普遍的一种，即在二值图中以某一步长沿某一方向扫描，当搜索到前景像素点时，按照预先设定的判别准则进行判断，由此确定该像素点是否是真正的车道线像素点。自适应随机 Hough 变换兼顾了 Hough 变换和随机 Hough 变换的优点，是从图像中提取曲线的一种很普遍的方法。

　　3）拟合车道线模型

　　所谓车道线模型拟合就是根据检测到的车道线像素点来确定弯道数学模型的最优参数，主要有直接拟合方法、似然函数方法和随机 Hough 变换等方法。图 4 - 6（b）所示为车道线曲线拟合的结果。

　　直接拟合方法主要有最小二乘法、插值法、Catmull-Rom 样条函数法、B - 样条函数法和分段归类拟合法等。最小二乘法拟合通过计算样本像素与拟合曲线方向的偏差累计值，并使其达到最小，以求得曲线模型的参数。它的优点是拟合速度非常快，且只要遍历一次就可计算出拟合曲线的参数，但对噪声非常敏感。

　　似然函数方法首先根据弯道模型及其投影模型建立弯道形状参数集合。它描述了在道路图像中弯道边缘所有可能出现的方式，进而通过定义一个似然函数，使该函数的值正比于特定图像中像素数据与特定的弯道参数集合的匹配程度，然后通过求这个似然函数的极大值来确定最优弯道形状参数，进一步检测出弯道。

　　上述传统方法对特定的结构化道路和一般等级的高速公路都有较好的检测效果，但一种曲线模型很难普遍适用于多种不同形状的弯道，而且曲线识别的模式复杂，情况多样。道路模型难以统一，并且由于算法的复杂性，很难满足准确性和实时性的要求。有研究者采用其他方法来检测车道线，如通过分析道路图像的纹理特征预测道路走向的方法来检测弯道车道线，也有通过模板匹配的方法用多种方向的车道线来与图像做匹配，选择最优的作为检测结果，还有先采用 Hough 变换求出车道线直线方程，确定对应直线段上的最低点和最高点，然后根据相应准则判断出曲线道路的弯曲方向，从而进一步确定曲线段上的特征点，最后分段拟合车道线的直线段和曲线段，实现车道线的二维重建。

4.1.4　复杂环境下车道检测图像预处理

在实际道路行驶状况中，由于环境物体的相互遮挡，光源位置透射角度的变化，会造成摄像机外部环境的光照突然变化或光照程度不均匀，使得摄像机提取的图像中出现多块纯白色或纯黑色区域，即高、低光区域。这些高光或低光区域使得图像识别算法失去目标。图像预处理是解决此问题的一种重要途径。目前存在多种图像调节方法。Gamma 调节和灰度映射调节主要通过使像素灰度值按一定函数进行映射变化，来提高图像的对比度和明暗度，其中 Gamma 调节法是直接在摄像机获取的原始像素灰度上进行调节。直方图调节在 Gamma 处理后的像素灰度上进行调节。直方图分析方法是对全部像素按灰度大小绘制直方图，并通过分析直方图分布特征对图像不同灰度层次的像素进行操作，通过减少某段灰度范围来提高特定灰度范围内的信噪比。光流分析法基于图像反射光强度是由光源强度和物体特性决定的假设，先对图像进行模糊化处理，提取图像的大致亮度分布，再加以反向的亮度处理，从而达到减弱图像敏感程度并提高对比度的效果。补色法针对高、低光区域的灰度细节丢失，先分析该区域周围的灰度分布趋势，并结合整个图像区域的光流分布，通过模拟函数在此区域设置不同的灰度值，提高区域的灰度细节和对比度。

以上方法能较好地提高图像的对比度和信噪比，但前提是目标区域内像素灰度值存在差异。在实际环境下，摄像机获取的道路区域中存在大量的高、低光区域，此区域内的像素灰度呈现"纯色"效果，即不是全黑，就是全白。这是由摄像机的拍摄灰度范围过窄，而不能有效地捕捉感应造成的，通过以上方法无法实现原始灰度信息量的提高。多重曝光方法可以获取摄像机在多个曝光值下的图像，分析和替换图像中过曝光或曝光不足的像素，将本是"纯色"区域的像素替换成包含灰度细节信息的新像素，加以图像处理后输出新图像。该方法通过设定摄像机不同的曝光参数，能有效地提高所感应的灰度范围；但处理过程复杂，处理时间长，且在合成图像中易出现噪点和合成痕迹，丧失了图像真实性。

在车载视觉中，导航图像对图像的灰度信息范围、图像真实性、图像实时性有较高要求，因此图像预处理方法包括一系列步骤：设置长、短快门值进行多重曝光，在图层级上对图像进行合成、处理，并对合成权值和曝光参数进行动态调整。图像预处理方法必须简单快速，合成图像需平滑自然，产生合成痕迹少，这样才能显著提高摄像机动态灰度范围。为进一步提高实时性，还可将同一摄像机的交替变化曝光方式改进为在双目摄像机中的不同摄像机分别曝光的方式，以增加摄像机曝光变化的稳定性。

74

4.2　非结构化道路检测

有些道路，如乡村公路、土路等，在结构上符合道路的特征，但由于缺少车道线等道路标志，故无法采用检测车道线的方法进行识别。这类道路被统称为非结构化道路，如图 4-7 所示。

图 4-7　非结构化道路

对于这一类道路，可以采用基于机器学习的道路检测算法。其算法框架如图 4-8 所示。

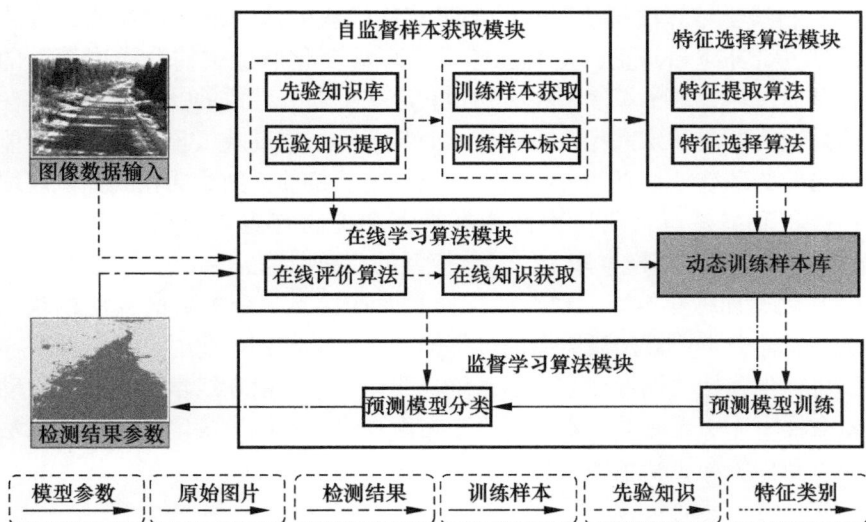

图 4-8　基于机器学习算法的非结构化道路检测方法框架

（1）自监督样本获取模块。自监督样本获取模块由两个子模块组成。第一个子模块包括先验知识库和先验知识提取两个部分。先验知识库中存放了离线标定的数据。由于这些数据不会随着无人驾驶汽车的行驶环境变化而发生改变，因此被称为先验知识。先验知识提取部分主要通过对先验知识的量化计算，提取一些具有高概率服从某一类别属性的样本点作为训练样本。第二个子模块包括训练样本获取和训练样本标记两个部分，主要负责将每个训练样本赋予不同的类别属性，同时根据其所属某一类别的概率值，赋予不同的权重系数，然后将这些训练样本和相应的权重系数送入特征选择算法模块进行特征提取和特征选择操作。

（2）特征选择算法模块。特征选择算法模块包括两个算法部分：特征提取算法和特征选择算法。特征提取算法通过图像处理技术，从图像中提取每个训练样本点的纹理特征以及颜色特征等。这些特征可能冗余地表达了每个样本点的特征属性，因此，特征选择算法实际上就是去除冗余信息的过程。特征选择算法选择出具有较强分类能力的图像特征后，将这些训练样本和选择出的图像特征输出到动态训练样本库中。

（3）监督学习算法模块。监督学习算法模块包括预测模型训练和预测模型分类两个部分。预测模型训练部分，通过动态样本库中给出的训练样本和特征类别，训练出一个预测模型。训练的方法通常有神经网络、支持向量机等。预测模型分类部分主要负责对整幅图片进行分类，通过学习到的模型，对图片中的每个像素进行类别划分（道路点和非道路点）。

（4）在线学习算法模块。在线学习算法模块的作用是通过在线的方式对预测模型进行补充和修正，使其能够适应环境变化所造成的分类决策面的偏移。它是通过在线评价算法和在线知识获取两个部分完成的。在线评价算法利用先验知识对检测结果进行在线评价，而其评价结果反映了预测模型的性能能否适应当前的环境。如果评价结果不满足一定的条件，则激活在线知识获取模块，在线获取那些对预测模型性能的修复和提高有重要作用的样本点（知识），输入到动态训练样本库中，参与模型的在线训练。

（5）动态训练样本库。动态训练样本库连接了 3 个主要的算法模块。其作用是装载监督学习算法所需要的训练样本。当系统初始化时，由自监督学习算法模块提供初始的训练样本；当系统在线运行时，由在线学习算法模块动态实时地对样本库中现有的样本进行更新，由在线评价函数决定监督学习算法是否需要重新训练和更新预测模型。

4.3　行驶环境中目标检测

可以使用单目摄像机、立体视觉、单线激光扫描、多线激光扫描、毫米波雷达、摄像机与激光扫描仪的融合、摄像机与毫米波雷达的融合等实现行驶环境中的目标检测。不同类型的传感器，以及不同的型号及配置方式会带来观测空间、被感知对象的不同，并从根本上影响数据处理算法、环境感知性能及结果。在面向无人驾驶汽车环境感知总体任务实现的集成系统中，如何优化传感器系统及多模态数据融合处理框架，并在保证总体任务实现的同时，提高传感器系统及数据融合效率等问题，仍需要深入研究。如美国 DARPA 城市挑战赛所反映出的传感器系统的庞大与昂贵、多模态传感器数据融合效率低等问题，均是环境感知系统与算法研究中的难点。本节主要介绍以视觉为主的行人和车辆检测方法。

4.3.1　行人检测

1）基于视觉的行人检测

基于视觉的行人检测方法主要有基于背景建模的方法和基于统计学习的方法等。基于背景建模的方法首先分割出前景，提取其中的运动目标，然后进一步提取特征，分类判别。该方法的鲁棒性不高，抗干扰能力较差，而且背景建模方法的模型过于复杂，对参数也较为敏感。基于统计学习的方法根据大量训练样本构建行人检测分类器。提取的特征一般有目标的灰度、边缘、纹理、形状、梯度直方图等信息。分类器包括神经网络、支持向量机（Support Vector Machine，SVM）、Adaboost 等。但是基于统计学习的方法存在以下难点：行人的姿态和服饰各不相同；提取的特征在特征空间中的分布不够紧凑；分类器的性能受训练样本的影响较大；离线训练时的负样本无法涵盖所有真实应用场景的情况。

在实际应用中，Pepageorgiou 等人采用 SVM 和多尺度 Haar 小波过完备基结合的方式进行行人检测，首次提出采用滑动窗口进行行人检测。Viola 和 Jones 基于这种思路，用积分图来达到快速特征计算的目的，并利用一种级联结构进行高效的检测；同时，利用 AdaBoost 算法来进行自动特征筛选。受到尺度不变特征变换（Scale-Invariant Feature Transform，SIFT）算子的启发，Dalal 和 Triggs 等人提出用梯度直方图（Histograms of Oriented Gradients，HOG）的特征进行行人的特征描述。此外，特征描述方法还有形状特征，利用 Hausdorff 距离变换和分层模板匹配方法，以及"edgelet"的特征、"shapelets"的特征等方法。

运动是行人检测中的另一个重要线索。然而，在摄像机运动的情况下，有效的利用运动特征则是一个具有挑战性的课题。在摄像机固定的情况下，Viola 等人通过计算不同图像的 Haar-like 特征，可以获得较好的性能；而对于摄像机不固定的情况，则需要将运动进行分解。Dalal 等人利用光流场来对图像内部的运动进行统计建模，然后在图像局部区域内进行一定的运动补偿。

就单个特征而言，目前还没有哪个特征描述算子比 HOG 算子更加有效，但将其他特征跟 HOG 特征结合起来，能起到补充的作用。例如将 Haar-like、shapelets、HOG 特征，以及形状进行一定的组合，比其他单独特征描述算子更加有效。此外，还可将 SVM 分类器进行改进，使其更加适用于遮挡的情况。

（1）基于 HOG 特征的行人检测。

① HOG 特征。

HOG 特征是一种对图像局部重叠区域的密集型描述符。它通过计算局部区域的梯度方向直方图来构成人体特征，能够很好地描述人体的边缘。HOG 特征对光照变化和小量的偏移不敏感。

图像中像素点 (x, y) 的梯度为：

$$G_x(x,y) = H(x+1,y) - H(x-1,y) \qquad (4-7)$$

$$G_y(x,y) = H(x,y+1) - H(x,y-1) \qquad (4-8)$$

式中，$G_x(x, y)$，$G_y(x, y)$，$H(x, y)$ 分别表示输入图像中像素点 (x, y) 处的水平方向梯度、垂直方向梯度和像素值。像素点 (x, y) 处的梯度幅值和梯度方向分别为：

$$G(x,y) = \sqrt{G_x(x,y)^2 + G_y(x,y)^2} \qquad (4-9)$$

$$\psi(x,y) = \tan^{-1}\left(\frac{G_y(x,y)}{G_x(x,y)}\right) \qquad (4-10)$$

HOG 特征提取的过程为：把样本图像分割为若干个像素的单元（cell），把梯度方向平均划分为 9 个区间（bin），在每个单元里对所有像素的梯度方向在各个方向区间内进行直方图统计，得到一个 9 维的特征向量。每相邻的 4 个单元构成一个块（block），而把一个块内的特征向量连起来就可得到 36 维的特征向量。用块对样本图像进行扫描，且扫描步长为一个单元。最后将所有块的特征串联起来，就得到了人体的特征。例如，对于像素为 64 × 128 的图像而言，以 8 个像素为步长，那么，水平方向将有 7 个扫描窗口，而垂直方向将有 15 个扫描窗口。也就是说，对 64 × 128 的图片，共有 36 × 7 × 15 = 3 780 个特征。

在行人检测过程中，除了上面提到的 HOG 特征提取过程，还包括彩色图像转灰度图、亮度校正等步骤。总结起来，在行人检测中，HOG 特征计算的步骤为：

➤ 将输入的彩色图像转换为灰度图。

➤ 采用 Gamma 校正法对输入的图像进行颜色空间的标准化（归一化）。其目的是调节图像的对比度，降低图像局部的阴影和光照变化所造成的影响，同时抑制噪声的干扰。

➢ 计算梯度，主要是为了捕获轮廓信息，同时进一步弱化光照的干扰。

➢ 将梯度投影到单元的梯度方向，为局部图像区域提供一个编码。

➢ 将所有单元格在块上进行归一化。归一化能够更进一步对光照、阴影和边缘进行压缩。通常每个单元格都由多个不同的块共享，但它的归一化是基于不同块的，所以计算结果也不一样。因此，一个单元格的特征会以不同的结果多次出现在最后的向量中。将归一化之后的块描述符称为 HOG 描述符。

➢ 收集得到检测空间所有块的 HOG 特征，即将检测窗口中所有重叠的块进行 HOG 特征的收集，并将它们结合成最终的特征向量，供分类使用。

② SVM。

SVM 分类器已经被广泛应用于图像识别中，尤其在行人检测中获得了成功。SVM 是在统计学习理论的基础上发展起来的一种机器学习方法，它将最优学习问题转化为一个凸二次优化问题，从而避免了局部极小点，而且支持向量机有效地解决了过学习问题，具有良好的泛化能力及较高的分类精度。其特点是利用有限训练样本得到的决策规则在独立的测试集上仍然能够得到较小的误差。

给定一个训练样本集合：

$$(\boldsymbol{x}_i, y_i), \cdots, (\boldsymbol{x}_l, y_l) \qquad (4-11)$$

每一个训练样本 $\boldsymbol{x}_i \in \boldsymbol{R}^n$ 的类别为 $y_i \in \{1, -1\}$，其中 $i = 1, \cdots, l$。那么，支持向量机通过优化算法找到分类决策面：

$$\boldsymbol{w}\phi(\boldsymbol{x}) + b = 0 \qquad (4-12)$$

式中，$\phi(\cdot)$ 为映射函数。它将特征空间 $\boldsymbol{R}^n$ 映射到更高维的 $\boldsymbol{Z}$ 特征空间。$(\boldsymbol{w}, b)$ 为分类决策超平面参数。在这个分类超平面下有：

$$f(\boldsymbol{x}_i) = \mathrm{sign}(\boldsymbol{w} \cdot \phi(\boldsymbol{x}_i) + b) = \begin{cases} 1, & \text{如果 } y_i = 1 \\ -1, & \text{如果 } y_i = -1 \end{cases} \qquad (4-13)$$

式中 $\boldsymbol{w} \in \boldsymbol{Z}$ 且 $b \in \mathbb{R}$。

因此，优化问题转化为：

$$\min_{w,b,\xi} \frac{1}{2} \boldsymbol{w}^{\mathrm{T}} \cdot \boldsymbol{w} + C \sum_{i=1}^{l} \xi_i$$

满足
$$y_i(\boldsymbol{w}^{\mathrm{T}}\phi(\boldsymbol{x}_i) + b) \geqslant 1 - \xi_i, \qquad (4-14)$$
$$\xi_i \geqslant 0.$$

式中，C 为常量，通常被称为惩罚因子。在训练支持向量机的预测模型时，常常需要设定这个参数来调节最大化间隔和最小化错分数量之间的平衡。求解式（4－14）是一个二次规划问题，可以通过构造一个拉格朗日方程将问题转化为二次凸面的最优问题：

$$\max W(\boldsymbol{a}) = \sum_{i=1}^{l} a_i - \frac{1}{2} \sum_{i=1}^{l} \sum_{j=1}^{l} a_i a_j y_i y_j \phi(\boldsymbol{x}_i) \phi(\boldsymbol{x}_j)$$

满足
$$\sum_{i=1}^{l} y_i a_i = 0, \quad 0 \le a_i \le C, \quad i = 1, \cdots, l \qquad (4-15)$$

式中，$\boldsymbol{a} = (a_i, \cdots, a_l)$ 是拉格朗日乘子向量。利用 Kuhn-Tucker 理论，得到约束方程：

$$\bar{a}_i (y_i (\bar{\boldsymbol{w}} \phi(\boldsymbol{x}_i) + \bar{b}) - 1 + \bar{\xi}_i) = 0, \quad i = 1, \cdots, l \qquad (4-16)$$

$$(C - \bar{a}_i) \bar{\xi}_i = 0, \quad i = 1, \cdots, l \qquad (4-17)$$

进而可得：

$$f(\boldsymbol{x}_i) = \mathrm{sign}(\boldsymbol{w} \cdot \phi(\boldsymbol{x}) + b) = \mathrm{sign}\left(\sum_{i=1}^{l} a_i y_i \phi(\boldsymbol{x}_i) \phi(\boldsymbol{x}) + b \right)$$

$$(4-18)$$

SVM 的一个优点是不需要知道映射函数 $\phi(\cdot)$，而只需要用核函数 $K(\cdot, \cdot)$ 通过计算卷积的方式来实现特征空间的映射。因此，能够得到：

$$\boldsymbol{z}_i \cdot \boldsymbol{z}_j = \phi(\boldsymbol{x}_i) \phi(\boldsymbol{x}_j) = K(\boldsymbol{x}_i, \boldsymbol{x}_j) \qquad (4-19)$$

由式（4－19），最优问题转化为：

$$\max W(\boldsymbol{a}) = \sum_{i=1}^{l} a_i - \frac{1}{2} \sum_{i=1}^{l} \sum_{j=1}^{l} a_i a_j y_i y_j K(\boldsymbol{x}_i, \boldsymbol{x}_j)$$

满足
$$\sum_{i=1}^{l} y_i a_i = 0, \quad 0 \le a_i \le C, \quad i = 1, \cdots, l \qquad (4-20)$$

从而，最终的决策函数可表示为：

$$f(\boldsymbol{x}_i) = \mathrm{sign}(\boldsymbol{w} \cdot \phi(\boldsymbol{x}) + b) = \mathrm{sign}\left(\sum_{i=1}^{l} a_i y_i K(\boldsymbol{x}_i, \boldsymbol{x}) + b \right) \quad (4-21)$$

（2）基于 Stixel 模型的行人检测。

2012 年，比利时研究人员 Rodrigo Benenson 和 Markus Matias 在如何快速、有效地进行行人检测方面，提出了两种加速方法。一种是如何在单帧图像上更好地处理尺度信息；另一种是如何利用立体图像的深度信息来加速。在不降低检测质量的前提下，可以获得 20 倍的加速效果。该方法的检测速度达到 100 fps。

该方法利用 Stixel 模型进行目标检测。Stixel 为柱状物之类的几何特征描述，主要对地平面之上的目标进行建模。对于图片中的每一列而言，可以估算出底部像素、顶部像素以及目标之间的距离。利用深度信息对目标进行检测。Stixel 模型在立体图像中能更好地发挥作用，无须计算所有的深度信息，而只需直接快速地利用立体图像来计算。借助于 Stixel 模型，检测空间缩小了，使实际应用过程中的速度性能变得更好。

2）基于激光雷达与视频数据融合的行人检测

就目前技术来说，视觉虽然可以提供丰富的图像信息，但是室外场景中的光照变化、遮挡、阴影等影响，导致视觉算法在复杂交通环境中鲁棒性较低。由于激光雷达可以获得移动目标在二维平面内的位置、形状等状态估计，因此可以有效地实现移动目标的状态跟踪。通过融合激光雷达与视频图像数据，可以对目标进行较为准确的检测。利用激光雷达数据抽取出感兴趣区域，再利用视频图像识别该目标的属性，可以有效地实现不同模态传感器间的互补，提高检测性能。

采用激光雷达与视频数据融合的方法检测车辆周边环境中的行人，一般包括 3 个步骤：

（1）处理激光雷达数据，得到感兴趣区域；

（2）准备图像数据，进行基于图像的行人检测算法的训练；

（3）利用训练好的分类器，在感兴趣区域内进行行人检测。

具体来说，首先是对激光雷达数据进行聚类、分类处理，将处于激光有效范围外的激光点以及可以认为是建筑物、车辆、灌木丛等反射的激光点排除，得到疑似行人反射的激光点。一般将给定激光点所处位置 $[0, 2.2]$ m 的高度范围看作感兴趣区域；同时，将聚类、分类过程中属于同一物体的激光点用一个方框代替。用训练好的分类器，基于感兴趣区域进行行人检测。基于激光雷达数据提供的感兴趣区域进行行人检测，能够极大地提高检测速度，并大大减少误检率。

4.3.2　车辆检测

1）基于视觉的车辆检测

（1）概述。

基于单目视觉的车辆检测方法可分为基于外观（Appearance）的方法和基于运动（Motion）的方法。前者直接从单帧图像中检测车辆，而后者则使用连续帧图像进行检测。单目图像缺乏直接的深度测量，大多使用基于外观的方法。早期的单目视觉车辆检测使用图像中的对称性和边缘特征来进行检测。近年来研究人员采用更通用并具鲁棒性的特征，如 HOG 特征、Haar-like 特征来对车辆进行检测。这些特征可被用来直接对图像中的目标进行分类和检测。

HOG 特征是一种解释型（descriptive）的图像特征，可用来确定车辆的姿态。其主要缺点是计算速度慢。近年来，随着 GPU 的使用，HOG 特征的计算瓶颈问题已得到解决，而 Haar-like 特征不仅非常适合于检测水平、垂直、对称的结构，还通过使用积分图可使特征提取加快，因而可用 CPU 进行实时计算。也有人利用 SIFT 特征来检测车的尾部，包括有遮挡时的情况。还有研究人员用加速鲁棒特征（Speeded-Up Robust Features，SURF）和边缘特征的方法来检测盲区中的车辆。

在立体视觉方法中，更常使用基于运动的方法，且多视几何可以测量深度信息。利用立体视觉获取 3D 坐标，可以区分静态物体和运动物体。与单目方法依赖外观特征和机器学习不同，立体方法更依赖于运动特征、跟踪和滤波。表 4-1 是 2005 年以来，部分有代表性的视觉车辆检测方法。

表 4-1　代表性检测方法

研究人员及年份	方法（外观/运动）	描　述	单目/立体
Sun et al.，2006	外观	对单帧图像采用 HOG 和 Gabor 特征，运用 SVM 和 ANN 进行分类	单目
Zhu et al.，2006	运动	对超车区域采用了动态背景模型，对真实视频数据进行了验证，用到自运动估计补偿	
Wang and Lien，2008	外观	在单帧图像中用 sedans 检测	
Diaz-Alonso et al.，2008	运动	用光流方法对盲区车辆检测	
Chang and Cho，2010	外观	用 Haar-like 特征和 boosted 分类器，在线学习	
Sivaraman and Trivedi，2010	外观	用 Haar-like 特征和 Adaboost 分类器，主动学习	
Yuan et al.，2011	外观	HOG 特征和 SVM 分类器，用匹配算子确定车辆大概方位	
Jazayeri et al.，2011	运动	光流，隐马尔科夫模型分类	
Niknejad et al.，2012	外观	HOG 特征，局部可变形模型	
Lin et al.，2012	外观	SURF 和边缘特征，概率分类，盲区检测	
Chang et al.，2005	外观	结合物体几何尺寸、模板匹配、图像特征、深度图特征，并使用贝叶斯分类从单个立体图像对中检测车辆	立体
Cabani et al.，2005	外观	使用 L*a*b 彩色空间立体图像对以及垂直边缘进行稀疏立体匹配，检测车辆和障碍	
Franke et al.，2005	运动	使用卡尔曼滤波跟踪光流兴趣点及其位置和速度	
Badino et al.，2007	运动	使用动态规划计算随机占据栅格，求解出自由空间	

续表

研究人员及年份	方法（外观/运动）	描　述	单目/立体
Barth and Franke，2009	运动	用到光流方法，聚类 6D 点	立体
Broggi et al.，2010	外观	使用 V-disparity 方法	
Danescu et al.，2011	运动	光流，基于粒子的占有栅格	
Erbs et al.，2011	运动	使用卡尔曼滤波跟踪 Stixel 特征	
Perrollaz et al.，2012	运动	光流，时空域平滑占有栅格	

（2）V-disparity 方法。

V-disparity 方法是一种基于立体视觉的障碍物检测方法。2002 年，法国人 Raphael Labayrade 和 Didier Aubert 提出了 V－视差（V-disparity）概念来简化从路面分离障碍物的过程，其中 V 表示（u, v）图像坐标系统中的虚拟坐标。在计算立体视觉的左、右两幅图中，左图的所有像素（u, v）相对右图同一点的水平视差为 d，并以每个像素点的视差作为该点对应的新灰度值，即可形成稠密视差图像（u, v, d）。立体图像的稠密视差图用灰度深浅变化来表示景物相对于摄像机距离的远近。在此基础上，利用视差图内包含的深度信息，累加视差图像每一行上具有相同水平视差的像素个数 m，并以（d, v）为新的像素坐标，以 m 为对应于该像素的灰度值，从而形成了一幅宽度是 d、高度和原图像一致的新图像 V－视差图像。在 V-disparity 中，路面可被描述为斜线或分段直线，而垂直的障碍物可被投影为直线。由此，3D 路面和障碍物的提取简化成了 2D 的线性提取。其算法流程为：首先获取立体图像对，然后计算得到稠密视差图，建立 V-disparity 图，通过分析 V-disparity 图，可以提取出行驶环境中的路面，从而计算出路面上障碍物的位置。

在 V-disparity 图中，路面以及障碍物被投影成一条斜线和垂直线。三维目标在二维图像中被投影成平面，而经过视差图像的计算后，又将平面投影成线段，故目标的识别由平面检测转化为线段检测。通过引入 Hough 变换或直线拟合等其他算法提取视差图像中的线段，即可确定路面和障碍物在图像中的准确位置，且路面和障碍物面的交点即障碍物的触地点。根据同一目标上的点视差值相近的原理，以每一个障碍物垂线为中心在水平方向延伸，就可以最终锁定所有障碍物区域，完成障碍物检测的任务。

由于 V 视差图的计算大幅度地降低了识别工作的复杂程度，因而能够在真实立体图像中实时识别前方目标。V-disparity 方法主要用来提取垂直于立体视觉系统法平面的路面及其上的障碍物，如路面和摄像机前面的车辆，但在实际的驾驶环境中，还有很多障碍物，如栏杆、天桥等，不能在 V-disparity 图中投影为直线。Soquet 等人研究发现，U-disparity 图可以处理此类障碍物。因而，可以采用 U-V-disparity 对路面结构进行分类。

2）视觉与激光雷达信息相结合的车辆检测

激光雷达能够快速地获取扫描平面中的距离信息，并获得障碍物在扫描平面中的外轮廓，同时不受光照条件的影响，但障碍物的形状、纹理信息等特征无法获得；而机器视觉能够提供更为丰富的平面信息，但容易受光照条件的影响。这两种环境感知传感器可以实现功能上的互补，通过建立激光雷达、摄像机和车体之间的坐标转换模型，将激光雷达数据与图像像素数据统一到同一坐标系中进行识别处理。

结合激光雷达的数据特点选取合适的聚类方法，对聚类后的激光雷达数据进行形状匹配和模板匹配，确定感兴趣区域；通过类 Haar 特征结合 AdaBoost 算法在感兴趣区域进行车辆检测，然后通过车辆在激光雷达中的数据特征实现 Kalman 预估跟踪。

利用激光雷达对障碍物数据点实现聚类分割后，不同的障碍物类成为候选区域。通过对图片样本的统计学习生成由多个不同的弱分类特征组成的分类器，并利用该分类器完成对候选区域的检验，最终与激光雷达聚类分割后提取到的障碍物特征参数进行特征融合输出目标属性参数。

基于统计学习的目标检测方法主要包括两个模块，分类器学习和目标位置的搜索。其中，分类器学习主要包括 3 个模块：训练数据采集、特征提取和分类器训练。目标位置的搜索方法有很多种，通常采用对待检测图片进行多尺度扫描，对其子窗口进行特征提取，通过学习后的分类器检测每个搜索窗口，以获得目标的具体位置。

训练数据包括正样本和负样本。在采集样本时通过手工标定的方式获得正样本，并对其进行归一化处理。对采集到的正样本进行分类，按照不同的车型，如三厢小车、两厢小车、客车、卡车、微型客车（面包车）、SUV 等类别进行样本的存放。针对分类情况，训练样本库需要对不同车型样本进行综合，从不同的车辆成像角度和不同的车辆姿态建立训练样本集。负样本可以通过采集样本中随机抽取（不能包含检测目标）或 Bootstrapping 方法获取。Bootstrapping 方法首先通过正样本与随机抽取负样本完成第一次训练后，获得一个分类器，再通过该分类器对图像进行检测，提取检测中产生的虚警目标，然后将虚警目标作为负样本，再一次完成样本训练。

特征提取的目的是将训练样本映射到某个特征空间，缩小同类的特征距离，增大不同类间的特征距离，从而通过简单的分类器进行分类。特征提取后可以用监督学习的方法，学习得到两类问题的分类器，以判断目标出现在某一位置的概率。

　　在待检测图像中，目标可能出现在图像的任意位置，而且具有大小随机的特点，因此在检测过程中一般采用金字塔式的穷尽搜索法进行搜索窗口的特征计算，最终完成目标的检测。如图4－9所示，原始图像按照预定尺度步长逐步缩小，直到达到预先设定的尺度或者小于模板为止。

图4－9　目标检测的金字塔搜索方法

　　完成样本归一化后，就可以对正、负样本进行训练。基本训练流程为通过对特征的选择，设置训练参数，载入正、负样本，穷尽搜索样本矩形特征，统计出具有统计特性的矩形特征，组成一个强分类器。

　　在完成车辆检测后，往往需要利用跟踪算法对检测出来的车辆进行跟踪处理，以缩小后续帧的图像数据搜索区域，使系统具有更高的处理速度。对于车辆跟踪来说，就是不断地更新车辆目标特征属性的过程。在跟踪过程中，车辆的位置、运动速度，甚至加速度等，都是跟踪得到的结果，因而常常使用目标形状、外观等特征来构建跟踪过程所适用的属性。经过跟踪处理的目标检测可以输出稳定的目标检测信息，为车辆控制系统提供稳定的参数信息，将激光雷达与机器视觉共同的检测结果作为跟踪系统的目标参数输入。

　　基于Kalman滤波的车辆跟踪方法，大多假设运动目标做匀速或者匀加速运动。两种方法基本相同，而不同之处只是状态变量维数、各参数矩阵的维数，以及状态方程的维数不同。对于实时采集的激光雷达与图像序列，每两帧之间的时间间隔很小，可以认为目标在相邻两帧数据中的运动变化缓慢，在实验中采用车辆做匀速运动的假设。

　　Kalman滤波器的状态模型为：

$$X_t = A \cdot X_{t-1} + W_t \tag{4-22}$$

式中，X_t 是 t 时刻车辆的状态，X_{t-1} 是 $t-1$ 时刻车辆的状态，A 为系统矩阵，W_t 为高斯白噪声，满足式（4－23）：

$$P(W_t) \sim N(0, Q) \tag{4-23}$$

式中，Q 为运动噪声的协方差矩阵。

　　定义 $X_t = (x_v, \mathrm{d}x_v, y_v, \mathrm{d}y_v)^\mathrm{T}$。式中 x_v，$\mathrm{d}x_v$，y_v，$\mathrm{d}y_v$ 分别为车辆中心 x 方

向上的位置，x 方向上的速度，y 方向上的位置，y 方向上的速度。系统矩阵为：

$$A = \begin{bmatrix} 1 & 0 & \Delta t & 0 \\ 0 & 1 & 0 & \Delta t \\ 0 & 0 & 1 & 0 \\ 0 & 0 & 0 & 1 \end{bmatrix} \qquad (4-24)$$

式中，Δt 为传感器数据的采集处理时间。

Kalman 滤波器的测量模型为：

$$Z_t = C \cdot X_t + V_t \qquad (4-25)$$

式中，Z_t 为观测向量，C 为观测矩阵，V_t 为高斯白噪声，满足式（4-26）

$$P(V_t) \sim N(0, R) \qquad (4-26)$$

式中，R 为测量噪声的协方差矩阵。

定义系统的观测向量为 $Z_t = (x_v, y_v)^{\mathrm{T}}$。其中 x_v，y_v 分别为 x 方向上、y 方向上位置的测量量。观测矩阵初始化为：

$$C = \begin{bmatrix} 1 & 0 & 0 & 0 \\ 0 & 1 & 0 & 0 \end{bmatrix} \qquad (4-27)$$

给定初始状态估计误差协方差矩阵为 $P_0 = I_{4\times4}$，初始系统过程噪声的协方差矩阵 $Q_0 = I_{4\times4}$，初始测量噪声的协方差矩阵为 $R_0 = I_{2\times2}$。其中 I 为单位矩阵。

4.4 交通信号灯和交通标志的检测

4.4.1 交通信号灯检测

目前，不同的国家和地区所采用的交通信号灯的样式不尽相同。我国现行的交通信号灯遵循的是国家标准——《道路交通信号灯》（GB 14887—2003）和《道路交通信号灯设置与安装规范》（GB 14886—2006）。虽然交通信号灯的样式各不相同，但其灯的颜色都是由红、黄和绿或者红和绿组成。在城市环境下，车辆行驶主要遵守机动车信号灯和方向信号灯的指示。

基于色彩特征的交通信号灯识别方法在背景环境相对简单的情况下，如背景为天空，能够有效地检测和识别出交通信号灯；但对于背景环境相对复杂的情况，如存在车辆、行人或广告牌等影响的城市道路环境，基于色彩特征的识别方法很容易出现虚警现象。基于形状特征的识别方法可有效地减少基于色彩特征识别出现的虚警，但需要建立形状特征规则。对不同样式的交通信号灯来说，需要建立不同的形状特征规则。这无疑限制了算法的灵活性。基于模板匹配的识别方法同样需要建立不同样式的交通信号灯模板或者建立多级的交通信号灯模板，以实现对不同样式的交通信号灯的识别。单一的方法不能很好地完成交通信号灯的识别，因此需要综合算法和特征才能很好地适应环境的变化，对不同样式交通信号灯进行识别。此外，还需要注意以下问题：

（1）在无人驾驶汽车上应用时，摄像机为车载安装，背景图像为动态变化，与在智能交通监控应用中的摄像机固定安装方式所采用的算法会有所不同。

（2）摄像机镜头的焦距决定交通信号灯在图像中的成像大小。在同样距离的情况下，焦距长则成像大，视角范围窄，对不同安装位置的交通信号灯来说，有可能不在摄像机视觉范围内。另外，车辆的行驶振动会影响其成像质量，从而导致图像模糊。

（3）无人驾驶汽车在实际的城市环境中行驶，会遇到不同样式的交通信号灯，可能是横式或者是竖式，可能是机动车信号灯或者转向信号灯，因此需要设计适应性、灵活性和扩展性都比较好的分类器。

（4）不同大小的交叉路口，其交通信号灯的安装方式也有所不一。大型的交叉路口大多采用悬挂式的交通信号灯，安装高度比较高，且其背景几乎都为天空；而在小型的交叉路口，交通信号灯大部分采用立柱式的安装方式，且其背景大都相对复杂。除此之外，还有少部分门式和挂壁式。因此，无论是什么交通环境，鲁棒性强是交通信号灯识别的关键。

（5）当完成交通信号灯识别后，需要对其进行跟踪，以有效缩短系统处理的时间，提高系统的实时性。

（6）对于交通信号灯灯色变化，可以根据交通信号灯灯色转换的时序进行灯色转变的跟踪。

交通信号灯识别所采用的系统结构可分为图像采集模块、图像预处理模块、识别模块和跟踪模块。其系统结构如图4-10所示。

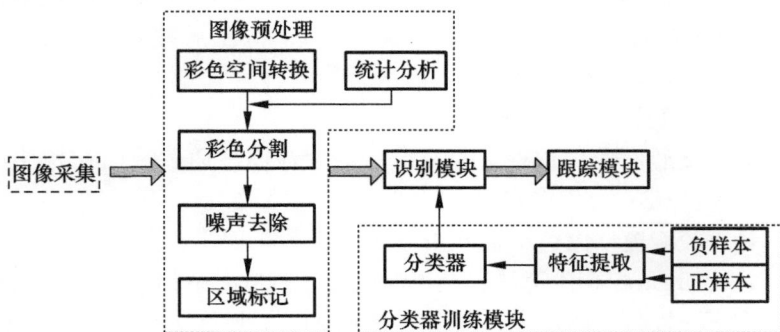

图4-10 交通信号灯识别系统结构

（1）图像采集模块。摄像机成像质量的好坏直接影响后续识别和跟踪的效果。摄像机的镜头焦距、曝光时间、增益、白平衡等参数的选择对摄像机成像效果和后续处理均有重要影响。

（2）图像预处理模块，包括彩色空间选择和转换，彩色空间各分量的统计分析，基于统计分析的彩色图像分割、噪声去除，基于区域生长聚类的区域标记。通过图像预处理可以得到交通信号灯的候选区域。

（3）识别模块，包括离线训练和在线识别两部分。离线训练是通过交通信号灯的样本和背景样本得到分类器，利用得到的分类器完成交通信号灯的检测，结合图像预处理得出的结果完成其识别功能。

（4）跟踪模块，通过识别模块得到的结果可以得到跟踪目标，利用基于彩色的跟踪算法可以对目标进行跟踪，有效提高目标识别的实时性和稳定性。

运用基于彩色视觉的交通信号灯识别方法可以检测到单帧图像中的交通信号灯。车辆在自主行驶的过程中，车载摄像机所采集到的图像为连续的图像序列，目标在图像中的相对姿态、位置和大小不断地发生变化，而且会存在交通信号灯被前方车辆部分遮挡的情况。为防止出现误检测或跟踪丢失的现象，可以采用基于色彩直方图的目标跟踪算法。Bradski 提出的 CAMSHIFT（Continuously Adaptive Mean SHIFT）算法是以色彩直方图为目标模式的目标跟踪算法，可以有效地解决目标变形和遮挡的问题，且运算效率较高。

CAMSHIFT 算法是对 Mean SHIFT 算法的改进，是一种通过寻找最大统计分布来实现的鲁棒性统计方法。尽管 CAMSHIFT 算法快速而简单，但它仅在目标的统计特性足够好时才有效。因此，在实际应用中需要对跟踪目标进行相关特征统计，得到特征量的统计结果，然后将搜索区域中的所有像素转换至具有统计特性的特征量空间，这样目标就有了良好的相关特征统计特性，不容易受背景环境和外界因素干扰。交通信号灯在 HSV 彩色空间中具有良好的 H、S、V 特征分量统计特性，因此在对交通信号灯进行彩色分割预处理后，再用 CAMSHIFT 算法对其标记区域的色调分量进行统计，最后按照色调分量概率分布进行跟踪。其算法流程如图 4 - 11 所示。

CAMSHIFT 算法的基本步骤：

（1）完成交通信号灯预处理与校验后设置波门，通过波门初始化搜索区域大小、位置和 HSV 彩色空间转换区域。

（2）计算搜索窗口内色彩直方图与色彩概率分布图。

（3）运行 Mean SHIFT 算法，获得新的搜索窗口大小和位置。

（4）在下一帧采集图像中，以新的搜索窗口大小和位置重复步骤（2）继续运行。

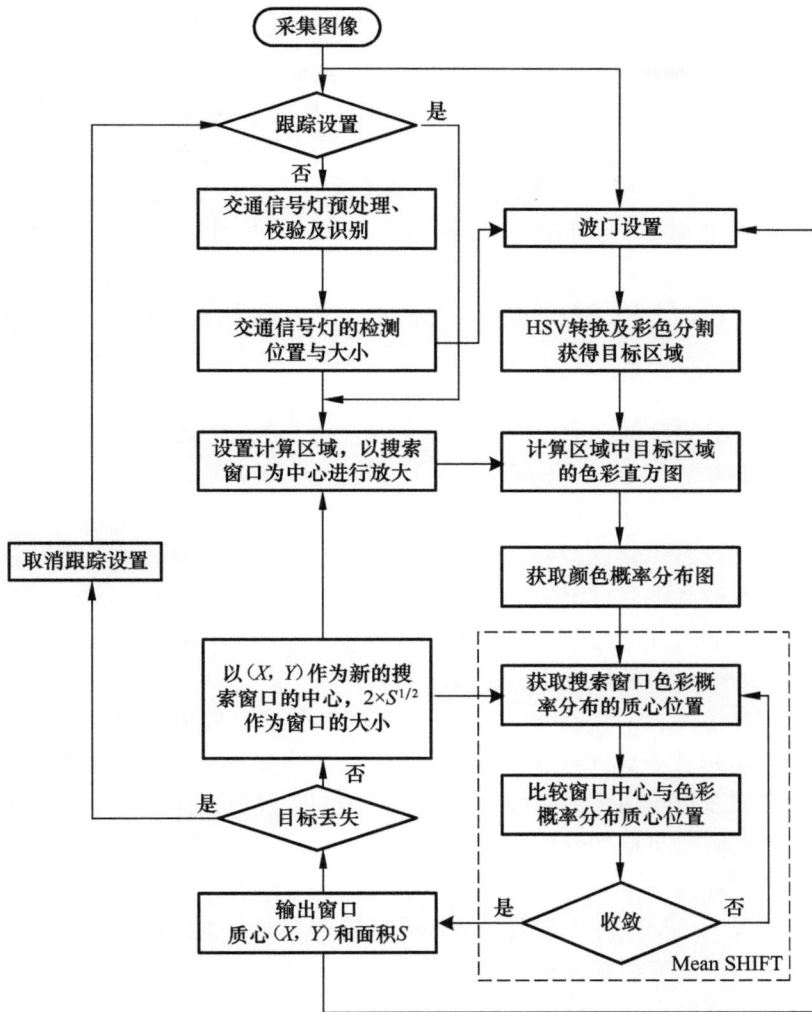

图 4-11　CAMSHIFT 跟踪算法流程

（5）当跟踪丢失，如交通信号灯被完全遮挡或其灯号发生改变，跟踪标志取消时，系统需要重新对整幅图像进行预处理、校验和 CAMSHIFT 跟踪。

4.4.2　交通标志检测

交通标志检测与识别系统主要包含 3 方面内容：色彩分割、形状检测和验证、象形识别。

1）色彩分割

当光照条件良好时，HSV 色彩空间的色度和饱和度信息能够有效地过滤掉大部分与交通标志色彩信息迥异的颜色，而其阈值的选取是通过从大量的室外环境中进行图像采样得到的。为简化形状检测，准确的分割是必要的。

假定交通标志的颜色数据和负样本数据在 RGB 色彩空间线性分离，则可以找到每个目标颜色划分的超平面。这是一个典型的线性回归问题。其核心在于能够找到满足式（4 - 28）线性函数的最优值。

$$f(\boldsymbol{x}) = \langle w \cdot \boldsymbol{x} \rangle + b, \boldsymbol{x} = (v_1, v_2, v_3, 1)' \qquad (4 - 28)$$

式中，v_i 分别为 R、G、B 3 个颜色通道；b 为常量系数，$\langle w \cdot \boldsymbol{x} \rangle$ 通过对标志牌样本数据分析，由岭回归方法计算得到。岭回归方程如式（4 - 29）所示：

$$L(w, b) = v \langle w \cdot w \rangle + \sum_{n=1}^{N} (y_n - \langle w \cdot x_n \rangle - b)^2 \qquad (4 - 29)$$

式中，w 为待求的变量系数；b 为所要求的常量系数；v 为调整因子；N 表示样本总数；n 为样本标号；y_n 表示相关性，且 $y_n > 0$ 表示正相关，而 $y_n < 0$ 表示负相关。当 $L(w, b)$ 最小时，即可得到满足条件的 w 值和 b 值。

对于每一种目标颜色，都以采样图像中获取的交通标志的颜色作为正样本训练数据，负样本则通过图像中不含有交通标志的部分随机选取颜色。变量 w 和常数 b 是估测的分割超平面的系数。

2）形状检测和验证

考虑到鲁棒性和检测效率，Hough 直线变换能够有效地在边缘图像中检测到直线，尤其是对于从色彩空间处理后得到的精确分割图像。被检测直线可以作为三角形或者矩形图像的一部分。封闭的分割直线被认为是定位候选区的线段组合。之后将所有检测到的直线从边缘图像中去除，进行下一步的圆检测，以减少时间损耗。

通常情况下，交通标志与驾驶方向并不是垂直的。也就是说，在摄像机捕捉的图像中，圆形交通标志更像是一个椭圆而非圆。采用基于随机连续性采样的椭圆检测，而非 Hough 圆检测，以判断是否为圆形交通标志以及确定圆心位置。一些椭圆形标志检测结果如图 4 - 12 所示。图 4 - 12（a）~（c）中的左图表示不同视角下的圆形标志，而右图表示相关的边缘检测和椭圆检测结果，其中矩形框代表边界范围。

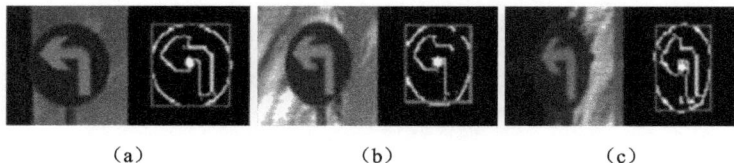

（a）　　　　　　　（b）　　　　　　　（c）

图 4 - 12　椭圆检测结果

对于交通标志的检测，首先将不是交通标志的候选区清除，之后计算每个检测区域的属性，包括区域的长宽比例以及边界范围。接下来应用模板匹配原理对检测的形状进行验证，并完成大致的分类。图 4-13 所示为图形验证模板。图 4-13 中，（a）代表红色禁止标志的模板，（b）代表蓝色允许标志的模板，而（c）代表黄色警告的模板。

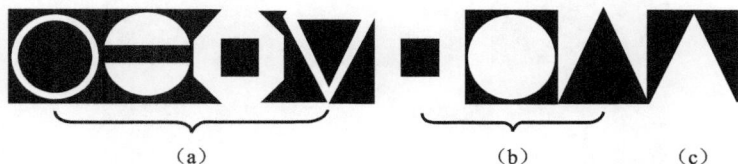

图 4-13　图形验证模板

色彩分割后的图像 I_C 位于候选区域 R_{can} 中，从 I_C 中提取出来的图像 I_{CE} 被归一化为 48×48 像素的图像，然后应用相关性匹配算法来计算归一化后的二值图像与模板图像的相关性。

3）象形识别

把从 I_{CE} 中提取出的 I_{CE} 图像归一化为 48×48 像素的标准格式，然后对其进行识别。对于每一类交通标志，都需要分别设计分类器。

（1）OTSU 阈值分割算法。为了获得交通标志内部的二色性象形图的准确分布，该二值化图像应该不受光照、阴影以及遮挡的影响。OTSU 阈值法属于非参数化和非监督算法，能够自动地得到图像分割的阈值，特别适合于前景与背景相差不大的二分问题。因而，在特征提取之前，先应用这种算法来对候选标志进行预处理。

由于大部分交通标志图案无法填充整个候选区域块，因而分割结果极易受到背景图案的影响。为了解决这个问题，对于每一种图形设计不同的模板，如图 4-14 所示。其中，（a）表示红色禁止标志的模板，（b）表示蓝色圆形标志的模板，而（c）表示黄色警告标志的模板。

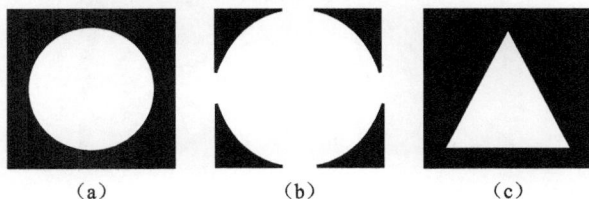

图 4-14　OTSU 分割算法模板

图 4 –15 所示为在不同光照条件下利用 OTSU 算法从场景中提取的交通标志。其中，(a) ~ (c) 的左图表示原始标志，右图表示 OTSU 二值分割图像；(d) 和 (e) 中从左至右分别表示原始标志、应用模板的 OTSU 分割算法，以及无模板的 OTSU 分割结果。

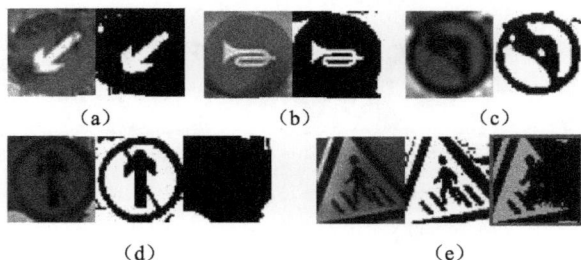

图 4 –15　分割结果

（2）辐射状的特征提取。矩运算被广泛应用于计算机视觉，特别是图形识别领域。矩运算的结果可以表达整个图像的特征，并作为一个特征向量用于图形识别。考虑到具体的应用和典型的图案分布，运用矩运算十分有效。可以将 Tchebichef 矩作为概率神经网络的输入特征。直方图特征也同样被广泛应用于图形识别中，作为分类器的输入特征或者直接用于模板匹配。

针对 OTSU 算法得到的二值化图像 I_{BE}，综合考虑矩特征和直方图特征提取辐射状的直方图特征。首先，将均一化的二值化图像 I_{BE} 等分成 N 份。然后，计算每一部分的有效图案部分作为特征向量。整个象形图案的质心位置也是一个特征。值得注意的是，几何中心指的是标志区域，而不是候选区，否则会引起计算误差，特别是对于三角形交通标志图案。图 4 –16 表示特征提取样例。其中，(a) 表示提取的原始图像，(b) 表示应用 OTSU 算法得到的二值图，它们将图像等分为 16 份。

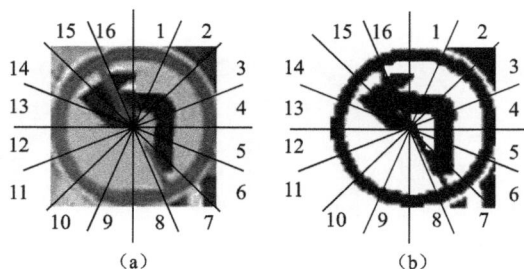

图 4 –16　特征提取样例

对均一化后得到的 48×48 像素的二值图，统计第 k 部分的有效像素点的数量 n_k，可得到整个象形图案中心点位置，如式（4 – 30）所示：

$$x_c = \frac{1}{N_p} \sum_{i=1}^{N_p} x_i, \quad y_c = \frac{1}{N_p} \sum_{i=1}^{N_p} y_i \qquad (4-30)$$

式中，(x_c, y_c) 为中心坐标；N_p 为象形图案有效像素点的总个数，即图案中的白色像素点个数，而每个白色像素点的坐标为 (x_i, y_i)。同样地，每一部分的质心也可以通过类似的方法得到。每一部分的质心与总的图案的质心距离描述为：

$$d_{ck} = \sqrt{(x_c - x_{ck})^2 + (y_c - y_{ck})^2} \qquad (4-31)$$

由此可以计算出交通标志图案的所有部分。特征向量为：

$$\boldsymbol{F}_{18} = \{ d_{c1} \cdots, d_{ck}, x_c, y_c \}^{\mathrm{T}} (k = 1, \cdots, 16) \qquad (4-32)$$

特征的提取在给定的模板下进行，以消除背景的干扰。

（3）多层感知器。在提取特征之后，选取多层感知器来实现识别内核的设计。最简单的感知器包含多个输入和多个输出，即只包含输入层和输出层。多层感知器通过增加一个或者多个隐含层来增强感知能力，因而输入层与输出层不再直接关联。

多层感知器在特征维数不高的情况下能被有效地用于交通标志识别。神经网络的设计思路如下：考虑到实现的简单性以及高效性，选取受监督的反馈神经网络。输入层包含 18 个神经元，对应从前两步中提取出的矩特征。输出层的神经元个数对应于包含的交通标志的数量。隐含层的层数以及每一个的神经元个数可通过实验优化。在实际应用中，每一个输出神经元的预测值代表着相关交通标志的相似程度，并把相似程度高的输出作为最终的结果输出。

参 考 文 献

［1］ 刘伟. 智能移动平台视觉导航技术研究［D］. 北京：北京理工大学，2007.

［2］ 吴乐林. 基于视觉的智能车辆运动控制技术研究［D］. 北京：北京理工大学，2007.

［3］ 金辉，吴乐林，陈慧岩，龚建伟. 结构化道路车道线识别的一种改进算法［J］. 北京理工大学学报，2007，27（6）：501 – 505.

［4］ 王安帅. 智能车辆结构化道路单目视觉导航技术［D］. 北京：北京理工大学，2008.

［5］ 龚建伟，王安帅，熊光明，刘伟，陈慧岩. 一种自适应动态窗口车道线高速检测方法［J］. 北京理工大学学报，2008，28（6）：486 – 490.

［6］ Zhou Shengyan, Xi Junqiang, Gong Jianwei, Xiong Guangming, Chen Huiyan, Jiang Yanhua. A Novel Lane Detection Based on Geometrical Model and Gabor Filter［C］. IEEE

Intelligent Vehicles Symposium, San Diego, California, USA, June 21 – 24, 2010: 59 – 64.

[7] Zhou Shengyan, Gong Jianwei, Xiong Guangming, Chen Huiyan, Karl Iagnemma. Road Detection Using Support Vector Machine Based on Online Learning and Evaluation [C]. IEEE Intelligent Vehicles Symposium, San Diego, California, USA, June 21 – 24, 2010: 256 – 261.

[8] Hendrik Deusch, Jürgen Wiest, Stephan Reuter, Magdalena Szczot, Marcus Konrad und Klaus Dietmayer. A Random Finite Set Approach to Multiple Lane Detection [C]. 15th International IEEE Conference on Intelligent Transportation Systems, Anchorage, AK, 16 – 19 Sept. 2012: 270 – 275.

[9] 郭烈, 黄晓慧, 刘宝印, 等. 基于道路模型的弯道检测研究与应用 [J]. 交通信息与安全, 2012, 30 (3): 141 – 146.

[10] 曹林浪. 一种二重曝光高动态的车载视觉预处理方法 [D]. 北京: 北京理工大学, 2014.

[11] 周圣砚. 基于学习算法的智能车辆非结构化道路检测技术研究 [D]. 北京: 北京理工大学, 2011.

[12] Piotr Dollar, Christian Wojek, BerntSchiele, et al. Pedestrian Detection: An Evaluation of the State of the Art [J]. IEEE Transactions on Pattern Analysis and Machine Intelligence, 2012, 34 (4): 743 – 761.

[13] Dalal Navneet, Triggs Bill. Histograms of Oriented Gradients for Human Detection [C]. IEEE Computer Society Conference on Computer Vision and Pattern Recognition (CVPR), San Diego, California, USA, June 20 – 26, 2005: 886 – 893.

[14] Dalal Navneet. Finding People in Images and Videos [D]. Nancy: Institute National Polytechnique de Grenoble – INPG, 2006.

[15] Benenson Rodrigo, Mathias Markus, TimofteRadu, et al. Pedestrian Detection at 100 Frames Per Second [C]. IEEE Conference on Computer Vision and Pattern Recognition (CVPR), Providence, Rhode Island, USA, June 16 – 21, 2012: 2903 – 2910.

[16] Sayanan Sivaraman, Mohan M. Trivedi. A Review of Recent Developments in Vision-based Vehicle Detection [C]. IEEE Intelligent Vehicles Symposium, Gold Coast, June 23 – 26, 2013: 310 – 315.

[17] Erbs Friedrich, Barth Alexander, FrankeUwe. Moving Vehicle Detection by Optimal Segmentation of the Dynamic Stixel World [C]. IEEE Intelligent Vehicles Symposium, Baden-Baden, Germany, June 5 – 9, 2011: 951 – 956.

[18] Labayrade Raphael, Aubert Didier. Robust and Fast Stereovision Based Obstacles Detection for Driving Safety Assistance [J]. IEICE Transactions on Information and Systems, 2004, 87 (1): 80 – 88.

[19] Soquet Nicolas, Aubert Didier, Hautiere Nicolas. Road Segmentation Supervised by an

Extended V-disparity Algorithm for Autonomous Navigation [C]. IEEE Intelligent Vehicles Symposium, Istanbul, Turkey, June 13 – 15, 2007: 160 – 165.

[20] 关超华. 智能车辆前方车辆检测与交通信号灯识别技术研究 [D]. 北京：北京理工大学，2009.

[21] Jiang Yanhua, Zhou Shengyan, Jiang Yan, Gong Jianwei, Xiong Guangming, Chen Huiyan. Traffic Sign Recognition Using Ridge Regression and Otsu Method [C]. IEEE Intelligent Vehicles Symposium, Baden-Baden, Germany, June 5 – 9, 2011: 613 – 618.

■第5章

无人驾驶汽车定位导航

定位技术用来提供车辆的位置、姿态等信息。它是无人驾驶汽车行驶的基础。常用的定位技术有航迹推算（Dead-Reckoning，DR）技术、惯性导航（Inertial Navigation System，INS）技术、卫星导航定位技术、路标定位技术、地图匹配定位（Map Matching，MM）技术和视觉定位技术等。除此之外，无人驾驶汽车在未知环境中从一个未知位置开始移动，在移动过程中根据位置估计和地图进行自身定位，同时在自身定位的基础上建造增量式地图，实现自主定位和导航的技术被称为同时定位与地图创建（Simultaneous Localization and Mapping，SLAM）。由于任何一种单独定位技术都有无法克服的弱点，于是组合导航成为研究的热点。组合导航系统综合了两种或两种以上的不同类型的导航传感器信息，使它们优势互补，以获得更高的导航性能。组合导航系统以其低成本、高性能的突出优点得到广泛应用。

无人驾驶汽车的定位需要获得汽车的航向数据和位置数据。本章首先介绍基于电子罗盘和速率陀螺的航向数据融合以及基于 GPS/罗盘/里程计位置数据融合，并以 BIT 号无人驾驶汽车为实例，介绍 GPS/DR 组合定位系统，然后介绍 SLAM 和车载视觉里程计的原理与应用。

5.1 电子罗盘与速率陀螺的航向数据融合

在无人驾驶汽车定位系统中，航向与位置信息是通过安装在无人驾驶汽车上相应的传感器得到的。从单个传感器得到的信息存在各种干扰和误差，而使用多个传感器信息，从冗余的信息中对数据进行融合，可以得到较为精确的定位和定向信息，从而实现较高精度的航向估计和位置估计。具体方法是在分析现有传感器的特点后建立融合模型，采用滤波算法进行融合估计。本节以电子罗盘和速率陀螺的数据融合为例进行介绍。

角速率陀螺能感受载体的转向运动，不受外界环境的干扰，但存在漂移，且漂移速率不恒定；电子罗盘感受地磁场的变化，易受外界环境的干扰。这两种传感器具有很好的互补性，而且因信息源不同，测量噪声相对独立，有利于数据的融合处理。电子罗盘和低成本固态角速率陀螺融合估计航向的方案，能实现低成本、较高精度、鲁棒的航向估计。

动态系统状态估计常用的融合算法有加权平均和 Kalman 滤波等方法。其中，Kalman 滤波算法应用最广。电子罗盘和陀螺误差模型的建立主要是通过信号采集进行辨识和分析得到的。罗盘数据经过自相关分析和频谱分析，其误差可用零均值的白噪声近似。陀螺数据的误差主要是由漂移引起的，且漂移速率缓慢变化，可用一阶马尔科夫过程来近似陀螺漂移速率。由于罗盘、陀螺融合航向数据的冗余特性，可将陀螺漂移速率作为系统状态，利用罗盘数据对陀螺漂移速率进行融合估计。实际系统的 Kalman 滤波器状态向量为：

$$X = [\varphi, \mathrm{d}\varphi, u]^{\mathrm{T}} \tag{5-1}$$

其中，φ 是载体绝对航向角，$\mathrm{d}\varphi$ 是航向角速率，而 u 是陀螺漂移速率。航向角加速率作为系统噪声，系统的观测向量为：

$$Z = [z_1, z_2]^{\mathrm{T}} \tag{5-2}$$

其中，z_1 是罗盘的输出，而 z_2 是陀螺的输出。系统离散状态方程为：

$$\varphi(k+1) = \varphi(k) + T\mathrm{d}\varphi(k)$$
$$\mathrm{d}\varphi(k+1) = \mathrm{d}\varphi(k) + w_1(k) \tag{5-3}$$
$$u(k+1) = u(k) + w_2(k)$$

其中，T 是采样周期；$w_1(k)$ 是系统噪声，方差为 Q_1；$w_2(k)$ 描述陀螺漂移速率的缓慢变化，作为弱噪声加入，方差为 Q_2。系统的观测方程为：

$$z_1(k) = \varphi(k) + v_1(k)$$
$$z_2(k) = \mathrm{d}\varphi(k) + u(k) + v_2(k) \tag{5-4}$$

其中，$v_1(k)$ 是罗盘输出数据中的白噪声，$v_2(k)$ 是陀螺数据中的白噪声，方差分别为 R_1，R_2。写为矩阵形式为：

$$X(k+1) = AX(k) + W(k)$$
$$Z(k+1) = CX(k) + V(k) \tag{5-5}$$

其中，

$$A = \begin{bmatrix} 1 & T & 0 \\ 0 & 1 & 0 \\ 0 & 0 & 1 \end{bmatrix}, \quad C = \begin{bmatrix} 1 & 0 & 0 \\ 0 & 1 & 1 \end{bmatrix}, \quad W(k) = \begin{bmatrix} 0 \\ w_1(k) \\ w_2(k) \end{bmatrix}, \quad V(k) = \begin{bmatrix} v_1(k) \\ v_2(k) \end{bmatrix}$$

系统噪声矩阵为：

$$Q = \text{diag}(0, Q_1, Q_2) \quad\quad (5-6)$$

观测噪声矩阵为：

$$R = \text{diag}(R_1, R_2) \quad\quad (5-7)$$

Kalman 滤波方程为：

$$\begin{aligned} X(k+1) &= AX(k) + K(k+1)(Z(k+1) - CAX(k)) \\ K(k+1) &= M(k)C^{\mathrm{T}}(CM(k)C^{\mathrm{T}} + R)^{-1} \\ M(k) &= AB(k)A^{\mathrm{T}} + Q \\ B(k+1) &= (I - K(k+1)C)M(k) \end{aligned} \quad\quad (5-8)$$

其中，$X(0) = X_0$，$B(0) = B_0$。

5.2 GPS/罗盘/里程计位置数据融合

GPS（Global Positioning System）具有全球、全天候、高精度、实时定位等优点，但是其动态性能和抗干扰能力较差。DR 不受外界环境的干扰影响，但定位误差随时间的累积会发散，从而导致定位精度下降。GPS 和 DR 不仅各有所长，而且具有互补性。将二者组合，可以提高系统精度，增强系统的抗干扰能力和跟踪能力。本节将介绍 GPS 和 DR 的定位原理和误差分析，提出 GPS/罗盘/里程计融合导航定位系统，并通过此系统进行 GPS/DR 位置数据融合。

5.2.1 全球导航定位系统 GPS

卫星导航定位技术中应用最广泛的是全球定位系统（GPS）。GPS 可以向全球用户提供连续、实时、高精度的三维位置、三维速度和时间信息；能够进行全球、全天候和实时的导航，且其定位误差与时间无关，具有较高的定位和测速精度。

1）GPS 组成与定位原理

GPS 由空间卫星系统、地面监控网和用户接收系统组成。GPS 定位系统各组成部分相应功能如下：

（1）空间卫星系统。空间卫星系统指 GPS 卫星星座，由 21 颗工作卫星和

3 颗在轨备用卫星组成，分布在 6 个轨道平面中，相邻轨道之间的卫星彼此呈 30°，每个轨道面上都有 4 颗卫星。在 GPS 信号进行定位导航时，为了计算车辆的三维坐标，至少必须观测 4 颗卫星。如果定位做差分 RTK（Real Time Kinematic），则基准站和移动站要同步观测至少 5 颗卫星。

（2）地面监控网。地面监控网包括 1 个主控站、3 个注入站和 5 个监测站。它们的作用是实现对空间卫星的控制。主控站拥有许多以计算机为主体的设备，用于数据收集、计算、传输和诊断等。监测站配有 GPS 接收机、环境数据监测仪、原子频标和处理机等，均为无人值守的数据采集中心。

（3）用户接收系统。用户接收系统主要由以无线电传输和计算机技术支撑的 GPS 接收机和 GPS 数据处理软件组成。GPS 接收机的主要功能是接收、追踪、放大卫星发射的信号，获取定位的观测值，提取导航电文中的广播星历以及卫星时钟改正参数等。GPS 数据处理软件的主要功能是：对 GPS 接收机获取的卫星测量记录数据进行预处理，并对处理的结果进行平差计算、坐标转换和分析综合处理，计算出用户所在位置的三维坐标、速度、方向和精确时刻等。

GPS 定位是利用到达时间测距的原理来确定用户的位置。首先测量信号从卫星发出至到达用户所经历的时间段，时间段乘以信号的速度便得到了从卫星到接收机的距离，而卫星的位置是已知的，于是通过测量与 3 个以上的卫星的距离便可以解算得到接收机的三维位置。

2）差分 GPS 定位技术

为了提高定位的精度，通常采用差分 GPS 技术进行车辆的定位。由于差分 GPS 定位方法能够完全消除多台接收机共有的误差，如卫星钟误差、星历误差，还能够消除大部分诸如电离层和对流层传播的延迟误差，因而能够比单点定位显著地提高定位精度。差分 GPS 系统由基准站、数据传输设备和移动站组成。其工作过程是：在用户 GPS 接收机附近设置一个已知精确坐标的差分基准站。基准站的 GPS 接收机连续接收 GPS 卫星信号，将测得的位置与该固定位置的真实位置的差值作为公共误差校正量，然后通过无线数据传输或电台数据传输将该校正量传送给移动站的接收机。移动站的接收机用该校正量对本地位置进行校正，最后得到厘米级的定位精度。根据差分 GPS 基准站发送信息方式的不同可以将 GPS 差分定位分为如下 3 类：位置差分、伪距差分和载波相位差分。这 3 种差分的工作方式相似，都是基准站给移动站发送改正数，移动站用此改正数来修正自己的测量结果，从而获取精确的定位结果。不同的是，所发送改正数的具体内容不一样，其差分定位精度也不同。

（1）位置差分：是最简单的差分方法，适用于所有 GPS 接收机。位置差分要求基准站与移动站观测完全相同的一组卫星。改正数为位置改正数，即基准站上的接收机对 GPS 卫星进行观测，确定出测站的观测坐标。测站的已知坐标与观测坐标之差就是位置改正数。

（2）伪距差分：是用途最广的一种技术。改正数为距离改正数，即利用基准站坐标和卫星星历可计算出站 – 星之间的计算距离。计算距离减去观测距离即距离改正数。

（3）载波相位差分：又称 RTK 技术，是建立在实时处理两个测站的载波相位基础上的。实现载波相位差分 GPS 的方法分为两类：修正法和差分法。前者与伪距差分相同，基准站将载波相位修正量发送给移动站，以改正其载波相位，然后求解坐标。后者将基准站采集的载波相位发送给移动站，进行求差解算坐标。前者为准 RTK 技术，而后者为真正的 RTK 技术。

3）GPS 误差分析

GPS 定位有 3 个前提假设：①接收机必须准确测量卫星信号的传输时间；②卫星信号必须以已知的恒定速度传输；③GPS 接收机接收的卫星信号必须沿直线传播。实际中任何不满足上述假设的因素都将导致测距误差，从而影响定位精度。

GPS 的误差源主要包括：卫星时钟误差、星历误差、电离层的附加延时误差、对流层的附加延时误差、多路径误差以及接收机本身的噪声。它们可被分为两类：一类是随时间、空间快速变化，相关性极弱的随机误差，如接收机噪声，用户、卫星钟噪声，多路径误差，电离层、大气层附加延时的随机变化部分；另一类是随时间和空间缓慢变化，相关性很强的随机偏移误差，如卫星钟对 GPS 时间的偏移，用户钟对 GPS 时间的偏移，电离层、对流层的附加延时等。

5.2.2　航迹推算

DR 利用载体上一时刻的位置，根据航向和速度信息，推算得到当前时刻的位置，即根据实测的无人驾驶汽车行驶距离和航向计算其位置和行驶轨迹。它一般不受外界环境影响，但由于其本身误差是随时间累积的，故单独工作时不能长时间保持高精度。假设无人驾驶汽车为一个质点，在一个平面上做二维运动，在二维直角平面坐标系中进行运动分析。航迹推算采用绝对坐标系，通常坐标纵轴（Y）指向北方（磁北向或真北向），而横轴（X）指向东方，如图 5 – 1 所示。

设里程计在第 $i(i=0,1,2,\cdots,$ $n)$ 个采样时间间隔内所测得的行驶距离是沿车体纵向方向的位移为 $d(i)$，罗盘测得的航向为无人驾驶汽车纵向与磁北向的夹角 $\theta(i)$（顺时针为正），而磁北向与真北向之间的夹角为 θ_c，则在第 $i(i=0,1,2,\cdots,n)$ 个采样时刻无人驾驶汽车纵向与真北向的夹角 $\theta'(i)$ 为

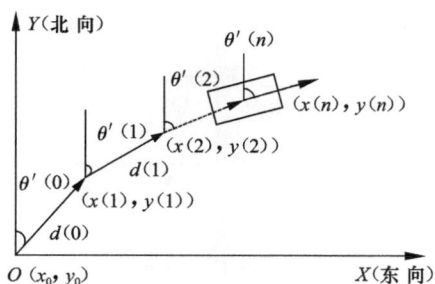

图 5-1　航迹推算定位方法

$$\theta'(i) = \theta(i) + \theta_c \tag{5-9}$$

需要注意的是，θ_c 不是常数，而是随地理纬度的增加而减小，在小的活动范围内可近似看作定值，则无人驾驶汽车在第 n 个采样时刻的位置（$x(n)$，$y(n)$）为：

$$
\begin{aligned}
x(n) &= x_0 + \sum_{i=0}^{n-1} d(i)\sin\theta'(i) \\
y(n) &= y_0 + \sum_{i=0}^{n-1} d(i)\cos\theta'(i)
\end{aligned}
\tag{5-10}
$$

其中，（x_0，y_0）是初始时刻无人驾驶汽车的位置。若采样周期 T 固定，在第 $i(i=0,1,2,\cdots,n)$ 个采样时刻无人驾驶汽车的纵向速度为 $v(i)$，则式（5-10）可记作

$$
\begin{aligned}
x(n) &= x_0 + T\sum_{i=0}^{n-1} v(i)\sin\theta'(i) \\
y(n) &= y_0 + T\sum_{i=0}^{n-1} v(i)\cos\theta'(i)
\end{aligned}
\tag{5-11}
$$

DR 方法基本上等于位移向量的不断累加。在每一采样周期内，无人驾驶汽车位置的估算取决于以前的计算周期。这样，其误差就会不断累积。

5.2.3　GPS/罗盘/里程计融合导航定位系统

1）系统组成

GPS/罗盘/里程计融合导航定位系统由 GPS 以及罗盘、里程计和导航计算机组成。组成框图见图 5-2。GPS 独立给出无人驾驶汽车所在位置的绝对经度、纬度和海拔高度，罗盘作为航向传感器测定无人驾驶汽车的航向，而里程

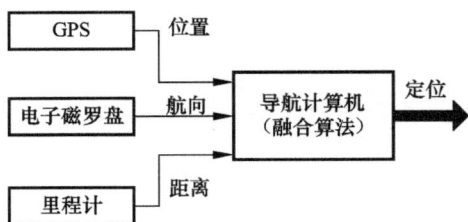

图 5 - 2　定位系统组成框图

计作为速度传感器测定汽车单位时间内行驶的路程。导航计算机采集各传感器数据并做航迹推算、GPS坐标变换及相关数据预处理，由融合算法融合估计出无人驾驶汽车的动态位置。GPS/罗盘/里程计融合导航定位系统是一种相对低成本的导航系统，在这个系统上进行 GPS/DR 数据融合，可以实现较高精度的导航定位。

2）融合系统 Kalman 滤波器的设计

融合系统 Kalman 滤波器的设计目标是综合 GPS 定位和 DR 定位的优点，实现高精度的航位估计。设计的关键是完成系统模型的建立（包括状态方程和观测方程的建立）。这是建立在传感器信号误差建模的基础之上的。

模型建立的好坏对滤波器性能的影响很大。只有在系统噪声和观测噪声是相互独立的高斯白噪声条件下，Kalman 滤波器才可能是统计最优的滤波器，否则难以取得满意的滤波效果。因此，里程计输出的脉冲数和标度因子不应直接作为状态或观测量而建立相应的观测方程或状态方程；GPS 的白噪声也应该建立相应的成形滤波器。除此之外，GPS/DR 融合还存在传感器数据更新率不同和 GPS 航迹与 DR 航迹存在一定夹角的困难，必须在算法设计中加以考虑和克服。还有，满足实时性要求也是模型与算法设计必须考虑的原则。

即使考虑了以上因素，建立的模型也可能是多种多样的，必须经过实验比较和筛选，以确定优化的模型。具体的建模过程如下：

取系统状态向量为：

$$\boldsymbol{X}(k) = \left[d_e(k), d_n(k), v_e(k), v_n(k), e_e(k), e_n(k), \theta_c(k) \right] \quad (5-12)$$

其中，d_e 表示无人驾驶汽车的东向位移，d_n 表示无人驾驶汽车的北向位移，v_e 表示无人驾驶汽车的东向速度，v_n 表示无人驾驶汽车的北向速度，e_e 表示 GPS 东向定位误差，e_n 表示 GPS 北向定位误差，而 θ_c 表示 GPS 航迹与 DR 航迹间的夹角。

观测向量为：

$$\boldsymbol{Z}(k) = \left[gx(k), gy(k), dx(k), dy(k) \right] \quad (5-13)$$

其中，gx 表示 GPS 信号坐标变换后的东向位移，且其观测噪声为 nv_1；gy 表示 GPS 信号坐标变换后的北向位移，且其观测噪声为 nv_2；dx 和 dy 分别为航迹推算得到的无人驾驶汽车在某一采样周期内的东向位移和北向位移，由以下两式定义：

$$dx(k) = d(k)\sin(\varphi(k))$$
$$dy(k) = d(k)\cos(\varphi(k)) \tag{5-14}$$

其中，d 为无人驾驶汽车在一个采样周期内的实际位移；φ 表示罗盘输出的磁航向；dx，dy 的观测噪声分别为 nv_3，nv_4。

系统噪声向量为：

$$\boldsymbol{W}(k) = [0,0,w_3(k),w_4(k),w_5(k),w_6(k),w_7(k)] \tag{5-15}$$

其中，w_3 是作为噪声处理的东向加速度；w_4 是作为噪声处理的北向加速度；w_5，w_6 是 GPS 成形滤波器的激励白噪声；w_7 表示引起 GPS 航迹与 DR 航迹间夹角 θ_c 缓慢变化的噪声。各系统噪声分量互不相关，与上述系统噪声对应的系统噪声协方差阵为：

$$\boldsymbol{Q} = \mathrm{diag}(0,0,q_3,q_4,q_5,q_6,q_7) \tag{5-16}$$

观测噪声向量表示观测向量的随机白噪声，由下式表示：

$$\boldsymbol{V}(k) = [nv_1(k),nv_2(k),nv_3(k),nv_4(k)] \tag{5-17}$$

各观测噪声分量互不相关，观测噪声协方差阵为：

$$\boldsymbol{R} = \mathrm{diag}(r_1,r_2,r_3,r_4) \tag{5-18}$$

系统状态方程：

$$d_e(k+1) = d_e(k) + v_e(k) \times T$$
$$d_n(k+1) = d_n(k) + v_n(k) \times T$$
$$v_e(k+1) = v_e(k) + w_3(k)$$
$$v_n(k+1) = v_n(k) + w_4(k)$$
$$e_e(k+1) = a_e \times e_e(k) + w_5(k)$$
$$e_n(k+1) = a_n \times e_n(k) + w_6(k)$$
$$\theta_c(k+1) = \theta_c(k) + w_7(k) \tag{5-19}$$

其中，a_e，a_n 由对 GPS 误差信号进行 AR 谱估计得到；T 为融合周期。

系统观测方程为：

$$gx(k) = d_e(k) + e_e(k) + nv_1(k)$$
$$gy(k) = d_n(k) + e_n(k) + nv_2(k)$$
$$dx(k) = v_e(k) \times \cos(\theta_c(k)) - v_n(k) \times \sin(\theta_c(k))$$
$$dy(k) = v_e(k) \times \sin(\theta_c(k)) + v_n(k) \times \cos(\theta_c(k)) \tag{5-20}$$

写成矩阵形式：

$$\boldsymbol{X}(k+1) = \boldsymbol{A}\boldsymbol{X}(k) + \boldsymbol{W}(k)$$
$$\boldsymbol{Z}(k+1) = \boldsymbol{C}\boldsymbol{X}(k) + \boldsymbol{V}(k) \tag{5-21}$$

其中，$A = \begin{bmatrix} 1 & 0 & T & 0 & 0 & 0 & 0 \\ 0 & 1 & 0 & T & 0 & 0 & 0 \\ 0 & 0 & 1 & 0 & 0 & 0 & 0 \\ 0 & 0 & 0 & 1 & 0 & 0 & 0 \\ 0 & 0 & 0 & 0 & a_e & 0 & 0 \\ 0 & 0 & 0 & 0 & 0 & a_n & 0 \\ 0 & 0 & 0 & 0 & 0 & 0 & 1 \end{bmatrix}$，由于系统观测方程为非线性方程，使

用扩展 Kalman 滤波算法。Kalman 滤波方程为：

$$X(k+1) = AX(k) + K(k+1)(Z(k+1) - C(AX(k)));$$
$$X(0) = X_0$$

$$C(k) = \begin{bmatrix} 1 & 0 & 0 & 0 & 1 & 0 \\ 0 & 1 & 0 & 0 & 0 & 1 \\ 0 & 0 & \cos(\theta_c(k)) & -\sin(\theta_c(k)) & 0 & 0 \\ 0 & 0 & \sin(\theta_c(k)) & \cos(\theta_c(k)) & 0 & 0 \end{bmatrix}$$

$$\begin{bmatrix} 0 \\ 0 \\ -v_e(k)\sin(\theta_c(k)) - v_n(k)\cos(\theta_c(k)) \\ v_e(k)\cos(\theta_c(k)) - v_n(k)\sin(\theta_c(k)) \end{bmatrix} \qquad (5-22)$$

$$K(k+1) = M(k)C^T(k)(C(k)M(k)C^T(k) + R)^{-1}$$
$$M(k) = AB(k)A^T + Q$$
$$B(k+1) = (I - K(k+1)C(k))M(k); B(0) = B_0$$

5.3　无人驾驶汽车 GPS/DR 组合定位系统实例

5.3.1　定位传感器

1）里程计

由于 BIT 号无人驾驶车辆平台的车辆总线并不对外开放，故不能直接使用其自身的里程计，但可以通过加装传感器的方式实现车辆速度和里程的测量。里程测量传感器安装在动力传动总成分动器输出轴上。其测量原理如图 5-3 所示，将齿盘固定到分动器输出轴圆盘上，并把霍尔传感器安装到正对齿盘的地方。

该里程计的输出是脉冲信号，车轮每转一圈，里程计输出 n 个脉冲，车

辆行驶距离为 L，则里程计输出的脉冲与车辆行驶的距离之间的关系为：

$$L = S_f \cdot n \qquad (5-23)$$

里程计工作的好坏主要取决于刻度系数 S_f，而影响 S_f 的误差源主要有车轮的充气程度、车轮的磨损、车辆载荷的大小、行驶中轮胎的滑动等。这些误差源将通过 S_f 反映到里

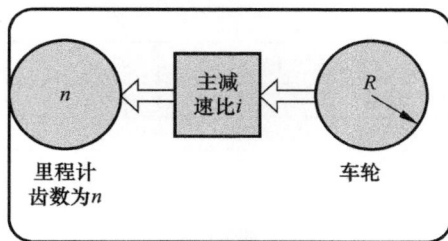

图 5-3　车辆里程计测量原理

程计的测量上，因此为了得到较高的里程或者速度测量精度，需要对里程计的 S_f 进行实验矫正，或者使用其他的测量手段对里程计的测量进行实时的补偿。

在 BIT 号无人驾驶汽车中，里程计的实时数据将通过外加的 CAN 总线传送到 BIT 号的底层控制 ECU，然后再由该 ECU 输出到各系统模块中。表 5-1 所示为 ECU 数据输出协议说明。

表 5-1　ECU 数据输出协议说明

通信方式：RS232		波特率：19 200bps	频率：10 Hz
字节	参数	格式	说明
0~2	包头	3×char	0xFF, 0xFF, 0xFF
3~4	左前轮偏角	word	Hc×0xFF + Lc
5~6	右前轮偏角	word	Hc×0xFF + Lc
7~8	速度	word	Hc×0xFF + Lc
9	紧急制动	char	0：无；1：制动
10	挡位	char	0：R；1：D
11~13	脉冲个数	3×char	Hc×0xFFFF + Mc×0xFF + Lc
14	校验	unsigned char	3~13 字节异或

2）GPS

BIT 号无人驾驶汽车上安装有 OEM4-G2 GPS 接收处理机和 GPS-700 天线。OEM4 GPS 接收处理机无法输出原始的数据，如星历和伪距等信息，而只能输出处理后的定位和姿态信息。输出的数据遵守标准通信协议 NMEA0183。这里选择较为简练的 GPGGA 格式的数据。通信协议如表 5-2 所示。

表5-2　GPGGA 协议说明

字域	参数	格式	说明
通信方式：RS232		波特率：115 200bps	频率：1 Hz
1	$ GPGGA		数据包头
2	UTC	hhmmss. ss	UTC 时间
3	lat	纬度（DDmm. mm）	llll. ll
4	lat dir	纬度方向（N：北，S：南）	a
5	lon	经度（DDmm. mm）	yyyyy. yy
6	lon dir	经度方向（E：东，W：西）	a
7	GPS qual	0＝无效，1＝单点，2＝差分，3＝RTK 固定解	x
8	#sats	参与定位解算的卫星个数（0～12）	xx
9	Hdop	水平定位精度	x. x
10	Alt	GPS 天线的海平面高度	x. x
11～15		忽略	
16	* xx	在 $ 与 * 之间的所有字节的异或校验值	* hh

3）OCTANS Ⅲ

OCTANS Ⅲ的核心是由 3 个加速度计、3 个光纤陀螺以及 1 个实时 DSP 计算模块组成的捷联惯性测量单元。实时 DSP 计算模块负责完成基于四元数代数机制的角度积分、航向搜索和基于科里奥利力的载体速度纠正等功能。

为了尽量减小环境对 OCTANS Ⅲ测量系统的干扰，使测量系统更加精确地反映出 BIT 号的姿态和加速度信息，应将 OCTANS Ⅲ测量系统安装在 BIT 号内与车体底盘平行的位置，如图 5-4 所示。OCTANS Ⅲ在陆地车辆上使用时，主要考察其航向的精度和稳定性。在其标称的技术指标中航向精度为：静态时 0.05°RMS，动态时 0.1°RMS。

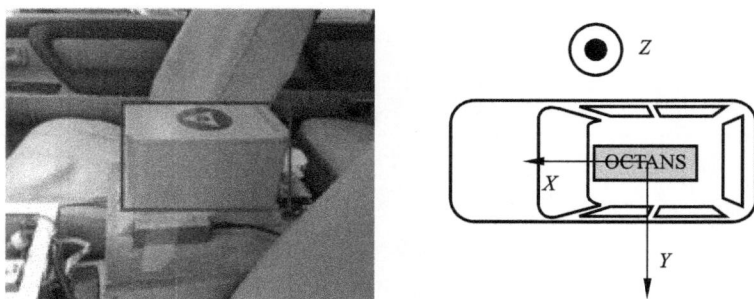

图5-4　OCTANS 设备安装图

OCTANS Ⅲ测量系统可以根据应用需求，选择不同的输出协议和格式。

针对所开发的定位系统，选择了与 NMEA0183 相兼容的 OCTANS STD1 输出协议。OCTANS Ⅲ 测量系统与定位计算机之间的通信协议说明如表 5 - 3 所示。

表 5 - 3　OCTANS Ⅲ 数据输出协议说明

通信方式：RS232		波特率：38 400bps	频率：50 Hz
字域	参数	格式	说明
1	$HEHDT		包头
2 ~ 3	head	x. xx	航向角
4 ~ 5	T		真北
6 ~ 11	* xx	在 $ 与 * 之间的所有字节的异或校验值	* hh

4）AHRS

Innalabs AHRS 是由 3 个陀螺仪、3 个加速度计以及 3 个磁力计组成的惯性测量系统，通过这 9 个传感器能够实现对载体姿态角度的完整测量。

AHRS 测量系统标称的测量精度为：静态时 0.2°RMS（航向角），0.04°RMS（侧倾角）；动态时 0.7°RMS（航向角），0.4°RMS（侧倾角）。AHRS 测量系统主要用于提供航向和加速度信息。AHRS 测量系统可以根据不同的应用需要，通过指令选择不同的输出数据格式（全数据输出、姿态角输出、姿态四元数输出和姿态角与加速度精简输出）。由于 BIT 号采用的定位系统主要关心的数据是航向角和加速度信息，因此选择了较为精简的数据输出格式。AHRS 测量系统与定位计算机的通信协议如表 5 - 4 所示。

表 5 - 4　AHRS 数据输出协议说明

通信方式：RS232		波特率：115 200bps	频率：100 Hz
字节	参数	格式	说明
0 ~ 1	航向角	2 × char	
2 ~ 3	俯仰角	2 × char	姿态角 deg × 100
4 ~ 5	侧倾角	2 × char	
6 ~ 11	三方向角速率	3 × 2 × char	deg/s × 100
12 ~ 17	三方向加速度	3 × 2 × char	g × 10 000

通信方式：RS232		波特率：115 200bps	频率：100 Hz
18~29	保留	12×char	
30~31	电压	2×char	VDC×100
32~33	工作温度	2×char	℃×100
34~35	校验和	2×char	0~33 字节的算术和

5.3.2　GPS/DR 组合方式分析

根据系统利用 GPS 信息方式的不同，基于 Kalman 滤波器的 GPS/DR 组合可分为松耦合组合定位和紧耦合组合定位两种。图 5–5 所示为松耦合和紧耦合组合定位的原理框图。松耦合直接利用 GPS 接收机输出的位置 p 和速度 v 信息，与 DR 输出的航向角 φ 和速度 v 进行数据融合（如图 5–5 实线所示）。紧耦合利用 GPS 接收机输出的原始信息（如伪距 ρ，伪距率 $\dot{\rho}$，以及星历数据等）和 DR 输出的信息（如速度变化 Δv 和航向角变化 $\Delta \varphi$）进行数据融合（如图 5–5 虚线所示）。

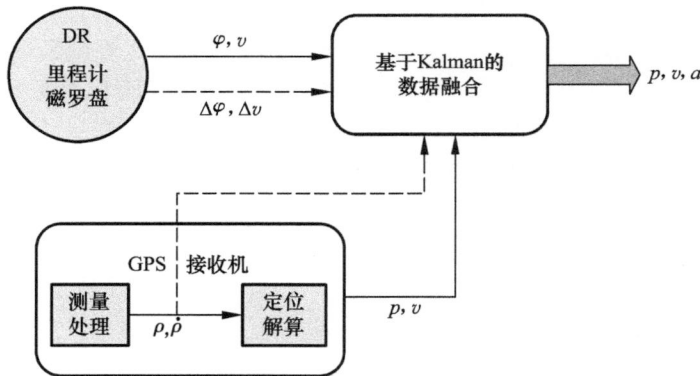

图 5–5　松耦合和紧耦合组合定位的原理

松耦合模式的优点是组合结构简单，系统开发者不需要处理 GPS 原始的观测信息。两个系统能够独立工作，使得定位系统有一定的余度。然而，这种简化也付出了性能上的代价。由于 GPS 输出的位置和速度误差具有时间相关性，故会给采用 Kalman 滤波器带来一定的难度。紧耦合模式的优点是用伪距、伪距率等作为观测量。其观测误差可以建模扩充为状态进行估计和矫正，因而可提高组合精度；同时 DR 输出的信息也可以辅助 GPS 信号的接收和锁相过程，以提高 GPS 的接收精度和动态性能。由于 GPS 只提供伪距、伪距率和星历数据，故可省去导航计算部分，便于和惯导器件进行一体化设计。然而，大的计算量和复杂的软、硬件设计将阻碍其广泛的应用。从工程实际的角度，松耦合模式简单易于实现；紧耦合模式需要 GPS 接收机能够输出原始的伪距等观测信息，而通常的接收机只能提供解算后的定位信息。

利用 Kalman 滤波器实现多个传感器的信息融合有两种途径（如图 5-6 所示）：一种是标准的集中式 Kalman 滤波器；另一种是分散式 Kalman 滤波器。

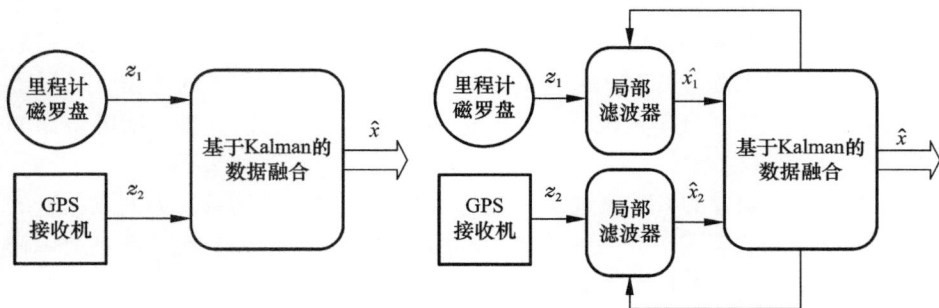

图 5-6　集中式（左）和互补式（右）组合定位原理

集中式 Kalman 滤波器就是将各传感器的观测量输入到一个单独的数据融合模型中，进行集中处理。这在理论上可以获得系统的最优估计，但是在实际应用中存在以下缺陷：

（1）集中式 Kalman 滤波器需要系统对所有观测量进行集中处理，从而导致系统状态维数较高，系统承载的计算量较大。这将严重影响滤波器的动态性能以及实时性能。

（2）对传感器数据进行集中处理也会导致滤波器的容错性能下降。如果其中一个传感器出现较大的数据偏差，则滤波器中的其他状态也可能因为误差的传播而造成污染，致使滤波整体的估计精度和工作稳定性都严重下降。

采用分散式滤波技术，就可以部分避免或者削弱上述集中式 Kalman 滤波器的缺陷。分散式滤波技术采用一个主滤波器和一组局部滤波器，以取代原有的单独的集中滤波器，同时相应的数据处理过程也由两个阶段组成。首先，局部滤波器接收来自对应传感器的信息并进行局部滤波处理，产生局部最优的状态估计。然后，各局部滤波器输出的局部状态估计送入主滤波器进行集中融合处理，产生最终的全局状态最优估计。在分散滤波过程中，由于不同传感器的数据被单独和并行处理，因而减少了计算量，计算效率得以大大提高。与此同时，局部滤波器的存在也使整个多传感器融合系统的容错能力有所提高。

互补式 Kalman 滤波器实际上是一种特殊的分散式 Kalman 滤波器。其特殊之处在于其主滤波器是基于误差状态建立的最优估计模块。多个局部滤波器状态估计的差值作为主滤波器的观测量。基于这些观测量，主滤波器输出误差状态的最优估计，然后将误差状态估计反馈到局部滤波器中并与其估计值做叠加，进而输出最终的状态估计。

5.3.3　互补式组合导航实现

传感器的选择与数据融合方法的设计是影响定位系统开发的两个关键因素。根据传感器自身的性能特性选择与之相适应的数据融合方法，以及依据数据融合方法的需求配置与之相适应的传感器，是一个相辅相成的过程。通过上述对 BIT 号无人驾驶汽车定位传感器配置的介绍及其性能的分析，能够得出如下结论：

（1）BIT 号配置的 GPS 传感器不能输出伪距和星历等信息，因此紧耦合的组合定位系统无法实现。其只能输出计算后的经、纬度坐标的现状就决定了松耦合的组合定位系统是唯一的选择。

（2）获取航向是执行航位推算的决定性因素之一。在 BIT 号配置的传感器中 OCTANS Ⅲ 和 AHRS 都能输出比较稳定的航向值并具有自寻北功能，因此，不需要再通过角速度积分获取航向，从而减小系统的复杂度。OCTANS Ⅲ 比 AHRS 输出的航向有更高的精度和动态性能，因此前者可以作为航向观测传感器。

（3）BIT 号配置的 AHRS 传感器能够输出 3 个方向的加速度。其中，作为车辆主要运动方向加速度的 Y 向加速度具有较高的精度和动态性能；X 向加速度只在车辆大角度转向时才短暂出现，且其对定位精度产生的影响较小；在针对平面坐标系下的定位系统，Z 向的加速度可不做考虑。因此，AHRS 传感器输出的 Y 向加速度可以作为定位系统的观测量之一。

基于上述的分析，通过松耦合的方式利用 GPS 信息，以互补式 Kalman 滤波方法（Complementary Kalman Filter，CKF）作为 GPS 和 DR 的数据融合途径，设计一种具有更高精度和可靠性的组合定位方案，如图 5 - 7 所示。该组合定位系统通过采用两个局部定位模块 DRKF 和 GPSPP 分别处理 DR 和 GPS 传感器的量测数据。使 DRKF 定位模块提供 10 Hz 的定位值，以及使 GPSPP 定位模块以 1 Hz 的频率提供经过坐标转换和噪声预处理后的定位数据。将两个定位模块的定位数据之差，输入到误差估计滤波器 ESKF 模块，作为其观测量，以完成定位误差的估计。估计的定位误差再反馈到 DRKF 模块，最终形成最优的定位估计值。这样，DRKF 模块就能实时地提供定位数据，并且当 GPS

有效时也能周期性地纠正 DRKF 模块的定位误差，以限制误差的累积；同时局部定位模块的设计，避免了高维数学模型的出现，使系统计算量小，滤波速度快，定位系统的实时性高。

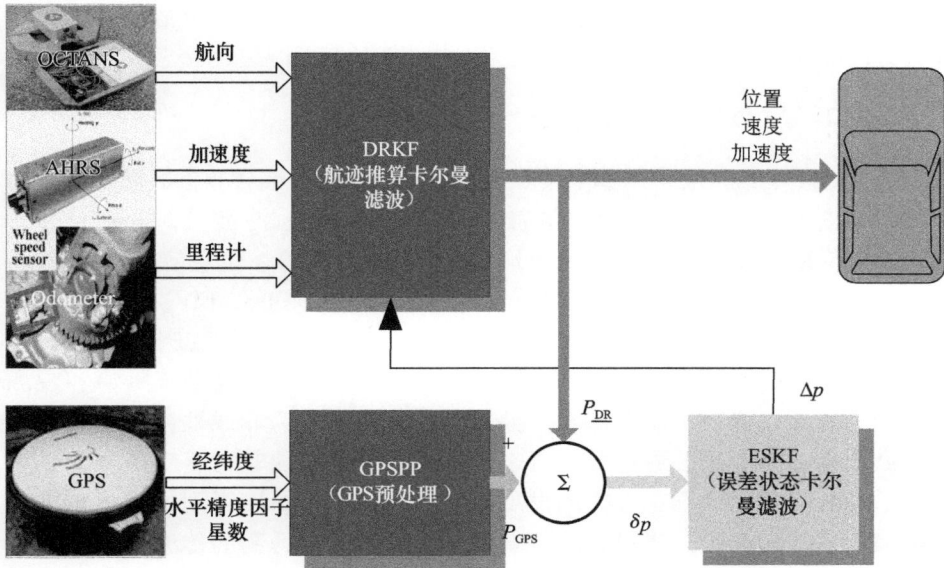

图 5 - 7　互补式组合定位系统结构框图

5.4　同时定位与地图创建

在先验地图已知的情况下，无人驾驶汽车可以根据已知地图不断进行自身位置的校正，实现精确定位；但在未知环境中，无人驾驶汽车完全没有或只有很少、很不完善的环境知识，无人驾驶汽车对环境的认识就只能通过自身所携带的传感器来获取环境信息，并经过信号处理抽取有效信息，以构建环境地图。环境地图的创建还必须知道无人驾驶汽车在各个观测点的位置，所以当无人驾驶汽车在一个未知的环境中导航时，就面临着一个两难的问题，即为了创建环境地图模型，就需要知道各个时刻的位置；而为了定位，需要知道环境的地图模型。两者间相互影响，且其各自的性能都会对对方的表现产生作用。因此，需要对两个模型同时进行维护，进行同步的定位与地图创建。

SLAM，也称并行建图与定位（Concurrent Map and Localization，CML），指的是无人驾驶汽车在未知环境中，从未知位置出发，在运动过程中通过环境信息，进行车体位置与航向的确定；同时创建环境地图并对地图进行实时更新，或在已知环境中，通过环境信息对车体位置和航向进行确定。SLAM 为车辆的位姿估计提供了新思路，在保证定位精度的同时，提高了定位信息的输出频率，最高能与环境传感器的信息采集频率相当。

5.4.1 SLAM 的实现方法

在 SLAM 中，一般采用基于贝叶斯估计的高斯滤波或者非参数滤波方法对位置状态进行滤波估计。参数滤波方法包括 Kalman 滤波（Kalman Filter，KF）、扩展 Kalman 滤波（Extended Kalman Filter，EKF）、信息滤波（Information Filter，IF）、扩展信息滤波（Extended Information Filter，EIF）等，而非参数滤波则包括了直方图滤波（Histogram Filter，HF）和粒子滤波（Particle Filter，PF）等。其中，KF 和 IF 要求系统状态方程为线性，且系统噪声和观测噪声均为高斯白噪声；EKF 和 EIF 允许系统状态方程为非线性，但也要求噪声为高斯型；粒子滤波通过采样值来拟合系统噪声，因其对于噪声类型具有广泛适应性，所以得到了极大的发展和应用。通过 SLAM 得到的结果与车体位姿信息进行融合后，将得到的位置信息与从该位置得到的传感器信息相融合，通过组合连续时刻不同位置的环境信息，则可以得到较为完整的环境重建结果。

1）基于 Kalman 滤波的 SLAM 方法

基于 Kalman 滤波的 SLAM 方法利用包含无人驾驶汽车位姿向量和环境特征向量的增广向量表示空间环境，将无人驾驶汽车运动与环境特征的关系描述为两个非线性模型，即无人驾驶汽车运动模型和观测模型。无人驾驶汽车控制信号输入到系统运动模型中，实现无人驾驶汽车的运动。Kalman 滤波算法根据系统模型实现无人驾驶汽车位姿的预测，同时无人驾驶汽车根据系统观测模型获得对环境特征的观测。预测特征和观测特征之间要进行数据关联匹配的处理，选择最佳匹配特征，用于对无人驾驶汽车位姿的更新，而候选匹配特征被认为是对环境观测获得的新特征，用于对地图的增广。

Kalman 滤波假设系统是线性系统，但是实际中无人驾驶汽车的运动模型与观测模型都是非线性的，因此通常采用 EKF 方法。EKF 通过一阶 Taylor 展开，以近似表示非线性模型。

基于 EKF 的 SLAM，可以归纳为一个循环迭代的估计－校正过程：首先通过运动模型估计无人驾驶汽车的新位置，并通过观测模型估计可能观测的环境特征，然后计算实际观测和估计观测间的误差，综合系统协方差计算 Kalman 滤波参数 K，并用 K 对前面估计的无人驾驶汽车位置进行校正，最后将新观测环境特征加入地图。扩展 Kalman 滤波最大的缺陷是假设系统中的不确定性符合高斯分布，因此对系统中的其他模型的噪声无能为力。更进一步说，KF/EKF 无法处理相关性问题，即数据关联问题。严重情况下，数据关联的不准确将导致算法发散。

应用 EKF 同时进行地图创建与定位所面临的最主要问题是定位的实时性问题。因为位姿和基于外部传感器信息的环境特征具有不确定性，用不确定的位姿去更新特征地图和用不确定的环境特征去更新位姿，它们的相关性度量是必需的，且无人驾驶汽车与环境特征之间的相关性不能独立传播。因此，在位姿与环境特征更新过程中，需计算车辆与环境特征、环境特征与环境特征之间的交叉相关性对应的协方差矩阵。降低计算复杂度的研究主要集中在减少次要特征、改进地图表示和更新等方面。

2）基于粒子滤波的 SLAM 方法

粒子滤波定位是用一个随机加权粒子集合来获得概率分布的近似，因此它不要求噪声必须严格遵循高斯分布，进而可处理任意部分的噪声。

在粒子滤波定位初始，需要设置一个初始样本集合。集合中的每一个粒子都有相应的权值，代表无人驾驶汽车在该粒子所在位置的可能性。然后应用重要性采样技术在每个递归过程中首先根据运动模型预测样本中每个粒子的后验概率，通过感知模型计算每个样本的重要性因子，再根据重要性因子决定最可能的样本。这样经过多次递归迭代，权值大的样本可能被多次选中，而权值小的粒子则很可能被丢弃。于是，误差较大位置逐渐被更可能的位置取代，即逐渐得到了无人驾驶汽车的精确位置。粒子滤波被引入 SLAM 研究中，提出了一系列同步定位和地图创建算法。

（1）FastSLAM 算法。

FastSLAM 算法由 Michael Montemerlo 提出。为了解决 EKF-SLAM 算法在大范围真实环境中计算复杂和对于失败的数据关联敏感的问题，将 SLAM 问题分解为定位问题和基于位姿估计的路标集合估计问题。FastSLAM 算法利用粒子滤波进行路径估计。路标位姿估计利用 Kalman 滤波实现，而每个不同的路标都采用独立的滤波器，用于路径估计条件下的路标位置估计。

（2）DP-SLAM 算法。

FastSLAM 算法的实现需要预先设置人工路标。为提高算法的实用性，Austin Eliazar 等提出了 DP-SLAM 算法，不需要预先设置任何人工路标。该算法以激光雷达作为环境感知设备，使用粒子滤波器近似环境地图和移动无人驾驶汽车位姿的联合概率分布，进行同步定位和地图创建。

（3）基于 Rao-Blackwellized 粒子滤波的 SLAM 算法。

在 Blackwellized 算法中，每一个粒子代表无人驾驶汽车一种可能的运动轨迹，同时每一个粒子都具有自己的全局地图，它们和该粒子的轨迹相对应。因此，该算法能够较好地近似无人驾驶汽车位姿和环境地图的联合概率密度，但当粒子数目增多，环境地图的尺寸增大时，算法会占用大量的内存，而且在重采样过程中，全局地图进行拷贝需要大量的存储空间。在 RB 滤波 SLAM 的基础上，H. Jacky Chang 等提出了基于预测的 SLAM 方法（P-SLAM），通过预测未探测区域，并将其与已知区域进行比较，实现同步定位与地图创建。

3）基于期望最大化的 SLAM 方法

基于 Kalman 模型的地图创建模型中，感知信息与存储信息之间的关系仅利用一次，以后不会重新考虑。如果未来的观测结果证明，无人驾驶汽车位置的先前估计是错误的或者不够精确的，也无法根据未来的信息及时修正先前的数据关联和地图更新。针对上述问题，可以使用基于 EM（Expectation Maximization）算法的 SLAM 解决方案。该方案将地图创建认为是在基于无人驾驶汽车运动和感知特性的概率约束条件下的最大似然估计问题。模型基于 EM 算法对两个阶段（E 步和 M 步）进行迭代处理，生成最可能的地图和无人驾驶汽车路径，达到似然空间的局部最大化。基于 EM 算法的同步地图创建与定位解决方法，充分利用过去若干时间点的数据和新的传感器数据，修改历史位置估计，因而对观测值具有鲁棒性，且观测的环境特征不必非常清晰，甚至可以是错误的。与 EKF 相比，绕过了对观测值与地图中元素数据关联的准确性的依赖，提高了算法的收敛性；但 EM 算法是局部离线最优方法，算法时间复杂度随时间递增，在 M 步最优计算中存在高维求解难的问题，制约了其在大规模环境下的应用。

4）基于信息滤波器的 SLAM 方法

与 EKF 相同，IF 是一种参数滤波方法，同样对于运动和观测中产生的噪声采用高斯模型。IF 与 EKF 的不同之处在于表示高斯噪声的形式：Kalman 滤波方法中，采用均值 $\boldsymbol{\mu}$ 和方差 $\boldsymbol{\sigma}$ 描述高斯噪声；信息滤波中采用规范化表示，由信息矩阵 $\boldsymbol{\Omega} = \boldsymbol{\sigma}^{-1}$ 和信息向量 $\boldsymbol{\xi} = \boldsymbol{\sigma}^{-1}\boldsymbol{\mu}$ 描述。对于任意 $\boldsymbol{x} \sim N(\boldsymbol{\mu}, \boldsymbol{\sigma})$，其概率表达式为：

$$p(\boldsymbol{x}) = \det(2\pi\boldsymbol{\sigma})^{-\frac{1}{2}}\exp\left\{-\frac{1}{2}(\boldsymbol{x} - \boldsymbol{\mu})^{\mathrm{T}}\boldsymbol{\sigma}^{-1}(\boldsymbol{x} - \boldsymbol{\mu})\right\}$$

$$= \underbrace{\det(2\pi\boldsymbol{\sigma})^{-\frac{1}{2}}\exp\left\{-\frac{1}{2}\boldsymbol{\mu}^{\mathrm{T}}\boldsymbol{\sigma}^{-1}\boldsymbol{\mu}\right\}}_{\mathrm{const}}\exp\left\{-\frac{1}{2}\boldsymbol{x}^{\mathrm{T}}\boldsymbol{\sigma}^{-1}\boldsymbol{x}+\boldsymbol{x}^{\mathrm{T}}\boldsymbol{\sigma}^{-1}\boldsymbol{\mu}\right\}$$

$$= \eta\exp\left\{-\frac{1}{2}\boldsymbol{x}^{\mathrm{T}}\boldsymbol{\sigma}^{-1}\boldsymbol{x}+\boldsymbol{x}^{\mathrm{T}}\boldsymbol{\sigma}^{-1}\boldsymbol{\mu}\right\}$$

$$(5-24)$$

其中，$\eta = \det(2\pi\boldsymbol{\sigma})^{-\frac{1}{2}}\exp\left\{-\frac{1}{2}\boldsymbol{\mu}^{\mathrm{T}}\boldsymbol{\sigma}^{-1}\boldsymbol{\mu}\right\}$，为常数。高斯模型的规范化表达式为：

$$p(\boldsymbol{x}) = \eta\exp\left\{-\frac{1}{2}\boldsymbol{x}^{\mathrm{T}}\boldsymbol{\Omega}\boldsymbol{x}+\boldsymbol{x}^{\mathrm{T}}\boldsymbol{\xi}\right\} \qquad (5-25)$$

由于传统的 EKF-SLAM 方法在计算时间上与特征数量的平方成正比，严重影响了 SLAM 在大规模环境中的实时性，有学者提出了基于稀疏扩展信息滤波器（Sparse Extended Information Filters，SEIFS）的 SLAM 方法。该方法通过发掘 SLAM 问题的内在结构，将地图用环境特征的局部网状结构来表示，实现了定步长且更新时间与特征数量无关的 SLAM 方法。

5.4.2 SLAM 理论发展的关键问题

尽管 SLAM 算法的理论已经有了很好的基础，但是要将其运用于实际应用中，特别是大型的非结构化环境下的 SLAM，仍有大量理论和实际的问题需要解决，主要包括：

1）不确定性处理

SLAM 的困难首先存在于系统无处不在的不确定性。无人驾驶汽车本身的机械性能或未知外力造成的不确定性将导致运动估计出现误差。观测的不确定性（包括传感器的不确定性和数据关联的不确定性）将导致校正失败，更不必说动态环境中的环境不确定性。如何处理不确定性，尽量减少各种客观存在的不确定性引起的误差，既是 SLAM 的关键，也是各种算法的精髓。

2）数据关联

数据关联是对两个特征标志进行匹配，确定它们是否对应环境中的同一特征。数据关联不准确将导致滤波器发散。SLAM 过程中数据关联主要完成两项任务：新环境特征的检测和特征匹配。虽然在目标跟踪、传感融合等领域，数据关联已经得到较好的解决，但这些方法的计算量大，不能满足 SLAM 的实时性要求。譬如实现 m 个观测特征与拥有 n 个特征的地图之间的数据关联，其复杂度与 m 呈指数关系。假设每次观测到的特征 i 都有 n_i 个可能的匹配，那么对于 m 个标志需要在指数空间 $\prod_{i=1}^{m}n_i$ 中搜索正确的匹配。数据关联的搜索空间与环境的复杂程度以及无人驾驶汽车的定位误差有关，环境的复杂程度的增加会使 m 增大，而误差的增大会使 n_i 增大。目前常采用的数据关联方法是最近邻法（Nearest Neighbor，NN）。该方法简单，但对距离很近的两个特征，算法容易导致关联不准确。近年来关于数据关联的研究逐渐增加，相继提出了基于联合兼容性测试的数据关联方法，基于几何关系的数据关联方法等。尽管基于概率的方法巧妙地绕过数据关联问题，但非常高昂的计算代价不利于其在大规模环境下的应用。

3）计算复杂度

无人驾驶汽车要求地图创建与定位必须能够在线计算，因而对计算复杂度的要求是非常苛刻的；而在 SLAM 中因为是无人驾驶汽车与特征标志之间的相对观测，所以无人驾驶汽车位姿的估计误差与地图的估计误差强相关，在估计过程中必须保存这些状态之间的相关性（即保存整个协方差矩阵 $\boldsymbol{P}$），以得到估计的一致性。这样，算法的空间复杂度应为 $O(n^2)$（n 为地图中路标的个数）。针对系统对计算复杂度的要求，为保证一致估计，每次测量后都必须对协方差矩阵 $\boldsymbol{P}$ 做更新操作，时间复杂度为 $O(n^3)$，利用观测矩阵的稀疏特性和静态路标的特点，时间复杂度可降为 $O(n^2)$。这样仍然不能满足大规模地图构建和实时导航的需要，因此研究如何降低 SLAM 算法的复杂度具有积极意义。

4）积累误差

SLAM 中的误差主要来自 3 个方面：观测误差、里程计的误差和错误的数据关联带来的误差。当无人驾驶汽车在已知地图的环境中进行定位时，无人驾驶汽车可以通过观测位置已知的特征标志对里程计的误差进行补偿，而每次观测都使无人驾驶汽车的位置误差趋向于观测误差与特征标志的位置误差之和。然而，由于无人驾驶汽车的位置和环境中的特征标志的位置都是未知的，故观测信息不能有效地纠正里程计误差，无人驾驶汽车的位置误差的增大将导致错误的数据关联，从而增大特征标志的位置误差；反过来，特征标志的误差又将增大无人驾驶汽车的位置误差。因此，无人驾驶汽车的位置误差与特征标志的位置误差密切相关。它们之间的相互影响使无人驾驶汽车和特征标志的位置估计产生累积误差，难以保证地图的一致性。

5）地图表示法

基于几何特征的环境地图表示法，由于具有存储空间简约、直观且易于实现等优点，是 SLAM 研究中应用最广泛的表示方法。然而，SLAM 问题属于超多维问题，譬如基于路标特征的 SLAM 问题中，假设路标在系统坐标中的位置为 (p_x, p_y)，二维空间中无人驾驶汽车的位姿为 (x, y, θ)，环境地图中有 n 个路标，则系统就需要 $2n+3$ 个参量与之相对应。可见，当无人驾驶汽车运动空间较大时，随着无人驾驶汽车不断地进行环境特征提取，环境特征数目 n 将达到上百，甚至上千个数量级。这对计算机存储和处理提出了更高的要求。另一种常用环境描述法是基于网格的地图表示法，但它同样受到环境规模和栅格分辨率的影响：分辨率低对环境的表示精度降低；分辨率高，且环境地图大，则内存的消耗量大，特别是对三维地图尤为明显。可见，研究地图的表示法，特别是三维环境下的地图表示法，在 SLAM 研究中具有现实意义。

在 SLAM 20 多年发展中，其研究范围不断扩大，从有人工路标到完全自主，从户内到户外，从二维到三维，SLAM 的研究已经在理论和实践方面取得了很大进展，建立了一批实用性很强的 SLAM 方法，并已应用于各种不同的环境。

5.4.3　SLAM 应用举例

SLAM 不仅仅是机器人领域的重要研究方向，对于无人驾驶汽车而言也意义重大，并获得广泛的关注和研究。相比机器人，无人驾驶汽车不仅运行的环境复杂度更高，且要求算法的实时性，以保证计划任务的执行。本节旨在通过一个简单的例子对 SLAM 方法在无人驾驶汽车上的应用进行介绍。例子中采用的 SLAM 方法使用的是激光雷达环境传感器，在二维平面上通过直方图滤波技术对车辆进行定位，并建立环境的占据栅格地图（Occupancy Grid Map，OGM）。整个过程可以分为环境地图的创建与更新和车辆定位两部分循环进行。

1）环境地图的创建与更新

对于环境的描述有多种方法，大体上可以分为栅格地图、基于特征的几何信息表示，以及拓扑地图。由于实验中环境范围较大且特征复杂，不易于提取出特定的一种或几种特征，而栅格地图更易于创建和维护。此外，占据栅格地图既可以容纳无人驾驶汽车定位信息中的噪声，同时也可以容纳传感器信号中的噪声。OGM 将环境划分为 n 个具有固定大小的网格 m_i，$i \in [1, n]$。这里根据无人驾驶汽车避障的要求将栅格大小设置为 0.2 m。对于每个网格 m_i 通过赋予其一个概率值 $p(m_i)(0 < p(m_i) < 1)$ 表示该网格位置存在障碍物的可能性，并令：

$$p(m) \begin{cases} > 0.5 & \text{OCC} \\ = 0.5 & \text{UNKOWN} \\ < 0.5 & \text{EMP} \end{cases} \qquad (5-26)$$

其中，OCC 表示栅格中存在障碍物，UNKOWN 表示栅格状态未知，而 EMP 表示栅格中不存在障碍物。在 SLAM 过程的初始时刻，可令地图中所有栅格的初始状态为 UNKOWN，表示环境未被探索。

在 SLAM 过程中，无人驾驶车辆需要根据车辆定位结果和激光雷达的数据对地图状态进行更新。根据贝叶斯原理，任意 t 时刻占据栅格地图状态可通过概率计算：

$$p(\boldsymbol{M} \mid \boldsymbol{X}_{1:t}, \boldsymbol{Z}_{1:t}) = \frac{p(\boldsymbol{M} \mid \boldsymbol{X}_{1:t}, \boldsymbol{Z}_{1:t-1}) \cdot p(\boldsymbol{Z}_t \mid \boldsymbol{X}_{1:t}, \boldsymbol{Z}_{1:t-1}, \boldsymbol{M})}{p(\boldsymbol{Z}_t \mid \boldsymbol{X}_{1:t}, \boldsymbol{Z}_{1:t-1})}$$

$$(5-27)$$

其中，t 为数据采集时刻，$\boldsymbol{X}$ 表示车辆位姿，而 $\boldsymbol{Z}$ 表示激光雷达测量数据。由于计算公式（5-27）需要记录大量历史数据并随运行时间的增长而导致数据量不断增大，因此不能满足无人驾驶汽车高速和实时计算的需求。式（5-27）可以进一步简化为：

$$p(\boldsymbol{M} \mid \boldsymbol{X}_{1:t}, \boldsymbol{Z}_{1:t}) = \frac{S}{1+S} \qquad (5-28)$$

$$S = \frac{p(\boldsymbol{M} \mid \boldsymbol{Z}_t, \boldsymbol{X}_t)}{1 - p(\boldsymbol{M} \mid \boldsymbol{Z}_t, \boldsymbol{X}_t)} \cdot \frac{p(\boldsymbol{M} \mid \boldsymbol{Z}_{1:t-1}, \boldsymbol{X}_{1:t-1})}{1 - p(\boldsymbol{M} \mid \boldsymbol{Z}_{1:t-1}, \boldsymbol{X}_{1:t-1})} \qquad (5-29)$$

在使用式（5-28）和式（5-29）对地图进行更新的过程中，车辆的位姿 $\boldsymbol{X}_t$ 已知，同时 $t-1$ 时刻地图的状态 $p(\boldsymbol{M} \mid \boldsymbol{Z}_{1:t-1}, \boldsymbol{X}_{1:t-1})$ 也是已知的，则式中唯一的未知量 $p(\boldsymbol{M} \mid \boldsymbol{Z}_t, \boldsymbol{X}_t)$ 表示在当前车辆位姿上通过激光雷达的测量得到的环境栅格状态。如图 5-8 所示，在将激光雷达数据根据车辆位置 $\boldsymbol{X}_t$ 投影到栅格地图中后，可以计算相应栅格的 $p(\boldsymbol{M} \mid \boldsymbol{Z}_t, \boldsymbol{X}_t)$ 值。

图 5-8　传感器模型与栅格地图
（a）反式传感器模型；（b）数据采集场景；（c）激光雷达建立的栅格地图

2）基于直方图滤波的车辆位姿计算

在无人驾驶汽车位姿计算过程中，首先通过无人驾驶汽车上安装的里程计得到车辆的原始定位信息。然而来自里程计的定位是存在一定误差的，并伴随行驶时间的增长而不断变大，因此需要采取其他措施对其进行纠正。由于无人驾驶汽车在平面二维空间的运动为连续运动，其在状态空间的位置不可能突变，因此可以估计一个车辆定位在状态空间内的偏差范围。这里称这个偏差范围为状态空间偏差。将状态空间偏差离散化，得到无人驾驶汽车状态空间偏差表，如图 5－9 所示。若车辆理想位姿为零偏差位置，则可以得到车辆下一时刻的位姿估计范围。

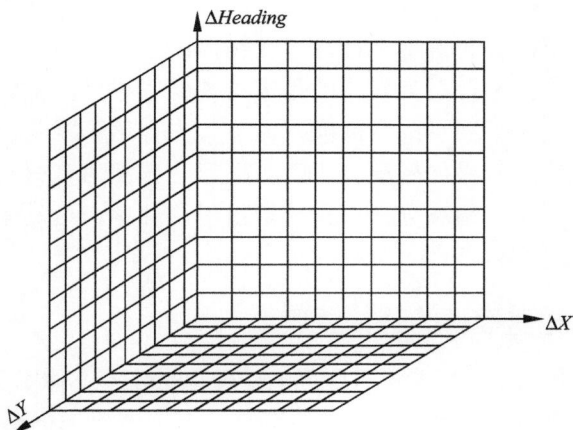

图 5－9　离散化的状态空间偏差

在原始定位信息的纠正过程中，在定位状态空间偏差范围内进行遍历操作，而为了确定更为准确的位姿信息，就需要一个评价机制。实验采用的是一种投票机制。遍历过程中，将该时刻激光雷达的数据投影到相应的车辆位姿上，激光雷达的测量点则会落到地图中不同的栅格当中。如果雷达测量点所在栅格的概率大于预设的一个阈值，则相应增大该偏差位置的权值。比较所有激光雷达测量点所在栅格的概率值后，该偏差位置的权值可表示为：

$$score = \sum p(m_{t-1}^{hit_k}) \tag{5 - 30}$$

其中，$m_{t-1}^{hit_k}$ 表示第 k 束激光终点对应在全局地图中的栅格，而 $p(m_{t-1}^{hit_k})$ 则表明该栅格被占据的概率。在遍历所有偏差范围后，权值最大的偏差位置被选中为车辆的实际位置，并参与占据栅格地图的更新过程。

5.5　视觉里程计

随着计算机视觉技术的发展，视觉传感器越来越多地被用来进行车辆定位和运动估计。首先，视觉传感器所提供的丰富的感知信息，既可以满足车辆自定位要求，也能够为其他重要的任务提供信息，如目标检测、避障等；其次，视觉传感器相对其他传感器来说成本较低，且体积小，在布置上更为灵活。另外，基于视觉的定位和运动估计还可以独立于地形以及地形－轮胎接触特性，如不受轮胎打滑的影响等。因此，近年来大量研究者对车载视觉里程计技术进行了研究，也获得了许多的成果。视觉定位技术主要是根据车载摄像机实时拍摄的视频信息来计算运动物体的运动参数，以实现无人驾驶汽车的自主定位。其中，最为常见的是车载视觉里程计。它能够综合完成目标检测、避障等任务，而且成本低廉。本节首先介绍了视觉里程计的基本原理与相关技术，然后从摄像机配置、计算框架等方面对其进行分类，并对现有的研究状况进行了介绍和分析，最后给出了一种考虑运动学约束的视觉里程计算法。

5.5.1 视觉里程计的基本原理

视觉里程计利用车载摄像机采集到的图像信息恢复车体本身的六自由度运动，包括三自由度的旋转和三自由度的平移。由于类似于里程计的航迹推算，这种基于图像信息的自运动估计方法被称为视觉里程计技术。视觉里程计的基本步骤包括特征提取、特征匹配、坐标变换和运动估计。当前大多数视觉里程计系统仍是基于此框架。

与视觉里程计技术联系非常紧密的两个研究领域是形状信息运动复原（Structure from Motion，SFM）算法和SLAM算法。在视觉SLAM问题中，需要同步实时估计摄像机本身的位置以及所检测的路标的空间位置及其关联，从而对其所处的环境进行地图创建。早期的SLAM算法需要依靠那些能够获得深度信息的传感器，如激光雷达、声呐等；而近年来单纯依靠机器视觉的V-SLAM开始得到关注，如单目视觉SLAM算法。其计算机制在本质上与基于非线性滤波器的视觉里程计系统非常相似。

SFM算法，也就是从二维图像数据中恢复三维场景结构以及摄像机本身的六自由度运动的方法。在这里，摄像机提供的观测量都是特征位置在摄像机坐标系下的二维投影。在经典的视觉SLAM的术语中，可以说SFM的设备只提供了方位而没有范围。对于两帧视觉里程计，有研究者将其称为基于SFM技术的视觉里程计，可以视为不需要估计场景结构的SFM算法，或者简化了的SFM算法。所以，此类视觉里程计算法的核心模块大多来自经典SFM算法。

5.5.2　视觉里程计算法分类

近年来，车载视觉里程计技术已经获得了许多研究成果。接下来将从系统构成的角度，包括所利用的视觉信息类型、摄像机数量、摄像机类型、计算框架，以及是否与其他传感器融合等5个方面对其进行分类，详细介绍现有视觉里程计系统的研究进展。

1) 离散方法与连续方法

从所利用视觉信息的角度分类，视觉里程计技术主要有基于特征的离散处理方法和基于光流（Optical Flow）的连续处理方法。早期研究主要是基于光流，利用摄像机拍摄的时间序列图像来估计光流，但它需要对图像亮度恒定性做出很强假设，即认为连续帧图像亮度基本不发生改变。而在实际应用中，由于遮挡、多光源、透明和噪声等原因，无法满足光流场的灰度守恒假设条件，不能求解出正确的光流场；同时大多数的光流方法相当复杂，计算量巨大。因此，近年来的研究主要集中在基于特征的离散处理方法。

2) 单目视觉与双目视觉

从使用摄像机的个数来分类，视觉里程计可以分为单目视觉系统和立体视觉系统，其中立体视觉里程计绝大多数指的是双目视觉。在大部分情况下立体视觉的效果要优于单目系统，最主要原因在于，使用单目视觉会碰到尺度歧义问题，而采用立体视觉便不存在此问题。采用双目摄像机在尺度估计方面的优势，在于能避免艰难的相对姿态求解步骤，以及对运动退化良好的抵抗能力。根据现在的研究情况来看，采用单目视觉和立体视觉的方案各有其应用场合，但也有分析认为：单纯依靠视觉进行摄像机姿态估计与运动复原时，双目立体视觉才是发展趋势。

3) 透视摄像机与全方位摄像机

从所使用的摄像机类型来看，视觉里程计又可分为透视摄像机系统与全方位摄像机系统。当前大部分算法采用的依然是提供有限视角范围的透视摄像机。对透视摄像机来说，由于全局信息的缺乏，当摄像机姿态变化的幅度超出视野范围时，很容易出现估计的断档和失效。倘若需要对较大幅度的位姿变换进行估计，采用全方位摄像机的优点便凸显出来。对于接近球面视野的全方位摄像机来说，特征可以在视野中存在更多时间，空间上的扩大也使得特征匹配的正确程度大大提高。

然而，全方位摄像机视野的扩大是以牺牲分辨率为前提的，在需要精度非常高的应用场合采用全方位摄像机的算法仍需改进。

4）两帧方案与多帧方案

从恢复姿态所需要的图像的帧数来分类，视觉里程计系统可以分为两帧方案和多帧方案。其中多帧方案又可以依据计算方式分为"批处理"方式和递归方式两种。视觉里程计中的两帧方案典型地来自 SFM 算法，也就是利用连续两帧图像的特征信息，来求解位姿变换。经典的视觉里程计系统大多基于这种计算框架。

在多帧方案"批处理"算法中应用最广泛的是光束法平差（Bundle Adjustment）。全局的光束法平差算法是一种非常耗时的计算过程，其基本原理是迭代优化摄像机姿态以及点的三维坐标，从而获得最小化所有帧的重投影误差的最优最小二乘解，包括 Levenberg-Marquardt 最小化来求非线性解，以及高斯牛顿法加梯度下降等都常常被采用。光束法平差的计算结果精度非常高，但是计算效率非常低，以致无法在实时系统中使用，最初只用于离线仿真和参数优化等。直到关键帧概念被提出，该方法才开始在实时系统中应用，但是关键帧的选择又成为该算法中的又一个难题。因为如果两个连续关键帧之间没有足够的相对运动，对极几何约束计算便会成为一个病态问题；如果两关键帧之间间距过长，插值又不能产生精度足够高的计算结果。采用分层算法可以将一个大的图像序列递归地进行分裂，直至每个部分都只含有 3 帧图像。然后对每个 3 元组用光束法平差进行计算，从而避免了关键帧的选择问题。另外，光束法平差在众多的两帧算法系统中也得到了应用。这是由于两帧算法是增量式计算姿态的方法，不可避免地会存在累积误差，于是结合多帧方法来做精细化，以减小累积误差，增强鲁棒性，是一种很好的选择。

多帧方案的递归算法，也就是采用非线性滤波器来对系统进行递归估计。与两帧算法或光束法平差不同，多帧递归算法将非线性问题交给滤波器来做线性化逼近。其中，最常用的是扩展 Kalman 滤波和无迹 Kalman 滤波。前者利用高斯分布的特性进行精确的线性化，而后者则通过考虑高斯分布的无迹变换获得更好的估计。有研究者认为，UKF 在处理非线性问题中虽然计算效率较低，但效果要优于 EKF，因为对高斯分布 UKF 接近于 3 阶精度，而 EKF 仅接近 1 阶。采用迭代 Sigma 点 Kalman 滤波器，与采用一阶泰勒展开的传统 EKF 相比，基于 Sigma 点均值和方差传播的迭代优化能够获得更佳的估计结果，且收敛速度要快 60 倍。

在多帧递归方案中，一般基于 Kalman 滤波计算框架的系统都在特征匹配时做较强的约束，如极线限制等牺牲特征的数量来降低误匹配的程度，从而跳过异常值的问题。但是递归方案的另一个难题是，特征会消失，也会有新的特征进入，如何为此来改变状态量？针对这个问题，可以相应地采用变状态维数的滤波器或者采用并行的"子滤波器"来应对新进入的特征。

5）纯视觉系统与混合系统

根据前文定义，仅仅依靠视觉信息输入的里程计系统被称为纯视觉系统。这里提到的绝大部分算法都属于纯视觉系统，但是对于增量式的两帧视觉里程计的累积误差，除了光束法平差，也可以采用能提供全局定位信息的全球定位系统（GPS），或能够提供短期精度高的高频数据的惯性导航元件（IMU）等来改进系统性能。这种依靠其他传感器来辅助视觉进行定位导航的系统被称为混合系统。它们大都是基于非线性滤波器，如 EKF，UKF 等的数据融合机制。其中，又以摄像机 – IMU 的融合系统应用最为广泛。然而引入附加传感器的做法可能会带来新的问题，如多传感器间位置关系的精确标定，正确的数据融合等，仍需要进一步研究。

5.5.3 两帧视觉里程计算法中的关键问题

经典视觉里程计系统大多基于两帧计算框架。两帧视觉里程计算法的核心算法模块一般包括特征选择与匹配以及基于所选择特征集合的鲁棒运动估计。其中，鲁棒运动估计又由从噪声数据中选择内数据和依据理想数据求解方位两个部分组成。接下来对这些步骤的现有技术状况进行分析与讨论。

1）特征的选择与匹配

视觉里程计的关键工作之一，就是得到一些稳定鲁棒的特征。用于恢复摄像机位姿的特征应当具有良好的光度不变性和几何不变性。前者是指当两个视角有较大的光线变化时，从对应两帧图像所检测到的特征依然对应相同的三维世界坐标系点。后者则表示特征在任何投影变换后性质不发生改变。例如投影变换后的点还是点，直线还是直线。这种几何不变性可以说是基于特征的位姿恢复算法的重要基础。

点特征、线特征和曲线（轮廓）特征都可以用于解算两个视角之间的几何变换关系。其中，Harris 角点和尺度不变特征变换（SIFT）特征点得到了最为广泛的应用。Harris 角点在较大范围的光度变化和几何变换中能够保持良好的不变性，并且在信息丰富度方面的表现非常优秀。许多基于视觉的位姿估计系统都采用了 Harris 角点或其改进版本（FAST 角点等）作为其特征检测的对象。

不过，倘若场景中存在成簇的或是重复的纹理特征，则角点可能会失效，并不是因为它们不具备良好的判别能力，而是在匹配时容易产生误匹配。由于 Harris 角点的这一缺陷，所以 SIFT 特征点更适合应用在视觉姿态恢复系统中。SIFT 特征点对图像的平移变换、尺度变换和旋转变换，一定程度的光照变化、仿射变换或三维投影变换都具有良好的不变性。近来也有许多研究者在他们的系统中采用了 SIFT 特征点。但是，SIFT 特征点的缺点主要在于计算复杂、效率低下。所以，SIFT 特征点更适合于应用在那些对系统频率要求不高的场合。除了 Harris 角点和 SIFT 特征之外，应用较多的特征还有 Shi-Tomasi 特征点，加速鲁棒特征（SURF）等。

特征检测完成之后，需要对连续帧的特征进行匹配，以生成可以用于估计姿态的特征集。最简单常用的匹配方案是绝对误差和（SAD）和零均值归一化互相关（ZMNCC）。在大部分情况下，前者的效率更高，而后者的鲁棒性更佳。当然，不同的特征检测对应不同的特征匹配方法，对 SIFT 特征点来说最合适的匹配方法是最邻近算法。考虑到特征数量一般都非常多，直接搜索最邻近匹配需要大量的计算时间，而用一种基于 $k-d$ 树搜索的 Best–Bin–First 算法为所有的特征点寻找最佳匹配，可以比直接搜索节省大量时间。

2）基于噪声数据的内数据提取

在实际中，由特征检测与匹配得到的特征数量远大于求解的需要，并且由于不可避免的误差，得到的特征集合实际上是一个噪声数据集。传统的方法是利用所有点做全局直接最小二乘或是更鲁棒的加权最小二乘来求解此超定方程，没有任何抛弃误匹配数据的机制。如今，基于统计学的假设–验证结构算法能够从这样的噪声数据中寻找正确的内数据，正逐渐成为解决该问题的通用方法。其中，最常用的就是随机采样一致性（RANSAC）算法。

RANSAC 算法首先从全部的观测数据中选择一定数量的随机集合，然后用每一个随机小特征集进行求解。此前的步骤被称为假设生成。最后在全部的观测数据上验证，通过某种函数形式计分，分最高者作为最终结果。与剔除异常值相对应的另一种获得理想特征集的思路是直接用基于最大团的方法检测内数据。

3）从理想数据集中求解方位

根据两个视角的数据坐标性质，从特征点集计算姿态的问题包括 3 类：第一类为 3D–3D 点配准问题，也称绝对定姿问题；第二类为 3D–2D 点配准问题，又称 N 点透视投影（Perspective View of N Points，PNP）问题；第三类为 2D–2D 点配准，称相对定姿问题。

绝对定姿的基础是在每个相机参考系下的坐标都可以获得场景点的三维坐标，主要出现在立体视觉配置中。求解方法包括奇异值分解（Singular Value Decomposition，SVD）和四元数法。N 点透视投影估计位姿的两个数据点集分别是一个视角下的二维图像坐标和另一个视角坐标系下的三维世界坐标。一般来说，有 3 对 3D–2D 点关联就可以求解，称三维 P3P 问题。P3P 问题的求解主要是用代数方法将多自由度约束方程的维数削减，得到一个一元高次多项式方程。求解此一元多项式方程的所有可能解后再倒推其他的参数。P3P 方法也主要用于立体视觉配置。相对定姿则是采用单目视觉所不可避免的。Stéwenius 对截至 2006 年相对定姿问题的最小集求解算法做了总结，比较了包括 Nistér 的高效五点算法和其他多种 N（$N = 6 \sim 8$）点算法，证明了高效五点算法在数值稳定性、计算效率和对场景退化的处理能力方面都有较为优秀的综合性能，所以它在单目视觉里程计系统中应用广泛。

5.5.4　考虑运动学约束的视觉里程计算法

视觉里程计算法已经获得了许多研究成果，但是单纯依靠视觉的自主车辆定位与导航技术还不够成熟。在 2007 年的 DARPA 城市挑战赛中，单纯依靠视觉的定位系统没有获得最好的效果；在火星探测车上，视觉定位系统也只是 INS 的辅助。所以，视觉里程计算法中还有许多问题亟待解决，如追求更高效率、精度的特征检测与匹配算法，将"批处理"算法与递归算法结合，将视觉里程计系统与基于视觉的行人检测、车辆检测或道路检测结合起来等。

早期的视觉里程计系统根据传统的 SFM 算法思想将摄像机的运动视为无约束的六自由度运动，包括 3 个角度的旋转与 3 个方向的平移。近年来越来越多的研究者致力于将摄像机安装平台的影响，即车辆运动学约束引入到视觉里程计算法当中。下面分别介绍考虑车辆运动学约束的单点算法和三点算法。

1）考虑非完整约束的单点算法

考虑无人驾驶汽车的低速转向运动状况，低速时车辆横向加速度较小，轮胎不需要产生侧偏力，没有侧偏角，若再假设车辆运动为平面运动，此时车辆转向可以用阿克曼转向模型来描述。对于存在转向平面运动的陆地轮式车辆，根据阿克曼转向原理，存在一个点，使 4 个车轮均绕其做圆周运动。这个点就是瞬时转向中心。对于和汽车固连的摄像机，其局部运动可以用圆周运动来描述，而直线运动则可被视为无限半径的转向运动。

假设车辆平面运动第一时刻到第二时刻的横摆角为 θ，第二时刻与第一时刻的相对位置用极坐标（ρ，ϕ）描述（如图 5 – 10 所示），则可以得到此时在上述坐标系下的旋转矩阵 $\boldsymbol{R}^*$ 与平移向量 $\boldsymbol{T}^*$ 的表达式：

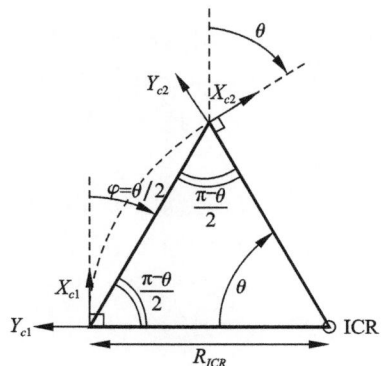

图 5 – 10　绕瞬时转向中心的运动

$$R^* = \begin{bmatrix} \cos(\theta) & -\sin(\theta) & 0 \\ \sin(\theta) & \cos(\theta) & 0 \\ 0 & 0 & 1 \end{bmatrix}, \quad T^* = \rho \begin{bmatrix} \cos(\phi) \\ \sin(\phi) \\ 0 \end{bmatrix} \quad (5-31)$$

由于摄像机坐标的 X 轴始终垂直于当前摄像机原点与瞬时转向中心的连线，易得到 $\phi = \theta/2$，由 $E = [T^*]_\times R^*$ 得到：

$$E = \rho \begin{bmatrix} 0 & 0 & \sin\left(\dfrac{\theta}{2}\right) \\ 0 & 0 & -\cos\left(\dfrac{\theta}{2}\right) \\ \sin\left(\dfrac{\theta}{2}\right) & \cos\left(\dfrac{\theta}{2}\right) & 0 \end{bmatrix} \quad (5-32)$$

此时可以看到，E 变成了 θ 的单参数非线性函数，在求解上比原有的六自由度函数简单了很多。

在 Scaramuzza 的一系列研究中都以上述平面转向约束为基础，被称为单点算法。推导得到每一个时间间隔内车辆横摆角变化值的闭式解为：

$$\Delta\theta = -2\tan^{-1}\left(\frac{y_2 z_1 - z_2 y_1}{x_2 z_1 + z_2 x_1}\right) \quad (5-33)$$

因此，单点算法中在每个时间间隔中只需要一对特征点就能求解出车辆横摆角变化值，在无人驾驶汽车研究领域也称航向角变化值。

2）引入车体俯仰与侧倾运动的车辆运动学模型约束的三点算法

平面 Ackermann 转向模型的引入，说明了在视觉里程计系统中引入车辆运动学约束，对本征矩阵的计算与分析所起到的作用，但是对于可能面对复杂道路环境的无人驾驶汽车来说，平面运动假设显然不能满足实际的需要。这是因为在实际的车辆运动过程中，摄像机固连于簧上质量，即使是在平坦道路上行驶，车体的俯仰与侧倾变化也是不可避免、不能忽略的。将该平面模型推广到三自由度，相应地推导无人驾驶汽车三自由度运动模型对本征矩阵 E 的参数化带来的影响。

采用车辆运动学研究中更为通用的 RPY（Roll – Pitch – Yaw）转换模型，即引入车体的俯仰与侧倾运动，将运动模型从单自由度增加到三自由度。对本征矩阵 E 来说，与式（5-32）相比只需要右乘一个由俯仰与侧倾变化引起的附加旋转矩阵 R_{pr}：

$$E = EO \cdot R_{pr} = EO \begin{bmatrix} \cos r & -\sin r & 0 \\ \cos p \cdot \sin r & \cos p \cdot \cos r & -\sin p \\ \sin p \cdot \sin r & \sin p \cdot \cos r & \cos p \end{bmatrix} \quad (5-34)$$

其中，EO 为式（5 – 32）描述的只考虑平面转向模型的本征矩阵，r 为车体的侧倾运动角度变化量，而 p 为车体的俯仰运动角度变化量。

可以看到，在将运动模型增加到三自由度之后，本征矩阵 E 的参数化加入了较为复杂的非线性三角函数表达，直接从 3 对特征关联点对直接求解 θ，p，r 的闭式解成为不可能。但是值得注意的是：p，r 的值较小，引入合理的假设与简化来消除非线性三角函数的影响，则可以求得所期望的运动参数的闭式解。这种在单点算法和五点算法之间得到合理权衡的算法被称为三点算法。

（1）运动参数建模。令 R^* 和 T^* 为摄像机运动的三自由度旋转矩阵与三自由度平移向量。若把俯仰和侧倾加到运动模型中来，则有：

$$E = \left[T^* \right]_\times R_\omega^* R_p^* R_r^* \tag{5 – 35}$$

大量的实测数据表明，俯仰角和侧倾角一般较小，可以近似如下：

$$\sin p \approx p, \quad \cos p \approx 1$$
$$\sin r \approx r, \quad \cos r \approx 1 \tag{5 – 36}$$

因此，计算可得本征矩阵为：

$$E = \begin{bmatrix} -r & -1 & p \\ 1 & -r + p \cdot twh & twh \\ r \cdot twh & twh & -p \cdot twh \end{bmatrix} \tag{5 – 37}$$

其中，$twh = \tan(\theta/2)$。

（2）闭式解。定义基础矩阵为：

$$F \equiv K_2^{-T} \left[T^* \right]_\times R^* K_1^{-T} \tag{5 – 38}$$

在实际应用中，一般认为两个视角下的摄像机内标定参数是恒定的，即 $K_1 = K_2 = K$ 为摄像机内参数矩阵，R^* 和 T^* 为摄像机运动的三自由度旋转矩阵与三自由度平移向量，$\left[T^* \right]_\times$ 为由平移向量 T^* 的元素构成的螺旋对称矩阵。

由共面方程对极约束和线性简化公式（5 – 36）可得：

$$twh = \frac{fa \cdot r + fb \cdot p + fc}{fd \cdot r + fe \cdot p + ff} \tag{5 – 39}$$

式中的系数 fa, fb, fc, fd, fe, ff 由 3 对特征关联点对计算得到。

$$\underbrace{\frac{f1a \cdot r + f1b \cdot p + f1c}{f1d \cdot r + f1e \cdot p + f1f}}_{match(1)} = \underbrace{\frac{f2a \cdot r + f2b \cdot p + f2c}{f2d \cdot r + f2e \cdot p + f2f}}_{match(2)}$$
$$= \underbrace{\frac{f3a \cdot r + f3b \cdot p + f3c}{f3d \cdot r + f3e \cdot p + f3f}}_{match(3)} \tag{5 – 40}$$

由连等式（5 – 40）中的任意两式，如 match（1）和 match（2），可得到 p，r 关于 twh 的表达式。

为简化，令 $C = twh$：

$$r = \frac{nr0 + nr1 \cdot C + nr2 \cdot C^2}{dr0 + dr1 \cdot C + dr2 \cdot C^2}$$

$$p = \frac{np0 + np1 \cdot C + np2 \cdot C^2}{dp0 + dp1 \cdot C + dp2 \cdot C^2} \quad\quad (5-41)$$

$$= -\frac{np0 + np1 \cdot C + np2 \cdot C^2}{dr0 + dr1 \cdot C + dr2 \cdot C^2}$$

将式（5-41）代入连等式（5-40）中剩下的一式，如 match（3），则可消去 p，r，得到关于 C 的三自由度多项式方程：

$$C = \frac{nc0 + nc1 \cdot C + nc2 \cdot C^2}{dc0 + dc1 \cdot C + dc2 \cdot C^2} \quad\quad (5-42)$$

最终，C 的求解转化为一个三自由度多项式的求根问题。

（3）细化解方法。与 Scraramuzza 的单点算法相同，三点算法旨在快速地从数据关联点集合中找到内数据，剔除异常值，而其输出的运动参数解仍然需要用所有的内数据来细化，通常是基于优化思想，即最小化重投影误差的极值求解算法。多种有效的方法，如共轭梯度法、变度量法、Levenberg-Marquardt 方法，在给定显式梯度表达式和合理的初始解时都能快速收敛到最优的细化解。通过上面的公式可以推导对 **R** 和 **T** 的梯度表达。另外，三点算法也具备给出一个合理的初始解的能力。因此，细化算法也能获得良好结果。

参 考 文 献

［1］ 龚建伟. 移动机器人横向与纵向控制方法研究［D］. 北京：北京理工大学，2002.

［2］ 李娟娟. 智能车辆基于 GPS 的组合导航技术研究［D］. 北京：北京理工大学，2007.

［3］ 焦伟. 基于电子地图的智能车辆定位导航技术的研究［D］. 北京：北京理工大学，2007.

［4］ 齐建永. 智能车辆导航定位与自动引导技术研究［D］. 北京：北京理工大学，2008.

［5］ 周培云. 自主式智能车辆导航与路径规划技术研究［D］. 北京：北京理工大学，2009.

［6］ 刘凯. 无人驾驶车辆体系结构与定位导航技术研究［D］. 北京：北京理工大学，2010.

［7］ 晋孝龙. BIT 号无人驾驶车辆定位算法改进研究与应用［D］. 北京：北京理工大学，2011.

［8］ 张路金. 移动机器人同时定位与地图创建研究［D］. 长沙：湖南大学，2009.

［9］ Hu Yuwen, Gong Jianwei, Jiang Yan, Liu Lu, Xiong Guangming, Chen Huiyan. Hybrid

Map-based Mavigation Method for Unmanned Ground Vehicle in Urban Scenario [J]. Remote Sensing, 2013, 5 (8): 3662 – 3680.

[10] Zhao Huijing, et al. SLAM in a Dynamic Large Outdoor Environment Using a Laser Scanner [C]. IEEE International Conference on Robotics and Automation, Pasadena, CA, May 19 – 23, 2008: 1455 – 1462.

[11] Weiss T, Schiele B, Dietmayer K. Robust Driving Path Detection in Urban and Highway Scenarios Using a Laser Scanner and Online Occupancy Grids [C]. IEEE Intelligent Vehicles Symposium, Istanbul, June 13 – 15, 2007: 184 – 189.

[12] Vu T D, Aycard O, Appenrodt N. Online Localization and Mapping with Moving Object Tracking in Dynamic Outdoor Environments [C]. IEEE Intelligent Vehicles Symposium, Istanbul, June 13 – 15, 2007: 190 – 195.

[13] 江燕华, 熊光明, 姜岩, 龚建伟, 陈慧岩. 智能车辆视觉里程计算法研究进展 [J]. 兵工学报, 2012, 33 (2): 214 – 220.

[14] 江燕华, 熊光明, 姜岩, 陈慧岩. 基于 CarSim 和 Matlab 的智能车辆视觉里程计仿真平台设计 [J]. 机械工程学报, 2013, 48 (22): 113 – 120.

[15] 陈慧岩, 熊光明, 龚建伟, 席军强. 车辆信息技术 [M]. 北京：北京理工大学出版社, 2013: 107 – 110.

[16] Haralick B M, Lee C N, Ottenberg K, et al. Review and Analysis of Solutions of the Three Point Perspective Pose Estimation Problem [J]. International Journal of Computer Vision, 1994, 13 (3): 331 – 356.

[17] Nistér D. An Efficient Solution to the Five-point Relative Pose Problem [J]. Pattern Analysis and Machine Intelligence, IEEE Transactions on, 2004, 26 (6): 756 – 770.

[18] Stewénius H, Engels C, Nistér D. Recent Developments on Direct Relative Orientation [J]. ISPRS Journal of Photogrammetry and Remote Sensing, 2006, 60 (4): 284 – 294.

[19] Scaramuzza D. 1-point-ransac Structure from Motion for Vehicle-mounted Cameras by Exploiting Non-holonomic Constraints [J]. International Journal of Computer Vision, 2011, 95 (1): 74 – 85.

[20] Jiang Yanhua, Chen Huiyan, Xiong Guangming, et al. Kinematic Constraints in Visual Odometry of Intelligent Vehicles [C]. IEEE Intelligent Vehicles Symposium, Alcala de Henares, June 3 – 7, 2012: 1126 – 1131.

第6章

无人驾驶汽车路径规划

无人驾驶汽车路径规划是指在一定环境模型基础上，给定无人驾驶汽车起始点与目标点后，按照性能指标规划出一条无碰撞、能安全到达目标点的有效路径。经过几十年发展，路径规划技术已取得非常瞩目的成就。本章首先概述路径规划中环境地图建立和路径搜索过程中的常用方法，然后介绍经典的启发式路径搜索算法——A*算法及由其扩展改进的系列算法，最后介绍应用 AD*算法的实时增量式的路径搜索。此方法适用于处理动态环境下节点之间边缘消耗改变的情况，具有较好的实时性。

6.1 路径规划概述

路径规划主要包含两个步骤：建立包含障碍区域与自由区域的环境地图，以及在环境地图中选择合适的路径搜索算法，快速实时地搜索可行路径。路径规划结果对车辆行驶起着导航作用。它引导车辆从当前位置行驶到达目标位置。图 6-1 中的黑色曲线表示了从车辆起始位置到目标位置的一条有效路径。

6.1.1 环境地图表示方法

根据不同的表示形式，环境地图表示方法主要分为度量地图表示法、拓扑地图表示法和混合地图表示法。

1）度量地图表示法

度量地图表示法采用坐标系中栅格是否被障碍物占据的方式来描述环境特征，分为几何表示法和空间分解法。

几何表示法利用包括点、线、多边形在内的几何图元来表示环境信息，因而可以用数值来表示物体在全局坐标中的位置。图6-2（a）为用几何表示法

图6-1　路径规划图

对环境进行建模所得到的结果。相比于其他环境地图表示方式，几何特征地图更为紧凑，有利于位置估计和目标识别；但其缺点在于环境几何特征提取困难，比如圆形特征等。几何特征地图适合于在环境已知的室内环境提取一些简单几何特征，而室外环境下几何特征提取困难，运用受到限制。几何地图的典型代表有可视图、Voronoi 图、概率路图等。

空间分解法把环境分解为类似于栅格的局部单元，根据它们是否被障碍物占据来进行状态描述。如果栅格单元被障碍物占据，则为障碍栅格；反之，则为自由栅格。空间分解法通常采用基于栅格大小的均匀分解法和递阶分解法。均匀分解法中栅格大小均匀分布，占据栅格用数值表示。均匀分解法能够快速直观地融合传感器信息；但是，均匀分解法采用相同大小栅格会导致存储空间巨大，大规模环境下路径规划计算复杂度增高。为了克服均匀分解法中存储空间巨大的问题，递阶分解法把环境空间分解为大小不同的矩形区域，从而减少环境模型所占用内存。递阶分解法的典型代表为四叉树分解法。图6-2中，（b）和（c）分别用均匀分解法和四叉树分解法表示同一环境所得到的环境模型。

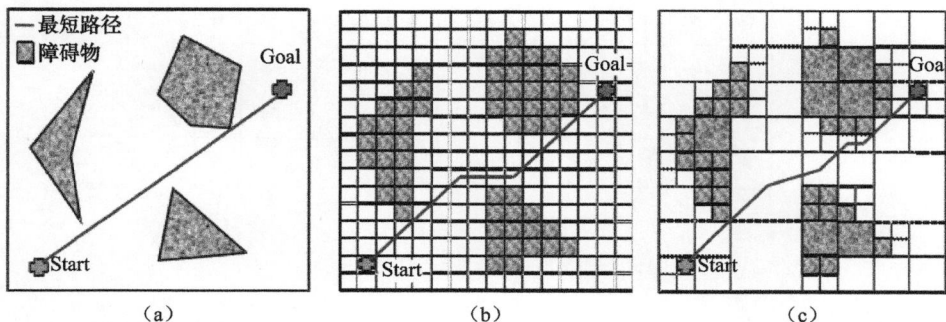

图6-2　度量地图表示法
（a）几何表示法；（b）均匀分解法；（c）四叉树分解法

　　均匀栅格地图是度量地图路径规划中最常用的表达形式。它把环境分解为一系列离散的栅格节点。所有栅格节点大小统一，均匀分布。栅格用值占据方式来表达障碍物信息。例如在最简单的二值表示法中，1表示障碍栅格，禁止通行；0表示自由栅格，可通行。图6-3为均匀栅格地图表示法，黑色区域不可通行，白色区域可通行。由图6-3可知，起始栅格与目标栅格都是自由栅格。每个栅格都对应相应坐标值，而坐标值就表示无人驾驶汽车在栅格地图内的当前位置。

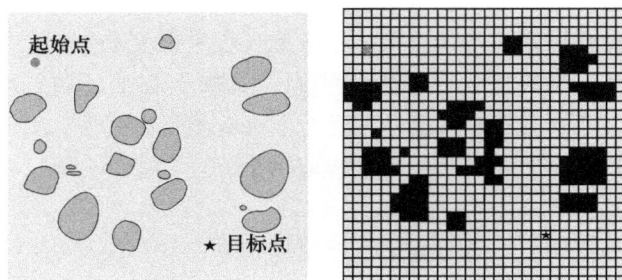

图6-3　均匀栅格地图

　　环境信息用均匀栅格地图表达后，栅格节点间只有建立一定的连接关系，才能保证能从起始点搜索到目标点的有效路径。图6-4所示为栅格节点间的典型连接关系。图6-4（a）表示的是八连接。它表明从当前栅格可以到达与之相邻的8个栅格节点。图6-4（b）表示的是十六连接。它表明可以从当前栅格到达与之相近的16个栅格。另外，还有四连接。

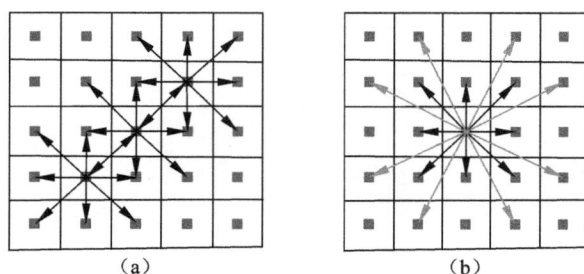

图6-4　八连接与十六连接方式

　　值得指出的是，将环境信息表示成均匀栅格地图时，规划出的最优路径仅为栅格内最优。也就是说，只要障碍栅格内有障碍物，即使障碍物尺寸小于栅格状态大小，也认为该栅格为障碍栅格，因此规划出的最优路径也就为栅格内最优。

2）拓扑地图表示法

拓扑地图模型选用节点表示道路上的特定位置，并用节点与节点间的关系表示道路间联系。这种地图表示方法具有结构简单、存储方便、全局连贯性好、规划效率高、鲁棒性强等特点。拓扑地图适合于大规模环境下的路径规划，但它所含信息量少，对环境描述不完全，需要借助其他传感器来对道路环境做进一步描述。

如图6-5所示，拓扑地图由建立道路上关键节点间的逻辑关系得来，节点与节点之间的连线近似地表达了相应道路，而这些相应道路连线又为无人驾驶汽车行驶提供了近似行驶路径。另外，这些节点与节点间存在拓扑关系，错综复杂的道路连线及拓扑关系组成了道路网络，因此拓扑地图又被称为路网地图。

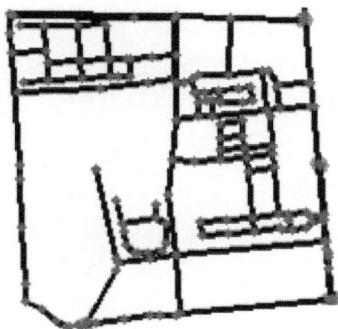

图6-5　拓扑地图

可扩展标记语言（eXtensible Markup Language，XML）被用来结构化存储以及传输信息，具有开放、简单，数据结构和内容分离及可扩展功能等优点。XML文档非常方便地应用于数据存储与读取。拓扑地图中各道路信息的存储采用了XML文档格式。整个XML文档由如图6-6所示的树形结构组成。其中，根元素为"osm"，由子元素"way"和"node"组成。元素"node"和"way"又包含了如"id""lon""lat"等属性；"way"还有"tag"和"nd"两种不同子元素。这些元素也具有其自身属性。子父元素间关系及各元素属性构成了一

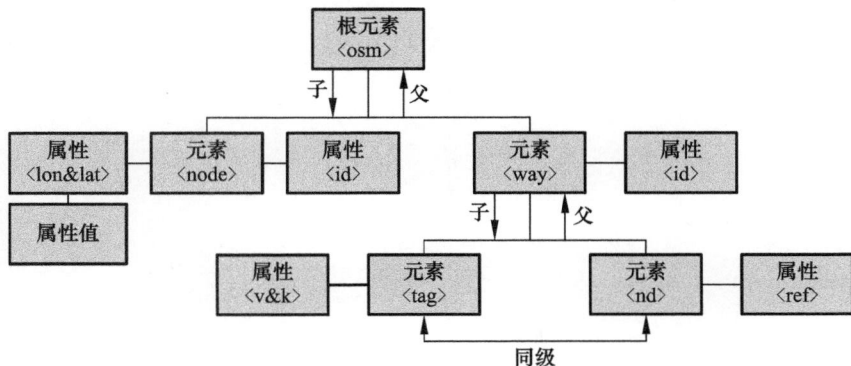

图6-6　道路XML文档树结构

个完整的 XML 文档。

XML 文档的建立采用文档对象模型（Document Object Model，DOM）来生成文档。首先依照图 6-6 所示的道路树结构，建立元素与元素间父子节点关系，元素又包含所需要的属性及其属性值。道路结构树建立后，则生成相应的 XML 文档。文档的解析同样采用 DOM 解析。解析 XML 文档方法与生成方法相对应，首先读取文档，找到文档的根元素，再通过元素名称"node"与"way"找到相应元素，依次得到属性值，以此对 XML 文档进行解析，得到所需要的道路信息。

具体关系如图 6-7 所示。图 6-7 为一典型十字路口，圆点代表关键道路节点。此十字路口共有 4 条道路，因此会生成 4 个 XML 文档。节点 7，节点 15，节点 4，节点 2，节点 16 和节点 8 生成 XML 文档 1，为道路 1；节点 6，节点 17，节点 1，节点 3，节点 18 和节点 5 生成 XML 文档 2，为道路 2；节点 11，节点 14，节点 3，节点 4，节点 13 和节点 12 生成 XML 文档 3，为道路 3；节点 10，节点 20，节点 2，节点 1，节点 19 和节点 9 生成 XML 文档 4，为道路 4。

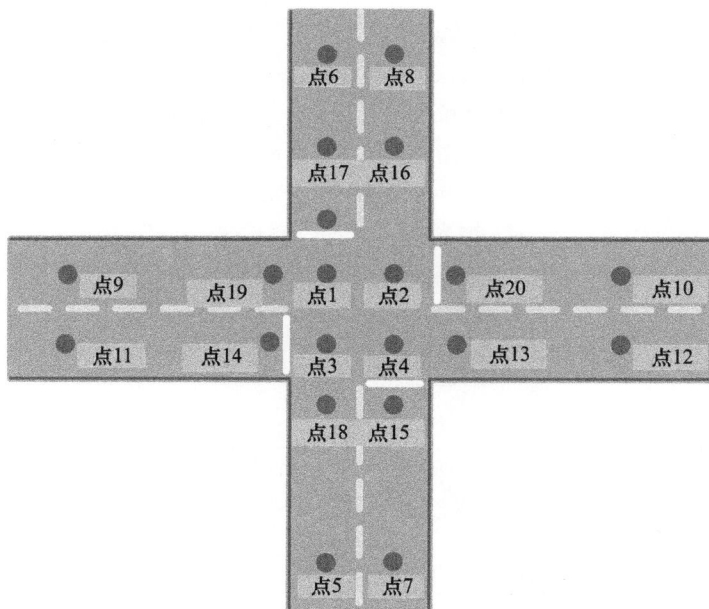

图 6-7　道路间拓扑关系

节点 1～节点 4 同时是几个 XML 文档中的"node"元素，而实际上拓扑地图之间的关系正是由这几个关键节点构成的。道路节点与道路的 ID 号都是唯一的，不同 XML 文档中的相同道路节点具有相同的 ID 号、经纬度值及其他相同的属性。以节点 1 为例，它既是道路 2 也是道路 4 的节点，而解析 XML 文档时，以"id"属性值判断它是否属于多个 XML 文档。道路连接如图 6 - 8 "道路间通行关系"所示，节点 1 的父节点有节点 2 与节点 17，而子节点有节点 19 与节点 3。因此，规划时可以从节点 17 与节点 2 到达节点 1，同时从节点 1 又可以到达节点 3 和节点 19。也就是说，规划时既可以从道路 2 到达道路 4（从节点 17 到达节点 1，然后从节点 1 到达节点 19），也可以从道路 2 到达道路 3（从节点 17 到达节点 1，然后通过节点 1 的子节点 3，再从节点 3 到达节点 4）。由此可知，通过这种节点间关系可从一条道路到达任何其他道路，而道路与道路间的联系也正是通过节点与节点之间的拓扑关系联系在一起。

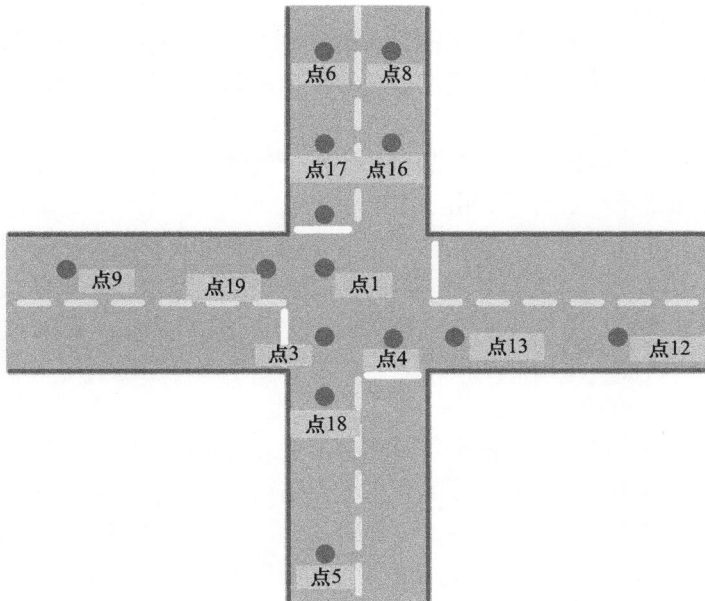

图 6 - 8　道路间通行关系

3）混合地图表示法

混合地图表示法综合了度量表示与拓扑表示的特点，将度量地图的高精度与拓扑地图的高效率结合起来。模型建立后，在不同层次采用适当搜索算法，可以最大程度上节约计算机资源。如 Guldner 提出了 3 层控制结构，即以全局规划作为最高层，采用人工势场法的局部规划为第二层，底层用航向角信息进行避障，适合于杂乱环境下的路径规划。另外，Yeap 和 Jefferies 提出一种从局部度量地图中提取全局拓扑结构图的方法。局部地图采用栅格表示，全局地图采用类似拓扑结构的边集连接已经存在的多个局部地图表示，而在路径规划中采用基于占据栅格的局部规划和基于拓扑连接关系的全局规划。

6.1.2　路径搜索算法

目前，比较常见的路径规划算法主要分为基于采样的路径规划算法以及基于地图的路径搜索算法两大类。每类路径规划算法又都包含一系列算法。

1) 基于采样的路径规划算法

基于采样的搜索算法很早便开始用于车辆路径规划，而比较常见的基于采样的搜索算法有概率图算法（Probabilistic Road Map，PRM）和快速随机扩展树算法（Rapidly-exploring Random Tree，RRT）。

概率图算法使用局部规划算法建立随机状态之间的连接关系，从而抽象出概率图。当给定规划的起始状态和目标状态后，它只需要快速地搜索概率图，便可获得路径。然而，这种算法很难在不增加运动空间维数的情形下引进运动约束。

快速随机扩展树算法由 LaValle 和 Kuffner 提出。它最初主要用于解决含有运动学约束的路径规划问题。由于 RRT 算法在状态空间采用随机采样确定扩展的节点，不需要预处理，搜索速度快，尤其在高维规划空间中搜索速度优势尤为明显。因此，这种算法作为一种快速搜索方法在路径规划领域获得了广泛应用。早期主要采用单棵 RRT 进行搜索。之后，为了进一步提高搜索速度并保证算法的完备性，提出了双向 RRTs 算法和偏向 RRTs 算法。

2) 基于地图的路径规划算法

基于地图的搜索算法通常采用单元分解法或者道路图法建立环境模型。它通过搜索表示环境信息的环境地图获得最终路径。在这类搜索算法中，比较有代表性的有深度优先搜索（Depth-first Search，DFS）算法、广度优先搜索（Breadth-first Search，BFS）算法、迭代加深搜索（Iterative-deepening Search，IDS）算法、等代价搜索（Uniform-cost Search，UCS）算法和启发式搜索（Heuristic Search，HS）算法等。深度优先搜索、广度优先搜索、迭代加深搜索和等代价搜索算法使用了回溯技术实施搜索，是从起始状态出发，沿着树的深度遍历树的节点，尽可能深地搜索树的分支，直至要么到达目标状态，要么到达一个"死端"。如果发现了目标状态，退出搜索并返回解路径；如果到达的是一个死端，便回溯到路径上含有未搜索过的节点的临近节点，并沿着这个分支继续搜索下去。因此，这类算法比较适合于解决环境中节点数目较少情况下的路径搜索问题，而当节点数目比较多时，算法搜索速度慢，效率低。启发式搜索算法在决定节点扩展顺序的估价函数中引入了启发值，即当前节点状态到目标状态之间的估计消耗，从而引导搜索朝向目标状态的方向，避免了盲目搜索，有助于提高算法的搜索效率，因而启发式搜索算法越来越广泛地应用于路径规划。

Dijkstra 算法是典型的广度优先搜索算法。E. W. Dijkstra 于 1959 年提出了 Dijkstra 算法。它是一个按路径长度递增的次序产生最短路径的方法，是求解最短路径的经典算法之一。Dijkstra 算法是一种贪心算法。贪心算法的原则是在每一步都选择局部最优解，以期望产生一个最优解。它的突出优点在于不仅求出了起点到终点的最短路径及其长度，而且求出了起点到图中其他各节点的最短路径和长度。Dijkstra 算法的核心思想为：设置两个节点的集合 S_n 和 T_n，集合 S_n 中存放已找到最短路径的节点，集合 T_n 中存放当前还未找到最短路径的节点。初始状态时，集合 S_n 中只包含起始点，然后不断从集合 T_n 中选择到起始节点路径长度最短的节点加入到集合 S_n 中。集合 S_n 中每加入一个新的节点，都要修改从起始点到集合 T_n 中剩余节点的当前最短路径长度值。集合 T_n 中各节点新的当前最短路径长度值为原来最短路径长度值与从起始点过新加入节点到达该节点的路径长度中的较小者。不断重复此过程，直到集合 T_n 中所有节点全部加入到集合 S_n 中为止。

针对图 6-9 所示有向图，表 6-1 中给出了用 Dijkstra 算法求解最短路径的过程。

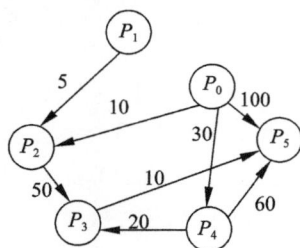

图 6-9　加权有向图

表 6-1　Dijkstra 算法求解最短路径过程

序号	集合 S_n	集合 T_n	所选顶点	最短距离 $distance$ [1] [2] [3] [4] [5]
1	P_0	P_1，P_2，P_3，P_4，P_5	P_2	∞，10，∞，30，100
2	P_0，P_2	P_1，P_3，P_4，P_5	P_4	∞，0，60，30，100
3	P_0，P_2，P_4	P_1，P_3，P_5	P_3	∞，0，50，0，90
4	P_0，P_2，P_4，P_3	P_1，P_5	P_5	∞，0，0，0，90
5	P_0，P_2，P_4，P_3，P_5	P_1	P_1	∞，0，0，0，0
6	P_0，P_2，P_4，P_3，P_5，P_1			0，0，0，0，0

Dijkstra 算法过程包括了 3 个循环：第一个循环的时间复杂度为 $O(n)$，第二、三个循环为循环嵌套，因此总的时间复杂度为 $O(n^2)$。可以看出，Dijkstra

最短路径算法的执行时间和占用空间与图（或网）中节点数目有关。当节点数目 n 较大时，Dijkstra 算法的时间复杂度急剧增加。当图（或网）规模较大时，直接应用该算法就会存在速度慢或空间不够的问题。所以，在大的城市交通网络图中直接应用 Dijkstra 最短路径算法是很困难的。路径规划作为无人驾驶汽车导航系统的重要功能模块，其算法的优劣是非常重要的。评价该算法的主要性能指标是它的实时性和准确性。Dijkstra 算法作为经典的路径规划算法，在实验地图数据量较小情况下会得到很好的规划结果，但在实验地图数据量较大情况下很难满足路径规划的实时性要求。

启发式搜索算法是由 Dijkstra 算法改进而来的。其最显著的特点就是在搜索过程中增加了启发函数。启发式搜索算法主要包括 A^* 算法、ARA^* 算法、LPA^* 算法等。启发式搜索算法是目前路径规划运用最广泛的算法。它通过给定启发函数减少搜索节点，从而提高搜索效率。研究表明，启发式搜索算法所得到的路径能够同时满足实时性和最优性要求。

A^* 算法是经典启发式搜索算法，在搜索过程中通过建立估价函数判断优先搜索节点。估价函数为当前节点到目标点的估计值。其表达式为：$f(n) = g(n) + h(n)$。其中，$g(n)$ 是从起始节点到当前节点 n 的实际代价；$h(n)$ 是从当前节点 n 到目标节点的估计代价，叫作启发函数。A^* 算法中定义了 $CLOSED$ 表和 $OPEN$ 表两个集合。$CLOSED$ 表存放搜索过的节点，而 $OPEN$ 表中存放搜索过的节点的子节点。在搜索过程中，循环从 $OPEN$ 表中选择估价函数 $f(n)$ 最小的节点进行搜索，直至找到目标节点，搜索才停止。如果当 $OPEN$ 表为空时，还未能找到目标节点，则说明满足条件的路径不存在。在有多种解的情况下，能找到最优解的前提条件是启发函数的估计代价函数 $h(n)$ 一定要小于当前节点到目标节点的最优实际代价。$h(n)$ 越小，它所搜索的节点会越多；当 $h(n) = 0$ 时，则没有任何启发信息，即 Dijkstra 算法。因此，估计代价函数 $h(n)$ 的选择关系到 A^* 算法的效率。具体算法将在下一节中做详细介绍。

ARA^* 算法同样采用 A^* 算法中的启发代价函数 $h(n)$，但它还另外引入一个 $v(n)$ 值和一个 $INCONS$ 表。当某节点被扩张时，如果它的 $v(n) = g(n)$，叫作 consistent 节点，被存放于 $CLOSED$ 表中；反之，仅搜索未被扩张的节点（$v(n) > g(n)$），叫作 inconsistent 节点，被存放到 $OPEN$ 表中。$INCONS$ 表存放扩展过的 inconsistent 节点（$v(n) > g(n)$）。引入这两个新变量可以保证在每次搜索过程中，对同一节点的扩张最多只有一次，而且还可以有效利用上次搜索的信息。ARA^* 算法的启发值类似于带权值的 A^* 算法的启发值，即 $f(n) = g(n) + \varepsilon h(n)$。启发信息扩大了 ε 倍（$\varepsilon > 1$），搜索节点数减少，因而可以快速找到一个次优解。此次优解不会大于最优解的 ε 倍。接下来逐步减小 ε 值，直至 $\varepsilon=1$，此时必定可以得到最优解。该方法搜索所得路径节点的属性都是 consistent，因此 ε 减小后，只需要比较 inconsistent 节点的 f 值与上次搜索的目标点 g 值的大小。若 $f>g$，则不需要再次搜索，继续减小 ε 值进行比较；若 $f<g$，则选出最小 f 值的 inconsistent 节点，重新进行上次搜索，直至找出最优解。该方法的缺点是当环境发生变化或者在未知环境下，产生 $v(n)<g(n)$ 时，ARA* 算法就无法进行处理。

LPA* 算法是用来处理动态环境的路径规划算法。在动态环境下，会因为某些区域的变化而导致之前的搜索路径不可行。这就需要再次进行搜索。当检测到环境发生变化后，之前的路径不可行或者非最优时，A* 算法和 ARA* 算法抛弃之前的搜索结果，重新进行搜索，这样就没有利用以前的搜索结果，导致算法效率低下，不能满足实时性要求。LPA* 算法是在 A* 算法的基础上改进的算法。第一次搜索时它和 A* 算法一样。但它可以运用于未知环境和动态环境中。当检测环境发生变化时，它会利用上次搜索的结果，小范围地找到没有因环境变化而变化、离车辆当前位置最近的节点，再以此节点为起始点、当前车辆位置为目标点，再次进行小范围搜索，找到最优解。LPA* 算法再次搜索时，有效利用了上次搜索结果，只进行局部搜索，因此它再次搜索时，搜索的范围小，规划时间较 A* 算法短，且能保证最优性。

AD* 算法是综合了 ARA* 和 LPA* 优点的实时、增量式的规划算法，可以解决实时快速路径规划和动态环境下路径规划的算法。为满足实时性与最优性要求，类似于 ARA* 算法，可以在估计代价函数 $h(n)$ 前乘以一个适当大小的系数 ε（$\varepsilon \geqslant 1$），因为估计代价的变大，使搜索的节点减少，提高了搜索效率，很快就能得出一条可行解。接下来在不影响车辆行驶的情况下，会逐步减小 ε 值，逐步搜索，直至 ε 等于1，搜索到最优解。为了在搜索时确定某一状态是否受到了 ε 变化的影响，AD* 保留了每个状态 n 在上次规划中的 $g(n)$ 值。ε 值减小后的规划将沿原先规划路径从目标点向当前状态点进行搜索。如果由于 ε 的变化造成 n 处的 $g(n)$ 比之前的 $g(n)$ 偏小，则对该位置的 $g(n)$ 值进行改变，得到此时小的 $f(n)$ 值，在搜索时又会选择较小 $f(n)$ 值的点进行再次搜索，而且在车辆行驶过程中感知环境时，一旦发现环境和已知环境发生冲突，或者发现动态障碍物，则需要重新建立环境模型，并进行实时重规划。此时，AD* 会充分利用上次规划的结果，从目标位置开始，选取适当的 ε 值，找到因障碍物的出现但不受环境变化影响的最前面一个节点，进行再次搜索，直到当前节点，从而经过减小 ε 值，直至等于1，找到最优解。这样因环境模型的变化而进行的重规划，既能保证规划的实时性，又能得到最优解。2007 年 DAR-

PA 挑战赛中，卡内基·梅隆大学的冠军车辆 Boss 即采用 AD* 算法进行路径规划。

6.2 基于启发式搜索算法的路径规划

6.2.1 经典 A* 路径规划

路径规划以某一个或某几个评价指标表现规划路径的最优性。车辆路径规划常常以路径长短作为评价指标，因此最短路径即最优路径。拓扑地图内无人驾驶汽车的路径规划采用 A* 算法搜索得到最优路径。

1）A* 算法在拓扑地图内的应用

A* 算法的核心部分是它对每个道路节点均设计了一个估价函数，如式（6-1）所示：

$$f(s) = g(s) + h(s) \qquad (6-1)$$

式中，$f(s)$ 表示从起始节点经过节点 s 到目标节点的估计长度，而 $g(s)$ 表示从起始节点到当前节点的路径长度。它是已知的，大小如式（6-2）所示：

$$\sum_{i=start}^{k-1} cost(s_i, s_{i+1})(k \leq goal) \qquad (6-2)$$

式（6-1）中，$h(s)$ 为启发函数，是当前节点到目标节点的估计值。A* 算法一定能搜索到最优路径的前提条件：

$$h(s) \leq cost^*(s, s_{goal}) \qquad (6-3)$$

$cost^*(s, s_{goal})$ 为当前节点到目标节点的最优距离。满足式（6-3）的 $h(s)$ 值越大，则扩展节点越少。为了保证搜索路径的最优性，通常将曼哈顿距离、对角线距离或者欧几里得距离作为启发函数。对于给定的两个位置坐标（x_i，y_i）和（x_j，y_j），它们的曼哈顿距离 d_m，对角线距离 d_d，以及欧几里得距离 d_e 分别如式（6-4）～式（6-6）所示：

$$d_m = |x_i - x_j| + |y_i - y_j| \qquad (6-4)$$

$$d_d = \max(|x_i - x_j|, |y_i - y_j|) \qquad (6-5)$$

$$d_e = \sqrt{(x_i - x_j)^2 + (y_i - y_j)^2} \qquad (6-6)$$

A* 算法用 OPEN 和 CLOSED 两个集合来管理道路节点。OPEN 存放扩展过的道路节点的子节点。它们属于待扩展节点。CLOSED 存放扩展过的节点。算法伪代码如表6-2所示，初始时 OPEN 中只存放 s_{start} 节点，而 CLOSED 为空。另外，除 s_{start} 外，所有节点的 g 值都初始化为无穷大：

$$f(s_{\text{start}}) = g(s_{\text{start}}) + h(s_{\text{start}}) \qquad\qquad (6-7)$$

$$g(s_{\text{start}}) = 0 \qquad\qquad (6-8)$$

算法搜索开始后，每次都从 *OPEN* 中选择 $f(s)$ 值最小的节点 s 进行扩展。节点 s 被扩展到的子节点存放于 *OPEN* 中。节点 s 扩展完成后，从 *OPEN* 中移到 *CLOSED* 中。循环上述过程，直到扩展到目标节点或者 *OPEN* 为空时，算法才终止。如果 *OPEN* 为空，则表明没有可行路径，规划失败。如果存在可行路径，A^* 算法是一定能搜索到的。

表 6-2　A^* 算法伪代码

The pseudocode of A^* algorithm:
(1) $g(s_{\text{start}})\leftarrow 0$ and g - values of the rest of the states are set to ∞
(2) $OPEN\leftarrow\{s_{\text{start}}\}$, $CLOSED\leftarrow\varnothing$
1 ComputePath ( )
2 while (s_{goal} is not expanded)
3 removes with the smallest $f(s)$ from $OPEN$
4 for each successors' of s
5 if $g(s') > g(s) + c(s, s')$
6 $g(s') \leftarrow g(s) + c(s, s')$
7 insert/update s' in $OPEN$ with $f(s') \leftarrow g(s') + h(s')$

图 6-10 是 A^* 算法搜索流程图。流程图体现了表 6-2 伪代码内容，当前节点是 BEST，为 *OPEN* 中 f 值最小的节点，SUC 为 BEST 的子节点，OLD 为 *OPEN* 中已经计算过 f 值的节点。算法搜索到目标节点，则搜索成功；如果 *OPEN* 为空，则搜索失败。

图 6-11 为 A^* 算法在拓扑地图内的搜索示意图。起始节点为 S，目标节点为 G，其他节点均相当于道路节点，而节点与节点间的连线近似于道路。每个节点均有一个启发函数的值 $h(s)$，并且 $h(s)$ 函数值满足式 (6-3)，因此算法搜索到的路径具有最优性。

表 6-3 为 A^* 算法搜索过程。*OPEN* 和 *CLOSED* 分别表示各集合所存放的节点。$S(20)$ 表示节点 S 的 f 值为 20。算法每次都会从 *OPEN* 中选择 f 值最小的节点进行扩展，到第 7 次扩展时，算法搜索到最优路径，$S(20)$ $B(23)$ $F(24)$ $K(24)$ $G(24)$，在图 6-12 中用加粗线条表示。

2）A^* 算法在栅格地图中的应用

为了便于了解 A^* 搜索算法如何在栅格地图内进行路径搜索，本节中在路径搜索时均采用如图 6-13 所示的八连接方法建立节点间的连接关系。路径搜

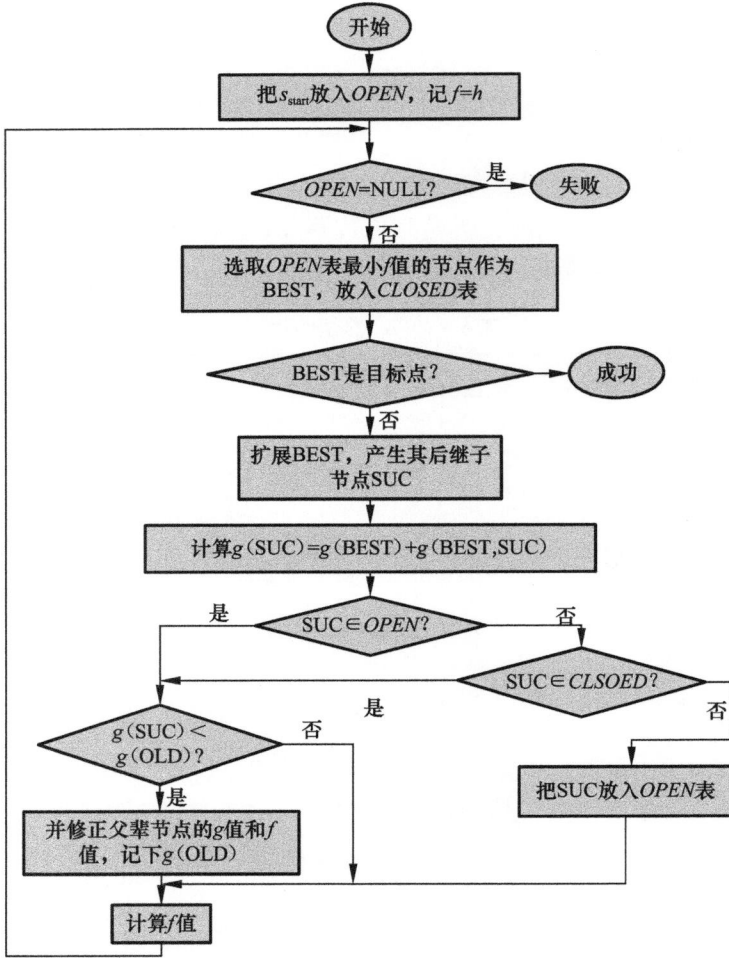

图 6-10 A*算法流程图

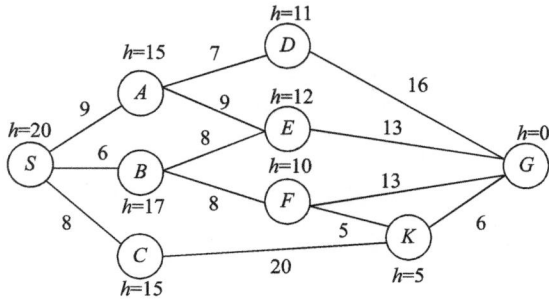

图 6-11 A*搜索示意图

表6-3 A*算法搜索过程

	OPEN 集合	CLOSED 集合
1	$S(20)$	$\varnothing$
2	$A(24)$ $B(23)$ $C(23)$	$S(20)$
3	$K(33)$ $A(24)$ $B(23)$	$S(20)$ $C(23)$
4	$K(33)$ $E(26)$ $A(24)$ $F(24)$	$S(20)$ $C(23)$ $B(23)$
5	$E(26)$ $A(24)$ $G(24)$ $K(24)$	$S(20)$ $C(23)$ $B(23)$ $F(24)$
6	$E(26)$ $A(24)$ $G(24)$	$S(20)$ $C(23)$ $B(23)$ $F(24)$ $K(24)$
7	$E(26)$ $A(24)$	$S(20)$ $C(23)$ $B(23)$ $F(24)$ $K(24)$ $G(25)$
最优路径：		$S(20)$ $B(23)$ $F(24)$ $K(24)$ $G(25)$

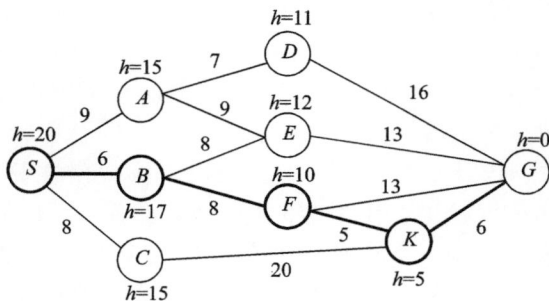

图6-12 最优路径

索时，状态节点间由八连接关系组成，如图6-13（a）所示。从当前节点可以到与它相连接的周围8个节点，但到达相邻节点时的代价不相同。图6-13（b）所示到达相邻的4个节点时的代价为1，即：

$$c(s,s') = 1 \qquad (6-9)$$

图6-13（c）所示的4个节点的通过代价为$\sqrt{2}$，即：

$$c(s,s'') = \sqrt{2} \qquad (6-10)$$

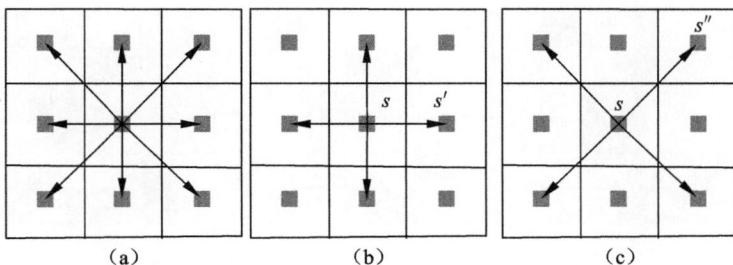

（a）　　　　　　　（b）　　　　　　　（c）

图6-13 连接关系

143

路径搜索算法采用 A* 算法搜索，所选用的启发函数为：

$$h(s) = \sqrt{(x - x_{\text{goal}})^2 + (y - y_{\text{goal}})^2} \qquad (6-11)$$

(x, y) 是当前状态节点的坐标，而 $(x_{\text{goal}}, y_{\text{goal}})$ 为目标节点坐标。启发函数满足式（6-3），因此算法能搜索到最优路径。由 A* 可知，与拓扑地图内搜索相同，在栅格地图中也用 *OPEN* 与 *CLOSED* 两个集合管理状态节点，并将扩展过的状态存放于 *CLOSED*，而将待扩展的状态存放于 *OPEN*。

图 6-14 中，（a）~（f）是 A* 算法进行搜索的过程图。其中，白色圆圈所在节点 S 为起始节点，而五角星所在节点 G 为目标节点。给定起始状态节点与目标状态节点后，算法会在此空间中搜索出从节点 S 到节点 G 的有效路径。图 6-14 中，（a）~（f）是算法搜索路径的具体过程。扩展过的状态为灰色，被存放于 *CLOSED* 中；浅灰色栅格为扩展过状态节点的子节点。它们为待扩展状态，被存放于 *OPEN* 中。A* 算法每次从 *OPEN* 中选择估价函数 $f(s)$ 最小的状态节点来扩展。图 6-14 中栅格节点 s 即 *OPEN* 中 $f(s)$ 最小的状态节点。作为扩展节点，当此节点被扩展后，将被存放于 *CLOSED* 中。它的子节点被存放于 *OPEN* 中，作为待扩展节点。由图 6-14 可知，共有 6 个灰色状态节点被扩展。这 6 个状态被存放于 *CLOSED* 中。这些状态以及它们之间的连接关系即组成了从起始节点到目标节点的有效路径。同时可以观察到，这些组成路径存放于 *CLOSED* 的节点，都是从 *OPEN* 中取出的 $f(s)$ 最小的节点。

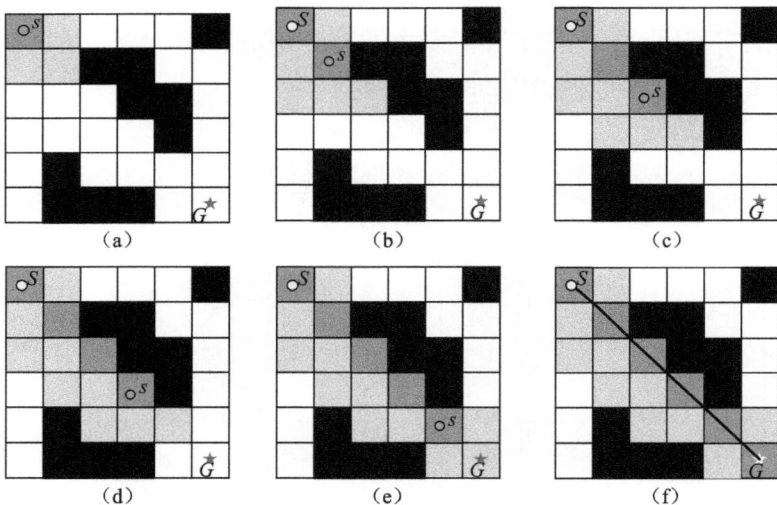

图 6-14 搜索示意图

图 6 - 14 所示的规划只考虑了状态的位置信息。它们之间的连接关系为八连接，而无人驾驶汽车实际行驶时，仅仅考虑位置信息搜索的路径往往是不够的，还需要加入对航向信息的考虑。相对于仅考虑位置信息 (x, y) 的状态空间而言，在考虑航向信息后，搜索状态空间从二维增加到了三维，搜索的计算复杂性也会大大增加，搜索需要的时间会大大增加，因而导致搜索的效率下降。搜索效率下降，导致图 6 - 14 中所采用的 A* 搜索算法满足不了车辆运行时所需要的实时性要求。下一小节中将会介绍几种改进的 A* 算法。它们能提高算法的实时性。

需要指出的是，A* 算法有如下推论：

推论 1：如果启发函数满足式（6 - 3），则所有节点不会被重复扩展。

如果函数满足条件式（6 - 3），则 A* 扩展到节点 s 后，就已经找到了到达 s 的最短路径。因此，找到某节点后，不会再出现比它的 $f(s)$ 值更小的节点了。由表 6 - 2 可以看出没有节点被重复扩展。

推论 2：如果启发函数 $h(s)$ 满足式（6 - 3），则 $h(s)$ 值越大，则搜索到最优路径扩展的节点数越少。如果有两个启发函数 $h_1(s)$ 与 $h_2(s)$ 都满足启发函数（6 - 3），且 $h_1(s) > h_2(s)$，则启发函数为 $h_1(s)$ 的 A* 算法扩展过的所有节点都会被启发函数为 $h_2(s)$ 的 A* 算法扩展。因此，启发函数 $h(s)$ 的选择关系到 A* 算法的效率。

6.2.2　改进的 A* 路径规划

相较于传统的 A* 算法，一些改进的算法，如 Weighted A* 算法、AWA* 及 ARA* 等，能更加快速搜索到可行路径，并且保证路径的次优性。

1）Weighted A*

A* 算法的核心部分是因为它设计了当前状态节点到目标状态节点的估价函数，大小如式（6 - 1）所示。其中，$h(s)$ 为启发函数，是当前节点到目标节点的估计值。它是未知的。A* 算法一定能搜索到最优路径的充分条件为式（6 - 3）。其中，$cost^*(s, s_{goal})$ 是当前状态节点到目标状态节点的最优路径长度。如果设置 $h(s) = 0$，则相当于 A* 算法没有启发函数，此时的算法即 Dijkstra 算法，相当于广度优先搜索算法。该算法同样能搜索到最优路径，但它比 A* 算法扩展的节点更多。如图 6 - 15 所示，（a）、（b）分别是 Dijkstra 算法与 A* 算法搜索示意图。可见，A* 算法所扩展节点数比 Dijkstra 算法少得多。

由此可见，A* 算法搜索的节点少，是受启发函数 $h(s)$ 的影响所致。在 A* 算法中的启发函数满足式（6 - 3）的前提下，$h(s)$ 值越大，搜索的节点越

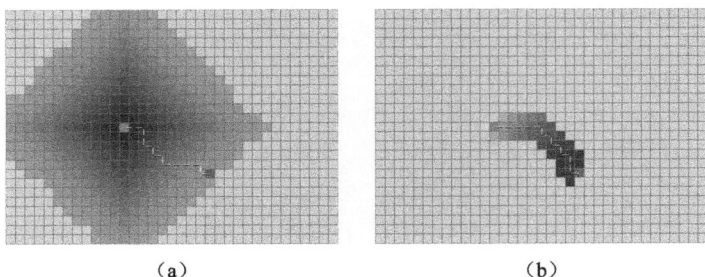

（a）　　　　　　　　　　　　（b）

图 6 - 15　Dijkstra 与 A* 搜索示意图

少；反之，则越多。通常情况下，寻找合适的 $h(s)$ 非常困难，而为了能找到最优路径，一般选择 $h(s)$ 为欧基里德距离。正如上述描述，如果 A* 算法的 $h(s)$ 选择过小，则会导致大量的状态节点被扩展，而在三维或者地图较大情况下，搜索出所需路径会扩展大量节点，导致算法满足不了实时性要求。如果 $h(s) \geqslant cost^*(s, s_{goal})$，则它可能搜索不到最优路径，但它扩展的状态节点会少，可以解决规划时间的不足。

为了快速搜索到可行路径，因而可以扩大 $h(s)$ 值。Weighted A* 算法就是在 A* 算法的启发函数 $h(s)$ 前乘以权值系数 ε（$\varepsilon \geqslant 1$）改进而来。Weighted A* 算法的启发函数为 $\varepsilon * h(s)$，估价函数用 $key(s)$ 表示，如式（6 - 12）所示：

$$key(s) = g(s) + \varepsilon * h(s) \tag{6 - 12}$$

A* 算法的启发函数 $h(s)$ 前乘以权值系数 ε（$\varepsilon \geqslant 1$）后，启发函数的增大，使搜索的状态节点少，因而 Weighted A* 算法能更加快速搜索到从起始节点到目标节点的有效路径；但 $h(s)$ 乘以权值系数 ε（$\varepsilon \geqslant 1$）后可能会出现 $\varepsilon * h(s) \geqslant cost^*(s, s_{goal})$ 的情况，因而 Weighted A* 算法可能会搜索不到最优路径。如果对式（6 - 3）两边同时乘以权值系数 ε，则可得式（6 - 13）：

$$\varepsilon * h(s) \leqslant \varepsilon * cost^*(s, s_{goal}) \tag{6 - 13}$$

此时可以认为最优路径为 $\varepsilon * cost^*(s, s_{goal})$。因为启发函数满足式（6 - 13），因此算法搜索出的路径也不会大于 $\varepsilon * cost^*(s, s_{goal})$。也就是说，Weighted A* 算法搜索的路径不会大于 ε 倍的最优路径。表 6 - 4 是 Weighted A* 算法的伪代码。该算法中同样用 *OPEN* 和 *CLOSED* 管理状态节点。*OPEN* 存放待扩展状态节点，而 *CLOSED* 存放扩展过的节点。算法每次从 *OPEN* 中选择 $key(s)$ 最小的节点进行扩展。扩展到目标节点后算法才终止，从而搜索到有效路径。

表 6 – 4　Weighted A* 算法伪代码

The pseudocode of Weighted A* algorithm：
（1） $g(s_{start})\leftarrow 0$ and g – values of the rest of the states are set to ∞
（2） $OPEN\leftarrow\{s_{start}\}$, $CLOSED\leftarrow\varnothing$
1 ComputePath（ ）
2 while（ s_{goal} is not expanded）
3 removes with the smallest $key(s)$ from $OPEN$
4 for each successor s' of s
5 　if $g(s') > g(s) + c(s, s')$
6 　　$g(s')\leftarrow g(s) + c(s, s')$
7 　　insert/update s' in $OPEN$ with $key(s')\leftarrow g(s') + \varepsilon * h(s')$

图 6 – 16 是不同 ε 系数的 Weighted A* 算法搜索的路径图。图中白色圆圈为起始节点，而五角星为目标节点。算法搜索时同样采用图 6 – 13 所示的八连接，而启发函数 $h(s)$ 是当前状态节点到目标状态节点的欧基里德距离。它满足式（6 – 3），因此对于 $\varepsilon = 1$，算法能搜索到最优路径。图 6 – 16 中，浅灰色状态和灰色状态的栅格表示扩展过的节点，而灰色节点及它们间的连接关系组成从起始节点到目标节点的有效路径。图 6 – 16（c），$\varepsilon = 1$，它相当于 A* 算法。它搜索的路径为最优路径。相对于其他 $\varepsilon > 1$ 的 Weighted A* 算法，如图 6 – 16（a）、（b）所示，它扩展的状态节点最多。图 6 – 16（a）、（b）的权值系数 ε 分别为 3，2。它们相比于 A* 算法（$\varepsilon = 1$），扩展的状态节点少，搜索出的路径虽然不是最优，但是这些路径长度都不大于最优路径的 ε 倍。

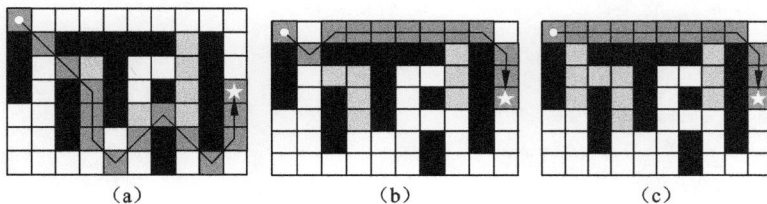

图 6 – 16　Weighted A* 搜索示意图

(a) $\varepsilon = 3$；(b) $\varepsilon = 2$；(c) $\varepsilon = 1$

总的来说，相对于 A* 算法，Weighted A* 算法需要扩展的节点数目少，能解决时间限制问题，但它搜索得到的路径并非最优路径。如果路径规划分配的时间有剩余，则可以进一步优化所搜索的路径，从而得到最优路径。

2）Anytime Weighted A*

Weighted A* 算法能快速搜索到次优路径，而算法结束的条件是搜索到目

标节点或者 *OPEN* 为空。*OPEN* 为空时算法结束，表示度量地图内不存在路径。若搜索到目标节点算法结束，则路径可能不是最优路径。如果搜索路径分配的时间有剩余，则可以进一步利用剩余时间再次改善路径，得到更加优化的路径。对于 Weighted A* 算法，如果将它的终止条件设置为 *OPEN* 为空，此时算法搜索到可行路径后，算法会继续搜索，直至 *OPEN* 为空，或者分配的时间结束，算法才终止。这就是 Anytime Weighted A*（AWA*）算法。

　　Anytime Weighted A* 算法伪代码如表 6 – 5 所示。该算法的终止条件为 *OPEN* 为空。度量地图内如果没有路径，则搜索与 Weighted A* 一样，*OPEN* 为空，算法结束，没有搜索到可行路径。如果路径存在，算法会快速找到可行的次优路径，且其路径长度不会大于最优路径的 ε 倍，然后算法将搜索到的路径长度保存到 $f(incumbent)$（第 8 行）。搜索到次优路径后，如果分配的时间没有结束，算法会继续扩展 *OPEN* 中 $key(s)$ 值最小的状态节点。另外，被扩展的状态节点，除了 $key(s)$ 值最小外，还需要满足其 $f(s)$ 必须要小于 $f(incumbent)$（第 4 行），否则，再次扩展搜索到的路径大于已经搜索到的路径，使扩展变得没有意义。由伪代码第 4 行的限制可知，搜索到可行路径后，以后算法每次扩展到目标状态节点所得到的路径都是对原路径进行改善。如果搜索直至 *OPEN* 为空，算法终止，则搜索到的路径一定是最优路径。

表 6 – 5　AWA* 算法伪代码

The pseudocode of Anytime WA* algorithm：
（1） $g(s_{start}) \leftarrow 0$ and g – values of the rest of the states are set to ∞
（2） $f(s_{start}) \leftarrow h(s_{start})$，$key(s_{start}) \leftarrow \varepsilon * h(s_{start})$，$OPEN \leftarrow \{s_{start}\}$，$CLOSED \leftarrow \varnothing$
1 ComputePath（ ）
2 while（$OPEN \neq \varnothing$）
3　 removes the smallest $key(s)$ from *OPEN*
4　 if $incumbent =$ null or $f(s) < f(incumbent)$
5　 insert s into *CLOSED*
6　 for each successor s' of s and $g(s) + c(s, s') + h(s') < f(incumbent)$
7　　 if s' is a goal node
8　　　 $f(s') \leftarrow g(s') \leftarrow g(s) + c(s, s')$，$incumbent \leftarrow s'$
9　　　 publish current suboptimal solution
10　　 else if $s' \notin OPEN \cup CLOSED$ or $g(s') > g(s) + c(s, s')$
11　　　 $g(s') \leftarrow g(s) + c(s, s')$，$f(s') \leftarrow g(s') + h(s')$，$key(s') \leftarrow g(s') + \varepsilon * h(s')$；
12　　　 insert/uptate s into *OPEN*；
13　　　 if $s' \in CLOSED$
14　　　　 remove s from *CLOSED*

AWA*算法能快速搜索到次优路径，能解决运动规划的实时性问题，而且改善路径时重复利用了上次搜索的结果；但是该算法也有固定缺陷，即不能有效控制路径的次优性。该算法直至 OPEN 为空时才终止。它搜索出最优路径后算法还是会继续扩展节点，因此它会扩展过多没有用的节点。

3) Anytime Repairing A*

Anytime Repairing A*（ARA*）算法类似于 AWA*算法。通过给定较大权值系数快速搜索到从起始节点到目标节点的次优路径。如果时间允许，算法会重复利用上次搜索结果进行再次搜索，逐步改善路径，直至搜索到最优路径或者时间消耗完，然后再以当前次优路径作为最终规划路径输出。相较于 AWA*算法，ARA*算法能有效控制路径的次优性，搜索到最优路径时扩展的栅格数更少。

ARA*算法多次执行 Weighted A*算法过程，但是它所执行的 Weighted A*算法与表 6-4 所示的 Weighted A*算法不同。表 6-4 中的 Weighted A*算法的估价函数 $key(s)$ 如式（6-12）所示。它的启发函数为 $\varepsilon * h(s)$。这个值可能会不满足式（6-3），因此算法搜索时，有的节点会被重新扩展。而 ARA*算法在执行一次 Weighted A*算法过程时，会利用集合 INCONS 限制节点的重复扩展，称之为限制状态节点重复扩展的 Weighted A*算法，即 Weighted A* + 算法。

ARA*算法多次执行限制状态节点重复扩展的 Weighted A* + 算法过程。第一次搜索时选择较大的 ε_0 值，以快速搜索到次优路径。如果规划时间没有结束，则算法逐步减小 ε 值。ε 值每减小一次，算法都会重复利用上次搜索被存放于 INCONS 中的状态节点，再执行一次减小 ε 值的 Weighted A* + 算法，而相对应的路径也逐步优化。如果时间允许直至 $\varepsilon = 1$，算法会搜索到最优路径。

ARA*算法伪代码如表 6-6 所示，主函数 Main 每执行一次 ComputePath 函数，相当于执行一次 Weighted A* + 算法。其中，$key(s) = g(s) + \varepsilon * h(s)$。算法总是从 OPEN 中选择 $key(s)$ 最小的状态节点进行扩展。启发函数 $h(s)$ 乘以了权值系数 ε（$\varepsilon \geqslant 1$），导致启发函数可能不满足式（6-3），相当于不满足 A*算法的单调一致性，使得执行一次 ComputePath 函数时，状态节点会被多次扩展。因为 $h(s) \leqslant cost^*(s, s_{\text{goal}})$，对等式两边同时乘以权值系数 ε，则会有 $\varepsilon * h(s) \leqslant \varepsilon * cost^*(s, s_{\text{goal}})$，可以将最优路径看作 $\varepsilon * cost^*(s, s_{\text{goal}})$。如果限制了状态节点重复扩展，搜索的路径也就不会大于最优路径的 ε 倍；同时限制状态节点重复扩展也能减少搜索的时间，使算法更加快速搜索到次优路径。为了限制节点的重复扩展，ARA*算法给每个节点引入了一个 v 值，同时也增加了集合 $INCONS$。在表 6 – 6 中，所有状态节点初始情况下 v 值都被设置为 ∞（第 15 行），状态节点被扩展时，则该状态的 $v(s)$ 值会被设置成与 $g(s)$ 相等，然后将状态节点放入到 $CLOSED$ 中（第 4 行）。因此，$CLSOED$ 中放入的状态节点都有 $v(s) = g(s)$。当这个状态节点再次被扩展为某节点的子节点时，它的 $g(s)$ 值会减小，且此时有 $v(s) > g(s)$。算法为了不让此状态节点重复扩展，故不会将此状态移动到 $OPEN$，而将该状态节点放入新引入的 IN-$CONS$（第 13 行）中。这样在由新引入的 v 值与集合 $INCONS$ 相互作用下，在执行 ComputePath 函数时，就限制了状态节点重复扩展，使每个状态节点扩展不超过一次。

　　Main 函数每执行一次 ComputePath 函数后，都会得到一个不大于 ε 倍最优路径的次优路径。ARA*算法会多次执行 ComputePath 函数（第 23 行）。因最初给定较大的 ε_0 值，故能快速搜索到一个有效的次优路径。如果时间允许，则逐步减小 ε 值（第 19 行），直到 ε 值为 1。每次减小 ε 值都执行一次 ComputePath 函数，在执行 ComputePath 前都将 $INCONS$ 中的状态节点移动到 $OPEN$ 中（第 21 行），并利用减小后 ε 值对 $OPEN$ 中所有状态节点的 $key(s)$ 进行更新减小并排序，然后将 $CLOSED$ 集合清空（第 22 行）。实际上，$INCONS$ 中存放的状态节点都是可能会改善路径的状态节点，将 $INCONS$ 的状态重新放置于 $OPEN$ 中，重复利用了上次执行 ComputePath 函数时的信息。算法每次执行 ComputePath 函数都可能是对原路径进行优化。在当前给定的 ε 下，搜索优化后路径不会大于最优路径的 ε 倍。这种方法可以对路径的最优性进行有效的控制。

表 6 – 6　ARA*伪代码

The pseudocode of ARA* algorithm:
1 ComputePath（）
2 while $(key(s_{goal}) > \min_{s \in OPEN}(key(s)))$
3 removes the smallest $key(s)$ from $OPEN$
4 $v(s) \leftarrow g(s)$; $CLOSED \leftarrow CLOSED \cup \{s\}$
5 for each successor s' of s
6 if s' was never visited by ARA* before then
7 $v(s') \leftarrow g(s') \leftarrow \infty$;
8 if $g(s') > g(s) + c(s, s')$
9 $g(s') \leftarrow g(s) + c(s, s')$
10 if $s' \notin CLOSED \cup INCONS$

```
The pseudocode of ARA* algorithm:

11 insert/update s' in OPEN with key(s')
12 else
13 insert s' into INCONS

14 Main ( )
15 g(s_goal)←v(s_goal)←∞; v(s_start)←∞
16 g(s_start)←0; OPEN←{s_start}; CLOSED←INCONS←∅
17 ComputePath ( )
18 while (ε>1)
19 decrease ε
20 Move all states from INCONS into OPEN
21 Update the priorities for all s∈OPEN according to key(s)
22 CLOSED←∅
23 ComputePath ( )
```

图 6 – 17 显示了 ARA* 算法中 ε 值从 3 逐步减小到 1 时所扩展的节点。图中灰色节点与浅灰色节点为扩展过的节点。相较于图 6 – 16 可知，ARA* 算法相对于 Weighted A* 算法能明显减小状态节点扩展的数量。

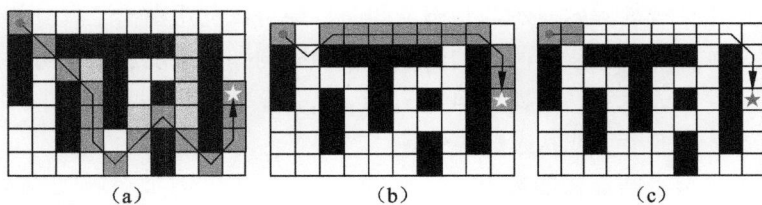

图 6 – 17　ARA* 搜索示意图
(a) $\varepsilon = 3$; (b) $\varepsilon = 2$; (c) $\varepsilon = 1$

表 6 – 7 是建立的各种不同地图利用上述 3 种不同算法搜索到有效路径和最优路径时扩展的状态节点个数。由表 6 – 7 可知，ARA* 算法搜索到最优路径时比 AWA* 扩展的状态节点要少得多，而搜索得到可行有效路径时比 A* 算法扩展的状态节点也少得多，因此它能快速搜索到次优路径，而且搜索到次优路径后利用上次搜索结果再次改善路径时扩展的状态节点也更少。

表 6-7　扩展状态节点数

	初始路径		最优路径	
	扩展状态	路径长度	扩展状态	路径长度
A*	169 895	997	169 895	997
AWA*	1 128	1 056	22 217 058	997
ARA*	1 112	1 057	177 953	997

6.3　实时、增量式路径规划

6.3.1　状态空间表示

18 世纪初期，瑞士数学家莱奥哈尔德·欧拉（Leonhard Euler）为了解决"哥尼斯堡七桥问题"发明了图论。随着计算机科学的快速发展，它为图论及其算法的实现提供了强大的计算与证明手段，有力地推动了图论的发展。在图论中，图是由一系列节点和连接这些节点的弧的集合构成的。在求解问题的状态空间模型中，图的节点被用来表示问题求解过程中的离散状态，例如路径规划时无人驾驶汽车的各种姿态。图的弧对应于问题求解过程的各个步骤，即状态间的转换，例如路径规划时无人驾驶汽车从一种姿态到另一种姿态之间的连接。

只要把路径规划问题表示为状态空间图，便可以利用图论工具分析问题的结构和复杂度，并用以求解问题的搜索过程的结构和复杂度。可以将路径规划问题的状态空间表示为一个四元组 $[S, E, S_b, G_b]$，其中：

（1）S 是图的节点或状态的集合。

（2）E 是节点间连接的集合。

（3）S_b 是 S 的非空子集，含有路径规划问题的起始状态，即 $s_{start} \in S_b$。

（4）G_b 是 S 的非空子集，含有路径规划问题的目标状态，即 $s_{goal} \in G_b$。

因此，无人驾驶汽车路径规划问题的求解可以表示为状态空间搜索的过程，即采用合适的路径搜索算法对状态空间进行遍历搜索，以获得从起始状态 s_{start} 出发到目标状态 s_{goal} 结束的一条路径。

1983 年，美国麻省理工学院人工智能实验室的 Lozano-Perez 和 Wesley 首次将物理空间（World Space）转化为构型空间（Configuration Space，C-Space），并进行了基于构型空间的路径规划方法研究。构型空间将连续的状态空间转换为离散的状态空间，为搜索策略的实施奠定了基础。因此，对于状态空间中的节点

集合 S，可以采用构型空间的形式表示。

在路径规划研究中，无人驾驶汽车所有可能的运动姿态的集合，被称为无人驾驶汽车的构型空间，以符号 $\mathcal{C}$ 表示。障碍物的构型空间以符号 $\mathcal{C}_{obs}$ 表示。由于无人驾驶汽车既可平移，又可转动，因此它共有 6 个自由度，分别以位置量（x，y，z）和转动量（φ，θ，ψ）表示。其中，φ，θ，ψ 分别为侧倾角、俯仰角和横摆角。由于所研究的无人驾驶汽车经常行驶于平坦地面，因此可以对无人驾驶汽车的运动进行简化，仅考虑无人驾驶汽车沿 x，y 方向的平移及绕 z 轴的横摆运动。

车辆的工作空间 $\mathcal{W}$ 和无人驾驶汽车模型 $\mathcal{A}$ 满足关系 $\mathcal{W} = \mathbb{R}^2$，$\mathcal{A} \subset \mathbb{R}^2$。因此，无人驾驶汽车的构型空间可表示为：

$$\mathcal{C} = \mathbb{R}^2 \times S^1 \qquad (6-14)$$

如果以 q 表示车辆在构型空间中的姿态，而以 $\mathcal{A}(q) \subset \mathcal{W}$ 表示 q 投影到工作空间 $\mathcal{W}$ 中的状态，则障碍物的构型空间 $\mathcal{C}_{obs}$ 和自由空间 $\mathcal{C}_{free}$ 可分别以下列集合表示：

$$\mathcal{C}_{obs} = \{q \in \mathcal{C} \mid \mathcal{A}(q) \cap \mathcal{O} \neq \varnothing\} \qquad (6-15)$$

$$\mathcal{C}_{free} = \mathcal{C} - \mathcal{C}_{obs} \qquad (6-16)$$

可以将路径规划问题抽象为给定无人驾驶汽车模型 $\mathcal{A}$，障碍物区域 $\mathcal{O}$，无人驾驶汽车的构型空间 $\mathcal{C}$，自由空间 $\mathcal{C}_{free}$，起始状态 s_{start}，以及目标状态 s_{goal}（s_{start}，$s_{goal} \in \mathcal{C}_{free}$），利用相关的路径搜索算法搜索获得一条最佳路径 $\pi = \{s_0, s_1, \cdots, s_i, \cdots, s_k\}$，满足 $\forall s_i$，$s_i \in \mathcal{C}_{free}$，且 $s_0 = s_{start}$，$s_k = s_{goal}$。对于任意给定的两个节点 s_i，$s_j \in \mathcal{C}_{free}$，为其分配节点之间的平移消耗 $c(s_i, s_j)$。如果以 $c(\pi)$ 表示路径 π 的消耗，则满足无人驾驶汽车运动几何约束的路径规划问题可以降阶为在状态空间中找到一个节点序列，满足式（6-17）：

$$c(\pi) = \min \sum_{j=1}^{k} c(s_{i-1}, s_i) \qquad (6-17)$$

6.3.2 增量式路径规划

基于 ARA* 算法和 LPA* 算法，美国卡内基·梅隆大学的 Maxim Likhachev 提出了一种实时、增量式的规划算法，即 AD* 算法。AD* 算法兼有实时性和增量性。它具有 ARA* 算法的实时性。它在搜索过程中除了维持 *OPEN* 表和 *CLOSED* 表外，同样维持了 *INCONS* 表。对于任一节点 s，它除了保留它的 $g(s)$ 值和 $h(s)$ 值外，还保留了 $v(s)$ 值，同时在搜索过程中通过不断地减小启发值比例因子 ε 逐渐优化所得的路径，从而保证算法的实时性。AD* 算法通过引入 LPA* 算法中处理动态环境下节点之间的边缘消耗改变情况的机制，保证了算法具有增量性。

AD*算法在进行路径规划时，*OPEN* 表中存储搜索过程中应被扩展的节点。最初的 *OPEN* 表仅含有一个元素，即搜索的起始节点 s_{start}。整个算法的执行流程是：设定启发值比例因子的初始值 $\varepsilon = \varepsilon_0$，从 *OPEN* 表中移出 key 值最小的节点作为扩展节点，将该节点的 g 值赋值给它的 v 值，根据状态空间中的节点连接关系更新它的子节点的 g 值，然后将被扩展节点从 *OPEN* 表中移除而添加到 *CLOSED* 表中。被扩展节点的子节点中尚未被扩展的节点被移至 *OPEN* 表中，而已经被扩展的子节点被移至 *INCONS* 表中，循环扩展 *OPEN* 表中 key 值最小的节点，直至目标节点的 key 值不大于 *OPEN* 表中任一节点的 key 值，则在启发值比例因子为 ε_0 时的路径规划完成。这时如果分配的规划时间仍有剩余，则减小 ε 值，将 *INCONS* 表中的节点移至 *OPEN* 表中，并根据减小后的 ε 值重新更新 *OPEN* 表中节点的 key 值及在 *OPEN* 表中的存储顺序；同时，利用传感器的探测信息检测环境是否有变化，例如新的障碍物出现或者已知障碍物消失等情况，从而更新环境地图。存储环境改变导致节点之间平移消耗改变的所有节点，为下次规划时进行局部路径修复奠定基础。然后，根据减小的 ε 值重复上述的算法流程，对上次规划已获得的路径进行优化，直至分配的规划时间耗尽，从而返回当前分配的规划时间内的次优路径。

下面以一个简单的场景作为实例，阐述 AD*算法如何根据更新后的环境信息修复已经获得的路径。

图 6-18 是采用 AD*算法解决环境中节点之间边缘消耗改变情景下的路径规划问题的整个流程。图 6-18 中加粗圆圈所示的状态为 inconsistent 状态，即待被扩展状态。图 6-18（a）所示是基于已知的环境信息规划获得的路径 $s_{start} \rightarrow s_2 \rightarrow s_1 \rightarrow s_{goal}$，如图 6-18（a）加粗箭头所示。之后，环境的变化，导致节点 s_1 和 s_2 之间的边缘消耗增加，假定由 2 变为 4，如图 6-18（b）所示。这时，当节点 s_2 被扩展时，它将使节点 s_1 的 g 值由 3 更新为 5，从而导致 $g(s_1) > v(s_1)$，s_1 变为 underconsistent 状态，如图 6-18（c）中虚线圈所示。接下来，s_1 将被扩展。由于 s_1 是 underconsistent 状态，对 s_1 的第一次扩展将使 s_1 由 underconsistent 状态变为 overconsistent 状态。如图 6-18（d）所示，将重新设置 $v(s_1) = \infty$，同时将节点 s_1，s_2 边缘消耗的改变繁衍至 s_1 的子节点 s_{goal}。接下来依次扩展节点 s_3 和 s_1，如图 6-18（e）和图 6-18（f）所示，直至算法终止，从而获得了新的路径 $s_{start} \rightarrow s_2 \rightarrow s_4 \rightarrow s_3 \rightarrow s_{goal}$。从这个简单的例子可以看出，当环境变化导致节点之间的边缘消耗改变时，AD*算法并没有破坏之前规划时建立的节点间的连接关系，仅对受到节点边缘消耗改变影响的节点 s_1

及其子节点 s_{goal} 的 g 值进行更新，然后依据节点的 key 值从这些 inconsistent 状态进行扩展，从而达到修复路径的目的。

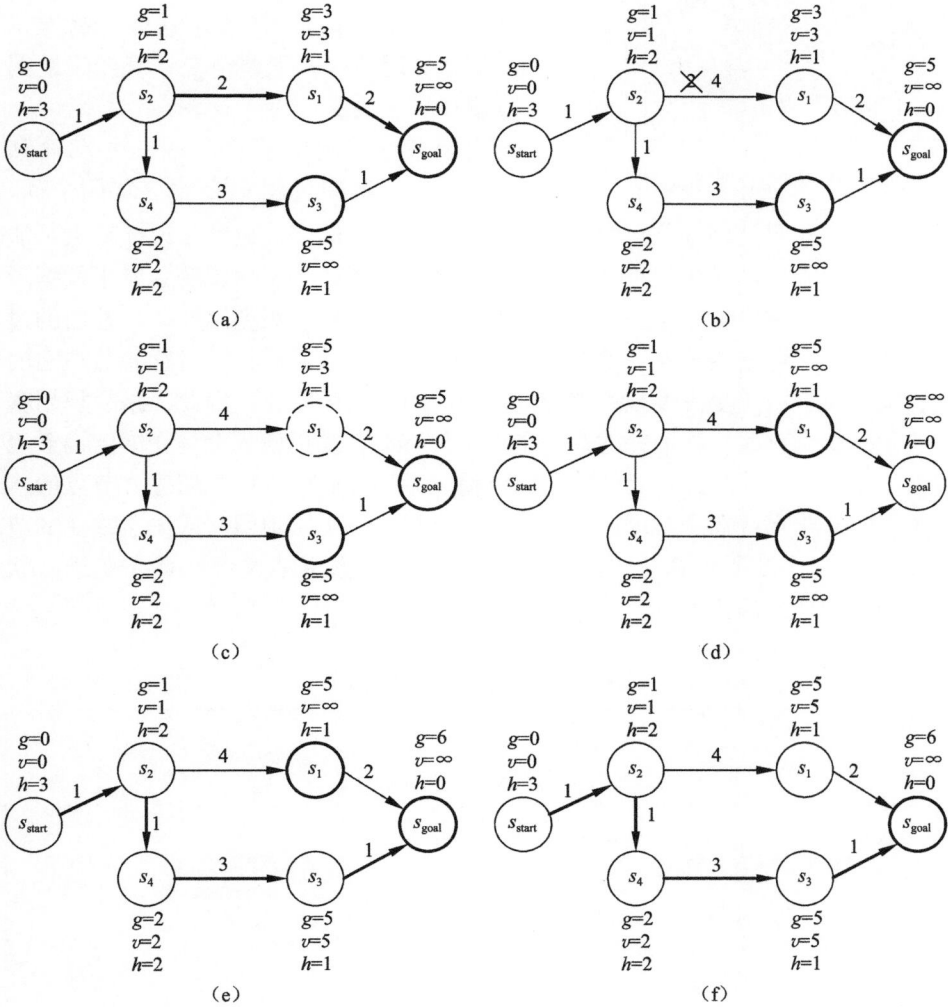

图 6-18 AD* 处理节点边缘消耗改变示例

6.3.3 变维度状态空间的实时、增量式路径规划

在车辆周围的局部区域使用高维子地图，而其他大部分区域采用低维子地图，从而组织了变维度搜索地图。在采用变维度搜索地图进行路径规划时，高

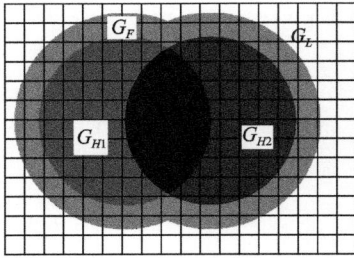

图 6 – 19　变维度搜索地图

维子地图随着无人驾驶汽车的移动而移动。若分别以符号 G_{H1} 和 G_{H2} 表示无人驾驶汽车移动过程中旧、新的高维子地图；符号 G_L 表示低维子地图；符号 G_F 表示这两个高维子地图的边界缓冲区，则整个变维度搜索地图可以图 6 – 19 表示。

　　由于高维子地图随着车辆的移动而移动，因此在移动的过程中必然导致两个高、低维子地图边界处部分节点的子地图所属关系发生改变。也就是说，节点可能从属于低维子地图变为属于高维子地图或者从属于高维子地图变为属于低维子地图。这时，需要重新组织变维度搜索地图。在重新组织变维度搜索地图的过程中会建立一些新的节点子地图所属关系及节点连接关系，同时这些节点间的平移消耗也会由于变维度搜索地图的重新组织而发生变化。因此，路径规划算法必须意识到这些平移消耗的改变是由于传感器数据更新或者是变维度搜索地图的重新组织造成的，从而针对不同的情况采用不同的方法重新建立节点的连接关系。对于那些在变维度搜索地图重新组织过程中子地图所属关系改变的节点，采用表 6 – 8 所示算法中的 convert_ vertex 函数更新这些节点在变维度状态空间中的节点连接关系。

表 6 – 8　convert_ vertex 函数

1	for $\forall s \in G_{H1} \vee G_{H2}$
2	$g(s) = \infty$, $v(s) = \infty$
3	updateSetMembership (s)
4	for $\forall s \in G_F$ $(s \neq s_{start})$
5	$g(s) = \infty$
6	$bs(s) = \arg\min_{s' \in succs(s)} (v(s') + c(s', s))$
7	$g(s) = v(bs(s)) + c(bs(s), s)$
8	updateSetMembership (s)
9	for $s \in G_F$ and $v(s) \neq \infty$
10	for each $s' \in preds(s)$
11	if $s' \in G_{H1} \vee G_{H2}$
12	$g(s') = \infty$
13	$bs(s') = \arg\min_{s'' \in succs(s')} (v(s'') + c(s'', s'))$
14	$g(s') = v(bs(s')) + c(bs(s'), s')$
15	updateSetMembership (s')

函数 convert_ vertex 仅适用于 G_{H1}，G_{H2} 及 G_F 中的节点，而对于 G_L 中的节点，它不做任何处理。具体的实施流程是：在车辆每次移动后，针对 G_{H1} 和 G_{H2} 中在上一次规划过程中生成的节点，convert_ vertex 函数都将它们的 g 值和 v 值赋初值为无穷大，并将这些节点从 OPEN 表中移除，正如无人驾驶汽车从未探测过 G_{H1} 和 G_{H2} 区域；而对于 G_F 中已经生成的节点 s，将其 g 值赋初值为无穷大，并在 s 的父节点的集合 $succs(s)$ 中重新寻找它当前的最好父节点，把这个最好的父节点以符号 $bs(s)$ 表示，然后根据节点 s 的 $g(s)$ 和 $v(s)$ 之间的关系更新其在 OPEN 表或者 INCONS 表中的位置。对于 G_F 中已经被扩展的节点 s，从它的子节点集合 $preds(s)$ 中找出属于 G_{H1} 或者 G_{H2} 的子节点 s'，将 s' 的 g 值赋初值为无穷大，并在 s' 的父节点的集合 $succs(s')$ 中重新寻找它当前的最好父节点。同样，把 s' 的最好的父节点以符号 $bs(s')$ 表示，然后依据 $g(s')$ 和 $v(s')$ 之间的关系更新 s' 在 OPEN 表或者 INCONS 表中的位置。

convert_ vertex 函数仅在无人驾驶汽车周围的局部区域内对那些在重新组织变维度搜索地图的过程中受影响的节点进行处理，更新它们在 OPEN 表或者 INCONS 表中的位置关系，从而为下次规划过程做好准备。由于它对大部分低维子地图中的节点并不做任何处理，因此，它并没有破坏上次规划完成时已经建立的搜索树，并可以利用之前的规划结果，仅对局部区域进行重搜索，实现算法的增量型，从而避免了每次遇到障碍物后都从起始状态到终止状态进行重新规划。

图 6–20 是使用 convert_ vertex 函数在重新组织变维度搜索地图的过程中更新节点连接关系的一个简单例子。为了直观起见，变维度搜索地图采用 6×8 个栅格大小。在这个例子中，G_H 表示高维子地图，如图中的灰色长方形区域所示。它共有 20 个栅格点，以灰色的圆点表示，而节点之间的连接关系由 lattice 运动单元确定。G_L 表示低维子地图。它里面的栅格点用黑色小方块表示，而节点之间的连接关系由八连接栅格确定。灰色和黑色箭头分别表示高维子地图和低维子地图中节点之间的连接关系。图 6–20（a）所示是使用后向 AD* 算法在启发值比例因子 $\varepsilon=1$ 时从终止状态 s_g 搜索至起始状态 s_r 所得的规划结果。白色空心节点是在这次搜索过程中被扩展的节点，而实心节点是在这次搜索过程中还没有被扩展的节点。这就意味着这些节点还存储在 OPEN 表中待被扩展，所获得的路径用带网格图案的线条表示。接下来，高维子地图 G_H 从左向右移动，移动至图 6–20（b）所示的位置。由图 6–20（b）可知，当高维子地图 G_H 移动后，变维度搜索地图中共有 20 个栅格点改变了子地图所属关系。其中，10 个栅格点从低维子地图移入高维子地图；同样，有 10 个栅格点从高维子地图移出到低维子地图，即图 6–20（b）中带"×"符号的节点。对于那些改变子地图所属关系及仍然在高维子地图中的节点，采用 convert_ vertex 函数删除它们在原先所属的子地图中的节点连接关系。例如，已扩展的节点 s_1 和 s_2 在 G_L 子地图中的连接关系及 G_H 子地图中已经建立的节点连接关系将被删除，如图 6 – 20 （b）中虚线箭头所示；同时，由于 s_1 和 s_2 已经移至 G_H，故可通过低维状态空间到高维状态空间的映射函数 λ^{-1} 获得它们相对应的高维状态，并把它们以高维状态重新扩展。图 6 – 20 （c）所示是 G_H 移动完成后重新组织变维度搜索地图的结果，然后等待利用路径规划算法进行重新搜索。在这次规划过程中，节点 s_1 将使用 G_H 中设定的节点连接关系重新被扩展。最后，图 6 – 20 （d）所示是重新进行路径规划后的结果。图 6 – 20 （d）中同样以带图案的线条表示获得的新路径，而白色空心节点则表示在这次规划过程中被重新扩展的节点。从这个简单的例子可以看出，在重新组织变维度搜索地图的过程中，所提出的 convert_ vertex 函数可以实现重新建立子地图所属关系改变的节点的连接关系，而对 G_L 子地图中子地图所属关系没有改变的节点不做任何处理。在无人驾驶汽车移动后使用 convert_ vertex 函数重新建立节点及其之间的连接关系，重新组织变维度搜索地图。

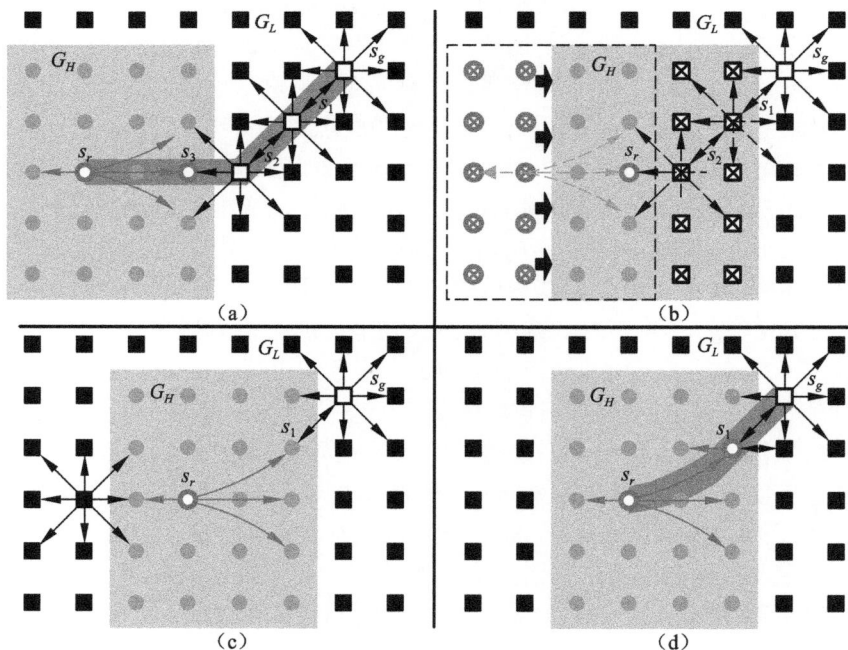

图 6 – 20　节点连接关系组织示意图

基于变维度状态空间的实时、增量式规划算法是基于 AD* 算法的改进算法。与 AD* 算法类似，它兼有实时性和增量性，可用于解决不确定环境下的实时路径规划问题。整个算法的伪代码如表6-9所示。

表6-9 基于变维度状态空间的实时、增量式规划算法伪代码

1 $Q_c = \{\varnothing\}$, $Q_1 = \{\varnothing\}$

for $\forall s$, $g_{low}(s) = 0$, $g^0(s) = \infty$

$s_{prev} = s_{curr} = s_{start}$, $i = 0$

2 while $s_{curr} \neq s_{goal}$ do

3   update map with sensor data

4   for all directed edges (u, v) with changed edge cost

5   update the edge cost $c(u, v)$

6   if $(v \neq s_{start}$ and v was visited by AD* before$)$

7       $bs(v) = \arg\min_{s'' \in succs(v)} (v(s'') + c(s'', v))$

8       $g(v) = v(bs(v)) + c(bs(v), v)$; UpdateSetMembership (v);

9 $i = i + 1$

10   $[\pi^i, g^i, C_1] =$ COMPUTEPATH $(s_{curr}, s_{goal}$, CONSTRUCT$(G, \{Q_c \cap s_{curr}\}))$

11 publishcurrent ε - suboptimalsolution;

12 while $\varepsilon > 1$

13 decrease ε;

14 move states from *INCONS* into *OPEN*;

15 updatetheprioritiesforall $s \in OPEN$ according to $key(s)$;

16 *CLOSED* $= \varnothing$;

17 $i = i + 1$;

18 $[\pi^i, g^i, C_1] =$ COMPUTEPATH $(s_{curr}, s_{goal}$, CONSTRUCT$(G, \{Q_c \cap s_{curr}\}))$

19   if C_1 is satisfied then

20   insert s_{curr} in Q_c

21   end if

22   if $\exists s$: $(s \in \pi^i) \wedge (s \in Q_1) \wedge (g^i(s) < g_{low}(s))$ then

23   moves from Q_1 to Q_c

24   end if

25   if $g^i(s_{curr}) \geq g^{i-1}(s_{prev})$ then

26     $g_{low}(s_{curr}) = \max(g^i(s_{curr}), g_{low}(s_{curr}))$

27   insert/update s_{curr} in Q_1 with $g_{low}(s_{curr})$

28   end if

29 convert_ vertex $()$

30 $s_{prev} = s_{curr}$

31 $s_{curr} = \pi^i(1)$

32 end while

159

基于变维度状态空间的实时、增量式规划算法的执行流程：首先对表 Q_c，Q_1 及相关节点的 g 值进行初始化（第 1 行）。给定当前节点状态作为路径规划的起始节点状态 s_{curr} 及路径规划的终止节点 s_{goal}，利用传感器获得的环境信息更新地图，检测是否存在节点之间的平移消耗改变。如果存在，则更新节点间的平移消耗并存储这些相关节点。然后，使用后向 AD* 算法在变维度状态空间进行路径规划，返回当前获得的次优路径 π^i，路径上的节点在第 i 次重规划时的 g 值，以及用以表示路径是否满足条件 C_1 的结果（第 18 行）。如果当前进行路径规划时采用的启发值比例因子 ε 满足条件 $\varepsilon > 1$，并且分配给这次规划的时间还有剩余，算法将减小 ε 值；同时将 *INCONS* 表中的节点移至 *OPEN* 表中，并根据新的 ε 值更新 *OPEN* 表中所有节点的 *key* 值及其在 *OPEN* 表中的排放顺序，重新扩展 *OPEN* 表中 *key* 值小于目标节点 *key* 值的节点，直至分配的规划时间耗尽，从而返回当前规划时间内获得的最优路径。如果条件 C_1 满足，则将当前位置节点放入 Q_c 表中（第 19 ~ 20 行），即在当前起始节点处引入一个永久性的高维子地图。如果当前路径规划所得路径的消耗不少于上一次规划所得路径的消耗，即路径消耗增加了，将当前路径的消耗和已经存储的 s_{curr} 的边界消耗这两个值中的最大值作为 s_{curr} 新的边界消耗（第 25 ~ 26 行），并将这个新的边界消耗及 s_{curr} 移入 Q_1 表中（第 27 行）。对于路径 π^i 上的任一节点 s，如果 s 已经存储于 Q_1 表中，并且当前路径上节点 s 的 g 值 $g^i(s)$ 小于存储在 Q_1 表中的 s 的边界消耗 $g_{low}(s)$，则将 s 从 Q_1 表中移至 Q_c 表中（第 22 ~ 23 行），即在 s 处也引入一个永久性的高维子地图。每当搜索起始点变化之后，利用 convert_ vertex 函数更新子地图所属关系改变的节点及节点间的连接关系，重新组织变维度搜索地图，然后重复执行上述算法流程，一直到达目标节点。

参 考 文 献

[1] 张浩杰. 不确定环境下基于启发式搜索的智能车辆路径规划研究 [D]. 北京：北京理工大学, 2013.

[2] Zhang Haojie, Xiong Guangming, et. al. Anytime Path Planning in Graduated State Space [C]. IEEE Intelligent Vehicles Symposium, Gold Coast, QLD, June 23 – 26, 2013：358 – 362.

[3] Zhang Haojie, Butzke Jonathan, Likhachev Maxim. Combining Global and Local Planning with Guarantees on Completeness [C]. IEEE International Conference on Robotics and Automation, St. Paul, MN, USA, May 14 – 18, 2012 (5)：4500 – 4506.

［4］ Zhang Haojie, Chen Huiyan, Jiang Yan, Gong Jianwei, Xiong Guangming. Variable Dimensional State Space Based Global Path Planning for Mobile Robot ［J］. Journal of Beijing Institute of Technology, 2012, 21 (3): 328 – 335.

［5］ 张浩杰, 龚建伟, 姜岩, 熊光明, 陈慧岩. 基于变维度状态空间的增量启发式路径规划方法研究 ［J］. 自动化学报, 2013, 39 (10): 1602 – 1610.

［6］ 李波. 人在回路的智能车辆启发式全局路径规划算法研究 ［D］. 北京: 北京理工大学, 2012.

［7］ 周培云. 自主式智能车辆导航与路径规划技术研究 ［D］. 北京: 北京理工大学, 2009.

［8］ 焦伟. 基于电子地图的智能车辆定位导航技术的研究 ［D］. 北京: 北京理工大学, 2007.

［9］ R. Gartshore, A. Aguado, C. Galambos. Incremental Map Building Using an Occupancy Grid for an Autonomous Monocular Robot ［C］. The 7th International Conf. on Control, Automation, Robotics and Vision, Singapore, December 2 – 5, 2002 (2): 613 – 618.

［10］ J. Guldner, V. I. Utkin, R. Bauer, A Three-layered Hierarachical Path Control System for Mobile Robots: Algorithm and Experiments ［J］. Robotics Autonom System, 1995, 14 (2 – 3): 133 – 147.

［11］ W. K. Yeap, M. E. Jefferies. Computing a Representation of the Local Environment ［J］. Artificial Intelligence, 1999, 107 (2): 265 – 301.

［12］ J. Barraquand, J. C. Latombe. A Monte-carlo Algorithm for Path Planning with Many Degrees of Freedom ［C］. Proceedings of the IEEE International Conference on Robotics and Automation (ICRA). Cincinnati, USA, 1990: 1712 – 1717.

［13］ D. Hsu. Randomized Single-query Motion Planning in Expansive Spaces ［D］. California: Stanford University, 2000.

［14］ S. M. LaValle, J. J. Kuffner. Randomized Kinodynamic Planning ［C］. Proceedings of the IEEE International Conference on Robotics and Automation (ICRA). Detroit, USA, 1999: 473 – 479.

［15］ M. S. Branicky, S. M. LaValle, S. Olson, et al. Quasi-randomized Path Planning ［C］. Proceedings of the International Conference on Robotics and Automation (ICRA). Seoul, Korea, 2001: 1481 – 1487.

［16］ T. H. Cormen, C. E. Leiserson, R. L. Rivest, et al. Introduction to Algorithms, Second Edition ［M］. Boston: MIT Press and McGrawHill, 2001.

［17］ D. E. Knuth. The Art of Computer Programming Volume 1, Fundamental Algorithms Third Edition ［M］. Boston: Addision-Wesley, 1997.

［18］ R. E. Korf. Depth-first Iterative-deepening: An Optimal Admissible Tree Search ［J］. Articial Intelligent, 1985 (27): 97 – 109.

［19］ S. J. Russell, P. Norvig. Artificial Intelligence: A Modern Approach ［M］. New Jersey: Prentice Hall, 2003.

［20］ E. W. Dijkstra. A Note on Two Problems in Connexion with Graphs ［J］. Numerische-Mathematik, 1959, 1 (1): 269 – 271.

第7章

无人驾驶汽车运动控制

无人驾驶汽车运动控制分为纵向控制和横向控制。纵向控制是指通过对油门和制动的协调，实现对期望车速的精确跟随。横向控制实现无人驾驶汽车的路径跟踪。其目的是在保证车辆操纵稳定性的前提下，不仅使车辆精确跟踪期望道路，同时使车辆具有良好的动力性和乘坐舒适性。在无人驾驶汽车的行驶过程中，车辆的横向运动和纵向运动存在耦合关系，通常将纵向运动和横向运动进行解耦，设计两个独立互补关系的控制器，对其分别进行控制。

本章首先介绍无人驾驶汽车的纵向控制，包括对油门和制动的控制，以及对油门和制动控制的切换规则。其次介绍考虑车辆纵向速度的横向控制，通过航向预估算法解决无人驾驶汽车在纵向速度发生变化时的横向稳定性较差的问题，提高无人驾驶汽车对纵向速度的自适应能力。再次介绍考虑已知道路曲率和未知环境干扰时的横向控制，通过滑模变结构控制理论建立自动转向控制系统，采用前馈控制解决道路曲率对横向控制的影响，进一步添加反馈控制解决横向控制过程中由于未知干扰造成的航向偏差。最后介绍考虑环境信息与车辆约束的无人驾驶汽车路径跟踪。

7.1 无人驾驶汽车的纵向控制

本节首先介绍纵向速度控制模型。然后，分别介绍无人驾驶汽车的油门控制以及基于模糊分挡的制动控制。最后，阐述具体的切换规则，协调油门控制与制动控制。

无人驾驶汽车采用油门和制动综合控制方法实现对预定速度的跟踪，控制框图如图 7-1 所示。根据预定速度和无人驾驶汽车实测速度的偏差，油门控制器和制动控制器根据各自的算法分别得到油门控制量和制动控制量。切换规则根据油门控制量、速度控制量和速度偏差选择油门控制还是制动控制。未选择的控制系统回到初始位置，如按切换规则选择了油门控制，则制动控制执行机构将回到零初始位置。

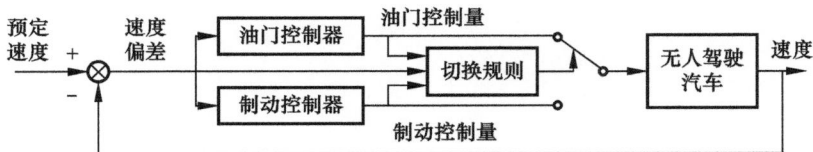

图 7-1　纵向控制系统控制框图

7.1.1　油门控制

1）增量 PID 控制算法

在油门控制中，采用增量 PID 控制算法。增量 PID 算法为：

$$\Delta u = u_t(k) - u_t(k-1)$$
$$= k_p[e(k) - e(k-1)] + k_i e(k) + k_d[e(k) - 2e(k-1) + e(k-2)]$$

$$(7-1)$$

其中，k_p，k_i，k_d 分别为比例、积分和微分系数；$u_t(k)$ 表示第 $k(k=0,1,2,\cdots)$ 个采样时刻的控制量；$e(k)$ 表示第 k 个采样时刻的速度输入偏差。

从式（7-1）得到控制量后，根据传动比、伺服电机每转一圈所需的驱动脉冲数确定一个比例系数 $k_{\text{throttle-drive}}$，将控制量乘上该系数发送给伺服电机驱动器。

2）坡道速度跟踪

油门控制的纯延迟较小，在算法中可以不考虑。利用这种固定系数的 PID 控制方法，对平坦路面的速度跟踪性能是可以达到要求的，但当道路情况变化时，跟踪误差较大。如上坡时，速度明显低于期望速度，需要较长时间才能调整到期望速度，且稳态误差较大；而下坡时，速度高于期望速度。图 7-2 所示是无人驾驶汽车坡道受力情况分析。图中 g 为重力加速度，α_{slope} 表示坡道倾斜角，则无人驾驶汽车在坡道上时由重力产生的加速度为：

$$a_{slope} = \pm g\sin\alpha_{slope} \qquad (7-2)$$

下坡时受到与前进方向相同的力，符号
为正；上坡受到与前进方向相反的力，符号
为负。无人驾驶汽车行驶过程中，坡道倾斜
角 α_{slope} 可以用无人驾驶汽车俯、仰角代替。
无人驾驶汽车俯、仰角可通过陀螺、电子罗
盘等传感器测量。无人驾驶汽车在一个控制
周期内因坡道产生的速度增量为：

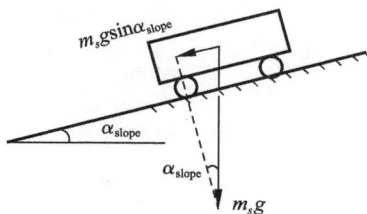

图 7-2　坡道上无人驾驶汽车的
受力情况分析

$$\Delta v_{slope} = T\alpha_{slope} \qquad (7-3)$$

再用期望速度减去该速度增量，得到新的速度偏差：

$$e = v_d - \Delta v_{slope} - v_1 \qquad (7-4)$$

这实质上是改变了无人驾驶汽车在坡道上的期望速度，算法原理如图 7-3 所示。

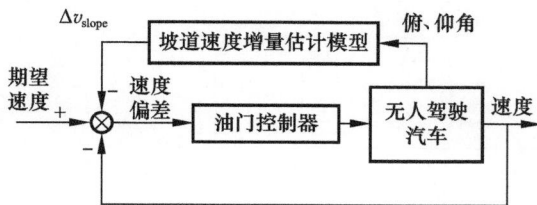

图 7-3　油门控制坡道预估速度跟踪

7.1.2　制动控制

　　人工驾驶车辆进行制动时，往往踩住制动踏板至一定行程并保持一段时
间，估计车辆可在要求的距离内达到需要的速度，就松开制动踏板。如果没有
达到需要的速度，还可重新踩下制动踏板。若不是紧急制动，司机一般会根据
当前车辆速度与减速距离判断制动踏板的行程。减速过程中车辆行驶一般相当
平稳，即制动踏板不会频繁抖动；但在 PID 算法作为制动控制器时，与人工制
动效果相差很大，制动时制动踏板出现抖动，车辆减速行驶不平稳，乘坐不舒
适。模糊分挡式制动控制方法是为了模仿人工驾驶，减速时使制动踏板动作平
缓，提高无人驾驶汽车行驶平稳性。

　　1）模糊分挡制动控制基本原理

　　模糊分挡是指模糊控制器的查表输出量不直接用于驱动制动踏板，而是将
控制量按一定规则分为有限的 u_1，u_2，…，u_N（$N \geqslant 1$）行程挡。为了减少制
动踏板的频繁动作，分挡应尽量少。这样，当制动踏板到达某一行程挡后，稳

165

定时间就可适当延长，从而保证了行驶平稳性。

模糊制动控制框图如图7-4所示。速度偏差$e(k)$和一个控制周期内的速度偏差变化量$ec(k)$（即$e(k) - e(k-1)$，可代表无人驾驶汽车加速度）分别乘以速度偏差变换比例系数k_{fe}和速度偏差变化量变换比例系数k_{fec}后再进行均匀模糊量化，得到$fe(k)$和$fec(k)$。其量化过程见表7-1，论域为$[-6, +6]$。然后利用$fe(k)$和$fec(k)$查模糊控制规则表得到模糊控制表输出量$fu(k)$。$fu(k)$经过滤波后得到$fu_{\text{filter}}(k)$（$fu_{\text{filter}}(k)$同时也是进行油门控制与制动控制切换的判据），通过分挡规则调整得到分挡控制输出$fsu(k)$，最后乘以实际控制量比例因子k_{fu}，转换成实际控制量$u_b(k)$。模糊控制规则表是通过离线模糊推理计算得到的。下面对模糊规则控制表的推理过程、滤波分挡规则，以及输入输出比例系数的确定进行详细说明。

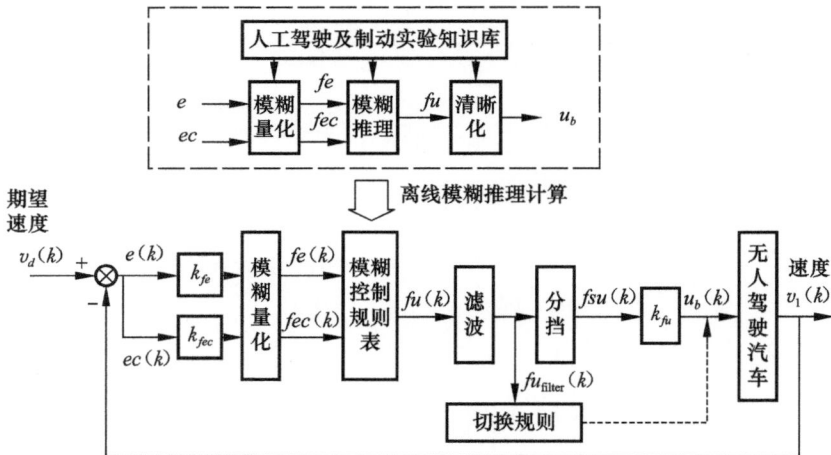

图7-4　模糊制动控制框图

表7-1　速度偏差与偏差变化量的均匀模糊量化

量化等级	-6	-5	-4	-3	-2	-1	0	1	2	3	4	5	6
变化范围	≤5.5	(-5.5 -4.5]	(-4.5 -3.5]	(-3.5 -2.5]	(-2.5 -1.5]	(-1.5 -0.5]	(-0.5 0.5]	(0.5 1.5]	(1.5 2.5]	(2.5 3.5]	(3.5 4.5]	(4.5 5.5]	>5.5

2）模糊控制规则推理

设模糊控制器中经模糊量化后的输入变量fe，fec以及模糊控制变量fu的

论域分别为 FE，FEC 和 FU，模糊语言变量值集合分别为 $T(fe)$，$T(fec)$ 和 $T(fu)$，模糊语言变量值有 NB（负大），NM（负中），NS（负小），ZE（零），PS（正小），PM（正中）和 PB（正大），且有：

FE，FEC，$FU \in \{-6, -5, -4, -3, -2, -1, 0, 1, 2, 3, 4, 5, 6\}$

$T(fe)$，$T(fec) = \{NB, NM, NS, ZE, PS, PM, PB\}$

$T(fu) = \{NM, NS, ZE, PS, PM\}$

各模糊语言变量值的隶属度函数见表 7 - 2。

表 7 - 2 各模糊语言变量的隶属度函数

	-6	-5	-4	-3	-2	-1	0	1	2	3	4	5	6
PB	0	0	0	0	0	0	0	0	0	0.1	0.4	0.8	1
PM	0	0	0	0	0	0	0	0	0.2	0.7	1	0.7	0.2
PS	0	0	0	0	0	0.1	0.4	0.8	1	0.8	0.4	0.1	0
ZE	0	0	0	0.1	0.4	0.8	1	0.8	0.4	0.1	0	0	0
NS	0	0.1	0.4	0.8	1	0.8	0.4	0.1	0	0	0	0	0
NM	0.2	0.7	1	0.7	0.2	0	0	0	0	0	0	0	0
NB	1	0.8	0.4	0.1	0	0	0	0	0	0	0	0	0

根据人工驾驶制动经验和多次制动控制实验结果，制定了如表 7 - 3 所示的模糊控制规则。表 7 - 3 中 NM 和 NS 表示制动，ZE 表示不动作，而 PS 和 PM（表中用括号标示）则没有实际意义。制定控制输出量只是为了作为油门控制和制动控制的切换判据。在制定控制规则时，考虑到油门踏板完全松开时，无人驾驶汽车也可以依靠行驶阻力减速，故这时不需要进行制动控制。

下面采用 PRODUCT - SUM - GRAVITY 方法进行模糊推理和清晰化，也称中位数法，或者 LARSEN 积运算。表 7 - 4 是利用 PRODUCT - SUM - GRAVITY 方法进行模糊推理及清晰化计算得到的模糊控制表。

表 7 - 3 制动控制模糊控制规则

fec ＼ fe	NB	NM	NS	ZE	PS	PM	PB
NB	NM	NM	NM	NS	NS	NS	ZE
NM	NM	NM	NS	NS	NS	ZE	ZE
NS	NM	NS	NS	NS	ZE	(PS)	(PS)
ZE	NS	NS	ZE	ZE	(PS)	(PS)	(PM)
PS	ZE	ZE	ZE	(PS)	(PS)	(PM)	(PM)
PM	ZE	ZE	(PS)	(PS)	(PM)	(PM)	(PM)
PB	ZE	(PS)	(PS)	(PM)	(PM)	(PM)	(PM)

表7-4 模糊控制表

fe \ fec	-6	-5	-4	-3	-2	-1	0	1	2	3	4	5	6
-6	-4	-4	-4	-4	-3	-3	-2	-2	-2	-2	-1	-1	0
-5	-4	-4	-4	-3	-3	-2	-2	-2	-2	-1	-1	0	0
-4	-4	-4	-3	-3	-2	-2	-2	-2	-1	-1	0	0	0
-3	-4	-3	-2	-2	-2	-2	-2	-1	-1	0	1	1	1
-2	-3	-3	-2	-2	-2	-1	-1	-1	0	1	1	2	2
-1	-3	-2	-2	-1	-1	-1	0	0	1	1	2	2	3
0	-2	-2	-1	-1	0	0	0	1	1	2	2	3	3
1	-1	-1	-1	-1	0	0	1	1	2	2	3	3	4
2	-1	0	0	0	0	1	1	2	2	3	3	4	4
3	0	0	0	1	1	2	2	2	3	3	4	4	4
4	0	0	1	1	2	2	2	3	3	4	4	4	4
5	0	1	1	1	2	2	3	3	4	4	4	4	4
6	0	1	1	2	2	3	3	4	4	4	4	4	4

3）分挡式控制规则

在实际控制过程中，模糊控制表的控制输出量 $fu(k)$ 抖动很大，如果直接乘以实际控制量比例因子 k_{fu} 转换成实际控制量 $u(k)$ 去驱动伺服电机，则制动踏板位置不稳定，导致无人驾驶汽车行驶平稳性差。即使是经过滤波，也会有抖动现象。为了保证无人驾驶汽车行驶的平稳性，可以将滤波后的控制量 $fu_{filter}(k)$ 按一定规则分挡，形成台阶式输出，从而使制动踏板在一定时间内位置固定。分挡间隔应该大于模糊控制输出变量论域元素之间的最大间隔，以保证分挡后控制量曲线在上升过程中递增，在下降过程中递减。这样可以使制动踏板从零位拉紧到最大位置过程中，减少来回抖动的次数。为补偿滤波带来的控制量减小和滞后的损失，可将控制量做适当的放大。

分挡方法如图7-5所示，一般情况下，可以分为有限的几挡。因模糊论域为 $[-6，+6]$，元素间隔为1，小于零的元素为6个。这里按3挡举例说明，规则如下：

（1）若 $0 > fu_{filter}(k) \geqslant p_{ctrl1}$，则 $fsu(k) = 0$。

（2）若 $p_{ctrl1} > fu_{filter}(k) \geqslant p_{ctrl2}$，则 $fsu(k) = step_1$。

（3）若 $p_{ctrl2} > fu_{filter}(k) \geqslant p_{ctrl3}$，则 $fsu(k) = step_2$。

（4）若 $p_{ctrl3} > fu_{filter}(k)$，则 $fsu(k) = step_3$。

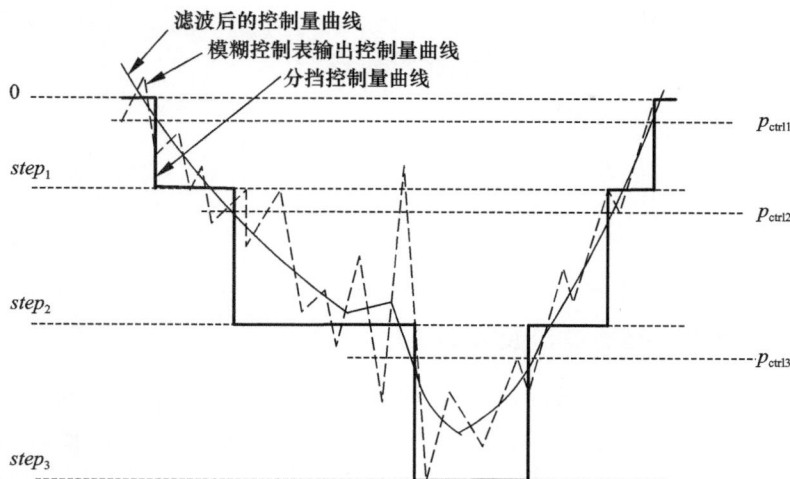

图 7 - 5　模糊控制量分挡规则示意图

4）输入输出控制变换比例系数的确定

模糊控制器中，速度偏差比例系数 k_{fe}，速度偏差变化量比例系数 k_{fec}，以及实际控制量比例因子 k_{fu} 对系统性能有比较大的影响：k_{fe} 过小将引起较大的稳态误差，而过大则会导致超调量变大；k_{fec} 过小将使系统响应性能变差，收敛速度减慢，而过大将导致上升时间增加，稳态误差变大，同时超调量会减小；k_{fu} 过小将导致上升时间增加，收敛速度加快，而过大则作用相反。

对无人驾驶汽车速度控制而言，设速度偏差最小值、最大值分别为 e_{min}，e_{max}，模糊控制器模糊变量论域为 $[e_{lmin}, e_{lmax}]$，采用线性变换，则有：

$$fe = \frac{e_{lmin} + e_{lmax}}{2} + k_{fe}\left(e - \frac{e_{max} - e_{min}}{2}\right) \qquad (7-5)$$

其中，

$$k_{fe} = \frac{e_{lmax} - e_{lmin}}{e_{max} - e_{min}} \qquad (7-6)$$

若设速度偏差变化量最小值、最大值分别为 ec_{min}，ec_{max}，模糊控制器模糊变量论域为 $[ec_{lmin}, ec_{lmax}]$，采用线性变换，则有：

$$fec = \frac{ec_{lmin} + ec_{lmax}}{2} + k_{fec}\left(e - \frac{ec_{max} - ec_{min}}{2}\right) \qquad (7-7)$$

其中，

$$k_{fec} = \frac{ec_{lmax} - ec_{lmin}}{ec_{max} - ec_{min}} \qquad (7-8)$$

同理，若实际控制量最小值、最大值分别为 u_{bmin}，u_{bmax}，模糊控制器控制变量论域为 $[u_{blmin}, u_{blmax}]$，采用线性变换，则有：

$$u_b = \frac{u_{bmin} + u_{bmax}}{2} + k_{fu}\left(fu - \frac{u_{blmax} - u_{blmin}}{2}\right) \qquad (7-9)$$

其中，

$$k_{fu} = \frac{u_{bmax} - u_{bmin}}{u_{blmax} - u_{blmin}} \qquad (7-10)$$

7.1.3　油门与制动的切换规则

油门控制与速度控制的及时顺利切换是减小速度跟踪误差并保证无人驾驶汽车行驶平稳性的关键。切换规则中利用油门控制器输出控制量 u_t 和制动控制器输出滤波后的控制量 $fu_{filter}(k)$ 的符号进行判断；同时，引入速度偏差 e 作为判据。切换实施示意图如图 7-1 所示。切换规则如下（u 表示选择的控制量）：

$$u = \begin{cases} u_t & (e \geqslant -0.5\mathrm{m/s}) \\ \left. \begin{array}{l} u_b \quad (u_t < 0, \ fu_{filter} < 0) \\ u_t \qquad\quad (其他) \end{array} \right\} & (e < -0.5\mathrm{m/s}) \end{cases} \qquad (7-11)$$

7.2　基于航向预估的无人驾驶汽车横向控制

航向跟踪是无人驾驶汽车路径跟踪的基础，而位置偏差和航向偏差最后都转化为航向偏差，因此，精确的航向跟踪是实现路径跟踪的前提条件。无人驾驶汽车是一个高度非线性化、具有较大延迟的复杂系统，而对于这样的系统，建立精确的数学模型十分困难。在进行航向跟踪控制时，参数的变化对系统模型影响较大，其中纵向速度变化的影响最为明显。无人驾驶汽车航向跟踪一般控制方法是把期望航向与实测航向之差作为控制器输入偏差，把控制器输出控制量作为无人驾驶汽车的期望前轮偏角。无人驾驶汽车的航向与其纵向速度、横向速度、前轮偏角，绕重心的转动惯量，重心位置，前、后轮侧偏系数，以及实际道路情况等诸多因素有关，在常规控制方法中，只考虑了期望航向与实际航向的偏差，而未能包含其他因素的影响，因此难以达到满意的控制效果。当系统参数，特别是某些敏感参数发生变化时，就必须重新设定控制器参数。

例如，用常规 PID 控制器进行航向跟踪实验，在某一纵向速度下整定好 PID 控制参数，即使当纵向速度发生很小变化时，也必须重新整定 PID 参数，否则控制性能变坏，超调较大，甚至出现振荡。它表现在路径跟踪实验中，则是在一定速度下能较好地完成弯道或急弯等路径跟踪任务，而速度变化后，跟踪误差变大或出现大幅度振荡。因此，在无人驾驶汽车航向跟踪控制中，控制方法应该能对纵向速度等影响因素有一定的自适应能力。航向跟踪预估控制方法就是在这一背景下提出的。

7.2.1　二自由度动力学模型

无人驾驶汽车（后轮驱动，前轮转向）有纵向、横向、垂直方向的平动以及侧倾、俯仰、横摆 3 个方向的转动。其中，横向运动和横摆运动基本上是由转向操纵产生的。当横向加速度和横摆角速度较小时，常采用简化的二自由度动力学模型，如图 7 - 6 所示。图 7 - 6 中 G 为重心；F_{ef}，F_{er} 分别为前、后轮受到的侧向力；δ_f，α_r 是前、后轮侧偏角；β 为质心侧偏角。其微分方程为：

$$I_z\dot{\omega} + \frac{2(a^2C_f + b^2C_r)}{v_1}\omega + \frac{2(aC_f - bC_r)}{v_1}v_2 = 2aC_f\delta_f \qquad (7-12)$$

$$m\dot{v_2} + \left[mv_1 + \frac{2(aC_f - bC_r)}{v_1}\right]\omega + \frac{2(C_f + C_r)}{v_1}v_2 = 2C_f\delta_f \qquad (7-13)$$

其中，I_z 为汽车绕重心的转动惯量（kg·m²）；m 为汽车质量（kg）；C_f，C_r 分别为前、后轮侧偏系数（N/rad），只考虑单侧车轮；v_1，v_2 分别为汽车纵向速度、横向速度（m/s）；a，b 分别为前、后车轴到重心的距离（m）；ω 为汽车横摆角速度（rad/s）；δ_f 为前轮偏角（rad）。

在如图 7 - 7 所示的无人驾驶汽车路径跟踪示意图中，将无人驾驶汽车转

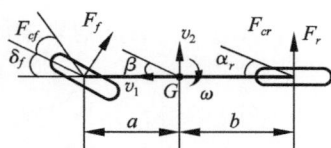

图 7 - 6　二自由度动力学模型

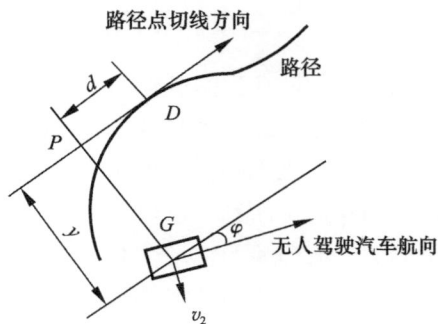

图 7 - 7　无人驾驶汽车路径跟踪示意图

向机构视为一阶惯性环节。

假设以下两个条件成立：一是汽车横向速度与纵向速度的比值 v_2/v_1 很小，即 $v_1 \gg v_2$；二是航向偏差角 φ 很小，且不计实际路径的影响，可得出系统状态空间的表达式：

$$
\begin{bmatrix} \dot{\omega} \\ \dot{v}_2 \\ \dot{\varphi} \\ \delta_f \end{bmatrix} = \begin{bmatrix} -\dfrac{2(a^2 C_f + b^2 C_r)}{I_z v_1} & -\dfrac{2(a C_f - b C_r)}{I_z v_1} & 0 & \dfrac{2a C_f}{I_z} \\ -v_1 - \dfrac{2(a C_f - b C_r)}{m v_1} & -\dfrac{2(C_f + C_r)}{m v_1} & 0 & \dfrac{2 C_f}{m} \\ 1 & 0 & 0 & 0 \\ 0 & 0 & 0 & -\dfrac{1}{\tau} \end{bmatrix} \begin{bmatrix} \omega \\ v_2 \\ \varphi \\ \delta_f \end{bmatrix} + \begin{bmatrix} 0 \\ 0 \\ 0 \\ \dfrac{1}{\tau} \end{bmatrix} \delta_d
$$

$$(7-14)$$

$$
\begin{bmatrix} \dot{\omega} \\ \dot{v}_2 \\ \dot{\varphi} \\ \dot{y} \\ \delta_f \end{bmatrix} = \begin{bmatrix} -\dfrac{2(a^2 C_f + b^2 C_r)}{I_z v_1} & -\dfrac{2(a C_f - b C_r)}{I_z v_1} & 0 & 0 & \dfrac{2a C_f}{I_z} \\ -v_1 - \dfrac{2(a C_f - b C_r)}{m v_1} & -\dfrac{2(C_f + C_r)}{m v_1} & 0 & 0 & \dfrac{2 C_f}{m} \\ 1 & 0 & 0 & 0 & 0 \\ 0 & 1 & v_1 & 0 & 0 \\ 0 & 0 & 0 & 0 & -\dfrac{1}{\tau} \end{bmatrix} \begin{bmatrix} \omega \\ v_2 \\ \varphi \\ y \\ \delta_f \end{bmatrix} + \begin{bmatrix} 0 \\ 0 \\ -v_1 \rho \\ 0 \\ \dfrac{\delta_d}{\tau} \end{bmatrix}
$$

$$(7-15)$$

其中，式（7-14）表示应用于航向跟踪的系统状态方程，而式（7-15）表示用于路径跟踪的系统状态方程。

7.2.2 航向预估算法原理

在实际的航向控制过程中，控制器根据期望航向与无人驾驶汽车实际航向得到航向偏差，计算控制量，而当执行机构执行这一控制量时，要经过一个采样周期，这时无人驾驶汽车的实际航向已经改变，即控制量执行时已有一个采样周期的滞后，而且，采样周期一定时，无人驾驶汽车纵向速度或其他影响因素不同时，航向的变化量也不一样。

航向预估算法的基本思想是预测无人驾驶汽车航向变化趋势，并将其计入控制偏差，这样航向变化趋势就可以影响控制器的输出，即无人驾驶汽车的前轮偏角。预估模型原理如图7-8所示，图7-8中 R 表示无人驾驶汽车绕运动

中心点 O 的运动半径。

无人驾驶汽车在进行航向跟踪控制时，只要求出无人驾驶汽车的横摆角速度，就能得到航向偏差角变化率。航向偏差角变化率与采样周期的乘积，即无人驾驶汽车在一个采样周期内的航向变化量。若设控制器采样周期为 T，纵向速度与前轮速度近似，则无人驾驶汽车航向在一个控制周期内的变化量 $\Delta\theta(\mathrm{rad})$ 可以近似地计算为：

$$\Delta\theta = v_1 T\sin(\delta_f)/(a + b) \tag{7 - 16}$$

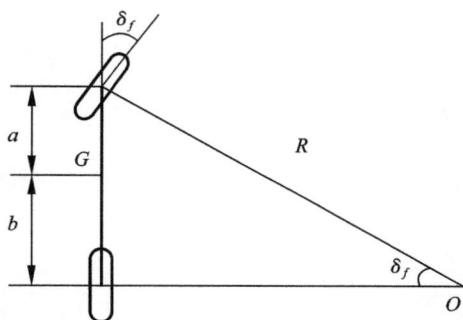

图 7 - 8　二自由度无人驾驶汽车航向预估模型

在式（7 - 16）中，纵向速度 v_1 和前轮偏角 δ_f 是在当前采样周期内测得的，在下一个控制周期内会有所变化，但由于其变化的连续性，计算得到的 $\Delta\theta$ 作为下一个控制周期内无人驾驶汽车的航向变化估计量是可行的，$\Delta\theta$ 被称为无人驾驶汽车在下一个控制周期内的航向变化预估量，以下简称航向预估量。

在控制算法中，无人驾驶汽车当前航向与航向预估量之和作为航向反馈量，期望航向与航向反馈量的差值作为控制器的输入偏差。航向预估控制框图如图 7 - 9 所示。

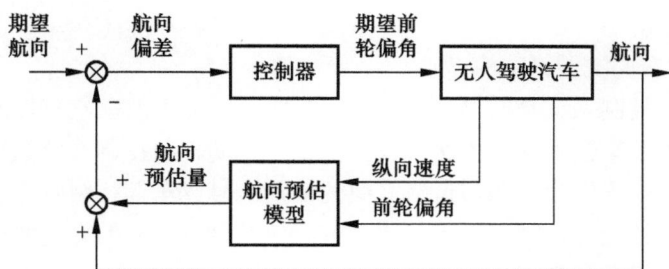

图 7 - 9　航向跟踪预估控制框图

在实验中，航向预估控制方法和与之对比的常规控制方法的控制器均采用增量 PID 算法，且两者的比例、积分和微分系数一样。

7.3 基于滑模变结构理论的无人驾驶汽车横向控制

道路上行驶的无人驾驶汽车由于受到许多已知或未知干扰的作用，对其横向运动的精确控制十分困难。本节介绍适用于无人驾驶汽车道路跟踪的自动转向控制方法。对于期望道路，静态前馈控制律可以克服已知道路曲率的干扰。对于未知和不确定干扰，基于偏差的反馈控制系统可以很好地解决这一问题。

7.3.1 自动转向控制系统结构

自动转向控制系统作为无人驾驶汽车车体控制系统中的重要组成部分，主要通过控制车辆的横向运动，使车辆精确跟踪期望道路，因此其控制性能和品质直接影响无人驾驶汽车的智能行为表现。同时，由于无人驾驶汽车行驶工况的复杂性，自动转向控制系统不仅受到已知或未知的干扰作用，而且无人驾驶汽车的车速变化范围较大，因此如何设计对干扰鲁棒并且对变化车速适应的自动转向控制系统是无人驾驶汽车技术中重要的关键问题之一。

纵观国内外发展历史和现状，自动转向控制算法的设计涉及经典控制理论、现代控制理论以及智能控制理论。学者们将 PID 控制、预见控制、最优控制、极点配置、鲁棒控制、H∞ 控制、模糊控制、螺旋理论、模型预测控制等理论应用于无人驾驶汽车转向控制系统中，以求良好的控制性能。由于无人驾驶汽车在行驶过程中受到干扰和不确定性的作用，因此所设计的自动转向控制算法必须对这些干扰具有鲁棒性和适应性。滑模变结构控制作为一种鲁棒控制策略，对干扰和不确定性具有较强的鲁棒性和抗干扰性。

以下以滑模变结构控制理论为基础，探讨滑模变结构控制理论在自动转向控制系统中的应用。

1）自动转向控制系统模型

自动转向控制系统是通过控制前轮偏角实现对无人驾驶汽车横向运动的精确控制，以保证车辆沿期望道路行驶。因此，自动转向控制系统的输入为期望前轮偏角，而输出则为车辆与道路之间的偏差信号或车辆行驶状态。车辆与道路之间的偏差信号包括横向位置偏差、方向偏差以及它们的变化率等，而车辆行驶状态是指横摆角速度、质心侧偏角（或横向速度）等。具体以哪些物理量作为输出量，取决于自动转向反馈控制系统结构。

对自动转向系统进行动力学建模，包括车辆—道路系统动力学模型和转向执行机构动力学模型。为简化分析和方便控制器的设计，进行如下假设：

（1）质心处的曲率和预瞄点处的曲率相同；

（2）曲率变化率为0。

可得到自动转向系统状态方程为：

$$\dot{x} = Ax + Bw + D\rho_L \Rightarrow$$

$$\begin{bmatrix} \dot{x}_1 \\ \dot{x}_2 \\ \dot{x}_3 \\ \dot{x}_4 \\ \dot{x}_5 \\ \dot{x}_6 \end{bmatrix} = \begin{bmatrix} 0 & 1 & 0 & 0 & 0 & 0 \\ \alpha_{21} & \alpha_{22} & 0 & \alpha_{24} & \alpha_{25} & 0 \\ 0 & 0 & 0 & 1 & 0 & 0 \\ \alpha_{41} & \alpha_{42} & 0 & \alpha_{44} & \alpha_{45} & 0 \\ 0 & 0 & 0 & 0 & 0 & 1 \\ 0 & 0 & 0 & 0 & \alpha_{65} & \alpha_{66} \end{bmatrix} \begin{bmatrix} x_1 \\ x_2 \\ x_3 \\ x_4 \\ x_5 \\ x_6 \end{bmatrix} + \begin{bmatrix} 0 \\ 0 \\ 0 \\ 0 \\ 0 \\ \beta_{61} \end{bmatrix} w + \begin{bmatrix} 0 \\ \gamma_{21} \\ 0 \\ \gamma_{41} \\ 0 \\ 0 \end{bmatrix} \rho_L$$

$$(7-17)$$

式中，状态变量 $x = [x_1, x_2, x_3, x_4, x_5, x_6]^{\mathrm{T}} = [x_{e1}, x_{e2}, x_{e3}, x_{e4}, x_{a1}, x_{a2}]^{\mathrm{T}}$。其中，$x_{ei}$（$i = 1, 2, 3, 4$）依次表示质心处的方向偏差及其变化率，预瞄点处的横向位置偏差及其变化率；控制输入 w 为期望前轮偏角 δ_{fd}；干扰输入为道路曲率 ρ_L；矩阵的各元素分别为 $\alpha_{21} = -ua_{21}$，$\alpha_{22} = a_{22} - La_{21}$，$\alpha_{24} = a_{21}$，$\alpha_{25} = b_{21}$，$\alpha_{41} = -ua_{11} - uLa_{21}$，$\alpha_{42} = a_{12} + La_{22} - La_{11} - L^2 a_{21} + u$，$\alpha_{44} = a_{11} + La_{21}$，$\alpha_{45} = b_{11} + Lb_{21}$，$\alpha_{65} = -\omega_n^2$，$\alpha_{66} = -2\xi\omega_n$，$\beta_{61} = -\omega_n^2$，$\gamma_{21} = ua_{22}$，$\gamma_{41} = ua_{12} + uLa_{22}$。

由于转向系统受几何和功率限制，实际前轮偏角以及它的变化率是有约束的，同时期望前轮偏角也要满足该限制条件，因此对于状态方程（7-17）需要有约束条件加以描述，即：

$$\begin{cases} |x_5| \leqslant \delta_{f\max} \\ |x_6| \leqslant \dot{\delta}_{f\max} \\ |w| \leqslant \delta_{f\max} \end{cases} \qquad (7-18)$$

式中，状态变量 x_5 表示实际前轮偏角；状态变量 x_6 表示实际前轮偏角的变化率；$\delta_{f\max}$ 和 $\dot{\delta}_{f\max}$ 分别表示前轮偏角和前轮偏角变化率的最大值，取值为正，单位分别为 rad，rad/s。

针对式（7-17）所描述的自动转向控制系统，在考虑约束条件（7-18）的前提下，可以设计性能良好的控制系统。

2) 自动转向控制系统框图

在确定控制系统框图和结构之前，首先分析自动转向控制模型（7－17）是否满足滑模变结构控制的匹配条件。根据控制系统满足匹配条件的充分必要条件可知，模型（7－17）中 $\text{rank}(B, D) \neq \text{rank}(B)$，因此不满足匹配条件。也就是说，道路曲率干扰不满足滑模控制的匹配条件，因此滑动模态将受到道路曲率干扰的影响。然而，对于无人驾驶汽车而言，前方道路曲率是已知的，即已知干扰。对于已知的道路曲率干扰，可以采用前馈控制进行抑制。前馈控制是基于已知干扰的预先控制方法，不仅可以提高控制系统对干扰的动态响应性能，同时可以减小反馈系统所具有的波动和时滞性。前馈控制的引入将大大提高自动转向系统的道路跟踪性能。前馈控制量主要克服道路曲率对自动转向系统的影响，按照横向位置偏差为0的条件并基于动力学模型进行计算。而反馈控制算法基于滑模变结构控制理论进行设计，在系统存在不确定性、有外界干扰等条件下，控制系统具有较好的鲁棒性和适应性。

根据上述分析，搭建如图7－10所示的自动转向控制系统。

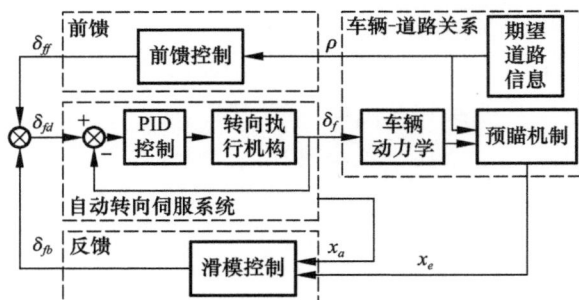

图7－10　自动转向控制系统框图

图7－10中，期望前轮偏角 δ_{fd} 输入到实际前轮偏角 δ_f 之间的转向执行机构视为位置伺服控制系统。车辆横向动力学输出结合预瞄机制和期望道路信息获得预瞄点处的偏差及变化率 x_e，而安装在自动转向伺服系统的转角传感器给出前轮偏角及其变化率 x_a。自动转向滑模控制算法依据状态变量计算反馈系统的期望前轮偏角。前馈控制器根据前方道路曲率信息计算前馈系统的期望前轮偏角。前馈量和反馈量之和作用于自动转向伺服系统，改变车辆动态运动，保持车辆始终沿着期望道路行驶。所需满足的性能指标，必须在自动转向控制算法设计时给予考虑，即控制算法中控制参数的选取直接影响性能指标，因此控制算法设计以后，需要分析控制参数对系统性能的影响。

以下两小节介绍基于曲率的前馈控制和基于偏差的反馈控制。基于曲率的前馈控制有助于提高车辆行驶的乘坐舒适性，但仅靠前馈控制跟踪道路时存在较大的横向位置偏差，而该偏差需要通过反馈控制系统进行补偿修正。为此，第三小节介绍的基于偏差的反馈控制系统，目的是消除由外界干扰和系统不确定性而产生的横向位置偏差和方向偏差。

7.3.2　基于曲率的前馈控制

图 7 – 11 所示为前馈控制系统框图。图 7 – 11 中 $G(s)_{i-j}$ 表示从 i 到 j 的传递函数，而 $C_{ff}(s)$ 表示前馈控制。从图 7 – 11 中看出，有两个输入作用于车辆—道路系统：一个是道路曲率的干扰输入 ρ_L；另一个是前轮偏角输入 δ_f。在道路曲率干扰 ρ_L 作用下车辆 – 道路系统产生横向位置偏差。该偏差通过前馈控制 C_{ff} 进行消除。前面已指出，通过引入前馈控制可消除稳态圆周运动的稳态横向位置偏差 Δy_{L_ss}（x_{e3_ss}）。因此，前馈控制 C_{ff} 的设计依据是稳态圆周行驶工况下，使无人驾驶汽车道路跟踪预瞄点处的横向位置偏差 Δy_L 为 0。

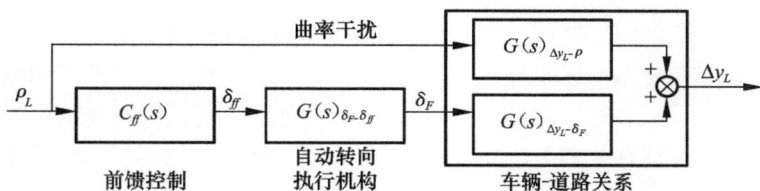

图 7 – 11　自动转向控制系统前馈控制框图

根据图 7 – 11 所示的前馈控制框图，得到前馈控制 C_{ff} 为：

$$C_{ff} = \frac{1}{C_F(I_z + Ll_Fm)us^2 + C_FC_R(l_F + l_R)(L + l_R)s + C_FC_R(l_F + l_R)u} \times$$

$$\left(\begin{array}{c} mI_zu^2s^2 + (I_z(C_F + C_R) + m(C_Rl_R^2 + C_Fl_F^2))s \\ + C_FC_R(l_F + l_R)^2 + (C_Rl_R - C_Fl_F)mu^2 \end{array} \right) \frac{s^2 + 2\xi\omega_ns + \omega_n^2}{\omega_n^2}u$$

$$(7 - 19)$$

从式 7 – 19 可以看出，前馈控制传递函数 C_{ff} 中分子的阶次大于分母的阶次，因此，需要对前馈控制进行简化。考虑到前馈控制的目的是使稳态误差为 0，则无人驾驶汽车稳态圆周行驶工况下，式（7 – 19）可被简化为：

$$C_{ff\_ss} = \lim_{s \to 0} C_{ff}(s) = \frac{C_FC_R(l_F + l_R)^2 + (C_Rl_R - C_Fl_F)mu^2}{C_FC_R(l_F + l_R)} \quad (7 - 20)$$

因此，道路曲率的干扰通过前馈控制传递函数 C_{ff_ss} 进行消除。由于忽略了前馈控制的瞬态部分，故不能使横向位置偏差一直为 0；但是其误差是有界的，即在稳态前馈控制作用下，车辆行驶轨迹与期望道路间存在有界误差。该误差需要通过反馈控制进行消除。

7.3.3 基于偏差的反馈控制

基于偏差的反馈控制，其主要目的是消除由外界干扰和系统不确定性而产生的横向位置偏差和方向偏差。若期望道路为直道，则反馈控制需要克服由系统不确定和外界干扰引起的偏差，保证车辆沿直道行驶；若期望道路为曲线，则需要加入前馈控制，以补偿道路曲率的干扰，再由反馈控制系统消除由于横向风、系统不确定性等引起的系统偏差。反馈控制的作用是对系统偏差进行控制。反馈控制不考虑道路曲率的影响，故系统模型（7-17）可被简化为：

$$\dot{x} = Ax + B\delta_{Fd} \tag{7-21}$$

自动转向控制系统需要对质量、车速和轮胎侧偏刚度的变化具有较强的鲁棒性，因此控制算法必须对已知的道路曲率干扰、外界未知干扰和系统不确定引起的干扰具有良好的鲁棒性和自适应性。

1）基于滑模变结构控制理论的反馈控制

具有滑动模态的变结构控制系统，即滑模变结构控制系统，不仅对系统的不确定因素具有较强的鲁棒性和抗干扰性，而且可以通过滑动模态的设计获得满意的动态品质，同时又有控制简单、易于实现的特点。滑模变结构控制与常规控制的根本区别在于控制的不连续，即一种使系统"结构"随时变化的开关特性。

滑模变结构控制系统的基本原理是当系统状态穿越状态空间的滑动超平面时，反馈控制的结构发生变化，从而使系统性能达到某个期望指标。由此看出，滑模变结构系统是通过控制器本身结构的变化，使系统性能保持一直高于一般固定结构控制所能达到的性能，突破了经典线性控制系统的品质限制，较好地解决了动态性能指标与静态性能指标之间的矛盾。

变结构控制系统按照设计思路，可把变结构控制系统的运动分为两个阶段进行研究和设计。第一阶段为趋近运动。此时系统状态由任意初始状态位置向滑动模态（令 $s(x)$ 为切换函数，则 $s(x)=0$ 就是滑动模态）运动，直到进入滑动模态。该阶段中 $s(x)\neq0$。此时的设计任务是使系统能够在任意状态进入并到达滑动模态。第二阶段为滑模运动。此时系统状态进入滑动模态并沿着滑动模态运动。在该阶段中 $s(x)=0$。此时的设计任务是保证 $s(x)=0$，并使此时的等效运动具有期望的性能。因此，可以将滑模变结构控制系统的设计分为相互独立的两个部分。首先设计切换函数，使其所确定的滑动模态渐近稳定且具有良好的动态品质。然后设计滑动模态控制律，满足到达条件，从而在切换面上形成滑动模态区，使系统具有滑模运动。

根据自动转向系统的分析，得知道路曲率不为 0 时，方向偏差等于负的质心侧偏角，即偏差系统的状态变量 x_e 收敛于平衡点 $x_{eeq} = [-\beta_{ss}, 0, 0, 0]^T$。此处，自动转向执行机构动力学模型的状态变量 x_a 收敛于平衡点 $x_{aeq} = [\delta_{ff}, 0]^T$。因而提出如图 7-12 所示的控制系统。通过加入稳态质心侧偏角和前馈控制量重构原系统的状态变量 x，得到收敛于原点的状态变量 $\tilde{x}$，并基于新状态变量 $\tilde{x}$ 设计滑模控制算法。

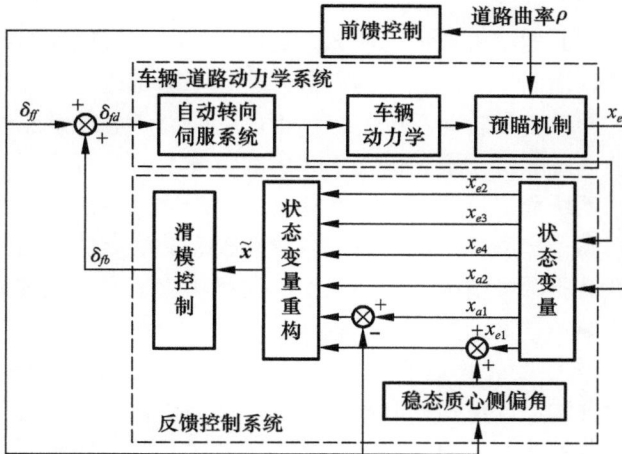

图 7-12　基于滑模变结构控制理论的控制系统框图

（1）切换函数的设计。滑模变结构控制系统中切换函数的选取直接影响滑模运动的稳定性和动态品质，且涉及滑动模态的存在性、可达性以及滑模运动的稳定性问题，因此需要根据自动转向系统的动态性能指标要求进行合理的选取。根据切换函数的形式不同，设计方法有极点配置、二次型最优等。其中，极点配置设计方法简单、直观，同时所配置的期望极点直接决定了滑动模态的动态品质和性能。本节采用极点配置的方法设计线性切换函数。

令切换函数为

$$s = C\tilde{x} \qquad (7-22)$$

式中，C 为切换函数矩阵；$\tilde{x}$ 为新的状态变量，$\tilde{x} = [x_e - x_{eeq}; x_a - x_{aeq}] = [x_{e1} + \beta_{ss}, x_{e2}, x_{e3}, x_{e4}, x_{a1} - \delta_{ff}, x_{a2}]^T$。其中，$\beta_{ss}$ 为稳态的质心侧偏角。

设计切换函数 s 就是确定矩阵 C，采用极点配置方法设计矩阵 C。基于 Ackermann 公式的滑模变结构控制方法，通过 Ackermann 极点配置公式设计滑动模态的极点。根据自动转向滑模变结构控制系统的动态品质和性能指标，设计等效控制的闭环极点 p_1，p_2，p_3，p_4，p_5 和 p_6，其中 p_1，p_2，p_3，p_4 和 p_5 作为超平面上滑动模态的特征根，而 p_6 取任意值。由 Ackermann 极点配置公式得到矩阵 C 为：

$$C = [0 \quad 0 \quad 0 \quad 0 \quad 1][\boldsymbol{B} \quad \boldsymbol{AB} \quad \boldsymbol{A}^2\boldsymbol{B} \quad \boldsymbol{A}^3\boldsymbol{B} \quad \boldsymbol{A}^4\boldsymbol{B}]^{-1}q(\boldsymbol{A}) \quad (7-23)$$

式中，$\boldsymbol{A}$ 和 $\boldsymbol{B}$ 为式（7-21）中的系统矩阵和控制矩阵，而 $q(\boldsymbol{A})$ 由下式表示：

$$q(\boldsymbol{A}) = (\boldsymbol{A} - \boldsymbol{I}p_1)(\boldsymbol{A} - \boldsymbol{I}p_2)(\boldsymbol{A} - \boldsymbol{I}p_3)(\boldsymbol{A} - \boldsymbol{I}p_4)(\boldsymbol{A} - \boldsymbol{I}p_5) \quad (7-24)$$

滑动模态期望极点的选取直接影响滑动模态的特征根，从而影响闭环系统的动态响应。就无人驾驶汽车运动控制的自动转向系统而言，需要从以下两个方面确定滑动模态的期望极点：①从无人驾驶汽车行驶舒适性的要求出发，为保证横向加速度和横向冲击度满足约束条件，在不同车速下对前轮偏角及其变化率进行限制，导致自动转向系统的控制不能受限而产生任意的控制作用，即不能满足快速的动态响应要求，而在更恶劣的情况下，还可能不满足自动转向滑模变结构反馈系统稳定性要求；②在满足行驶舒适性的前提下，尽量提高动态响应速度，以满足自动转向动态品质和滑动模态的稳定性。因此，综合考虑控制受限和动态品质两种情况，期望运动的动态响应速度不宜过快，即期望极点不宜出现在离虚轴过远处。

（2）滑动模态控制律的设计。在设计切换函数之后，需要求解控制律。下面采用趋近律方法设计滑模控制律。趋近律法通过设计趋近运动的形式，提高变结构控制系统的动态品质，特别是趋近运动的品质。这有利于提高自动转向控制系统路径跟踪的动态品质。

采用指数趋近律，即：

$$\dot{s} = -\varepsilon \mathrm{sgn}(s) - ks \quad (7-25)$$

式中，ε 和 k 分别是等速趋近律参数和指数趋近律参数，取值为正；s 为切换函数；sgn（·）为符号函数。

对式（7-22）求导，并代入式（7-25）得滑模控制律为：

$$\boldsymbol{\delta}_{fd} = -(\boldsymbol{CB})^{-1}(\boldsymbol{CA}\tilde{\boldsymbol{x}} + ks + \varepsilon \mathrm{sgn}(s)) \quad (7-26)$$

为减小系统抖振问题，用饱和函数 sat（·）代替符号函数 sgn（·），即：

$$\boldsymbol{\delta}_{fd} = -(\boldsymbol{CB})^{-1}(\boldsymbol{CA}\tilde{\boldsymbol{x}} + ks + \varepsilon \mathrm{sat}(s)) \quad (7-27)$$

这种控制系统被称为具有准滑动模态的变结构控制系统，能够有效抑制变结构系统的抖振问题。饱和函数 sat（·）定义为：

$$\mathrm{sat}(s) = \begin{cases} 1 & s > \Delta_b \\ s/\Delta_b & |s| \leqslant \Delta_b \\ -1 & s < -\Delta_b \end{cases} \quad (7-28)$$

式中，Δ_b 称为边界层，这里取值为 $\Delta_b = 0.001$。

从滑模变结构控制律（7-27）可以看出，控制参数 ε 和 k 对反馈控制律有影响。等速趋近律参数 ε 表示到达切换面的速率。其值越大，由初始状态到达切换面的时间越短，但是 ε 太大，又会引起抖振。指数趋近律参数 k 表示趋近运动的收敛速率。其值越大，趋近运动速率越快，到达切换面的时间越短。为了使趋近运动加快，并削弱抖振，可以减小 ε，增大 k。自动转向滑模变结构控制系统在要求具有良好的动态响应特性的同时，也需要满足横向加速度、横向冲击度等约束条件。因此，ε 和 k 的选取不宜过大，在满足约束条件的情况下，可适当减小 ε，增大 k。

（3）控制参数对自动转向滑模变结构控制系统的影响。控制参数包括期望极点 p_i（$i=1,2,3,4,5$）以及趋近律参数 ε 和 k。由于自动转向系统的控制受限，因此不能产生任意的控制效果，而在更恶劣的情况下，还可能导致系统不稳定，且切换面和控制律参数是相互影响的。因此，选取合理的期望极点以及趋近律参数可以保证系统稳定并具有良好的动态品质。

为分析方便，滑动模态的期望极点选取为 $p_1 = p_2 = p_3 = p_4 = p_5 = p$（$p$ 为负实数），指数趋近律参数 k 取 0，只考虑等速趋近律参数 ε 和期望极点 p 对自动转向变结构控制系统的影响。本节通过数值仿真方法进行分析。通过大量的仿真分析发现，p 和 ε 的取值直接影响变结构系统的稳定性。这里给出某一工况下，使系统稳定的 p 和 ε 边界值，如图 7-13 所示。

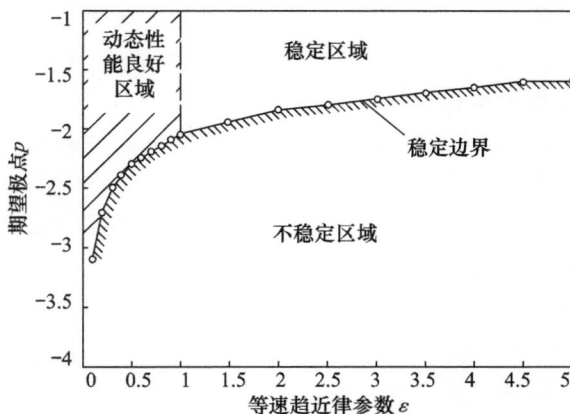

图 7-13　某一工况下使系统稳定的控制参数边界

图 7-13 表示，如果 ε 或 p 的取值超出边界曲线，则会造成闭环系统不稳定。在稳定区域内，p 的绝对值越大，系统动态响应越快；ε 越大，状态到达

切换面的速率越快。自动转向滑模变结构控制系统要求在满足稳定性的前提下，p 和 ε 越大越好；但从图 7 - 13 可以看出，这又是矛盾的。闭环系统首先应保证较快的动态响应，再通过减小 ε 来削弱变结构系统的抖振。另外，到达切换面的速率通过选取 k 得到补偿。大量的仿真试验结果表明，k 较大时，系统的动态响应太快，会导致闭环系统不稳定。

（4）稳定性分析。在不考虑控制受限的情况下，选取 Lyapunov 函数为：

$$V(\tilde{x}) = \frac{1}{2}s(\tilde{x})^{\mathrm{T}}s(\tilde{x}) \qquad (7-29)$$

对时间求导可得：

$$\dot{V}(\tilde{x}) = s(\tilde{x})\dot{s}(\tilde{x}) = -ks^2 - \varepsilon|s| \qquad (7-30)$$

因此，只要 $k>0$，且 $\varepsilon>0$，则 $\dot{V}(\tilde{x})<0$。所以，闭环系统是稳定的。

2）基于 Backstepping 的自适应滑模控制

本节探讨基于 Backstepping 设计方法的自适应滑模控制技术在无人驾驶汽车转向控制中的应用。Backstepping 设计方法，又称反演设计方法、反步法、回推法或后推法，通常与 Lyapunov 型自适应律一起使用，综合考虑控制律和自适应律，使整个闭环控制系统满足期望的动态、静态性能指标。Backstepping 设计方法的基本思想是将复杂的非线性或线性系统分解成不超过系统阶次的若干子系统，对每个子系统分别设计 Lyapunov 函数，并确定满足稳定性的中间虚拟控制量，然后一直后退到整个系统，直到完成整个控制律的设计。Backstepping 设计方法通过反向设计（recursive design）使系统的 Lyapunov 函数和控制器设计过程系统化、结构化。

Backstepping 设计方法实际上是一种逐步递推的设计方法，比较适合在线控制，以达到减少在线计算时间的目的。此外，在 Backstepping 设计方法中引进的虚拟控制本质上是一种静态补偿思想，前面子系统必须通过后面子系统的虚拟控制才能达到镇定的目的。

自动转向控制系统需要通过控制前轮偏角，使车辆—道路的横向位置偏差和方向偏差趋向于 0。显然其控制输入数量为 1，而需要控制的物理量为 2 个。对于无人驾驶汽车道路跟踪而言，在进行自动转向控制时，要对横向位置偏差进行控制，使之趋近于 0，而方向偏差只需满足收敛条件即可。因此，这里只采用横向位置偏差及其变化率作为控制目标，使其收敛于 0。此时，视方向偏差及其变化率为系统干扰。显然该干扰可以直接通过传感器测量得到，所以是已知干扰。因此，以横向位置偏差为控制目标的、基于 Backstepping 设计方法的自适应滑模控制系统的框图可由图 7 – 14 描述。

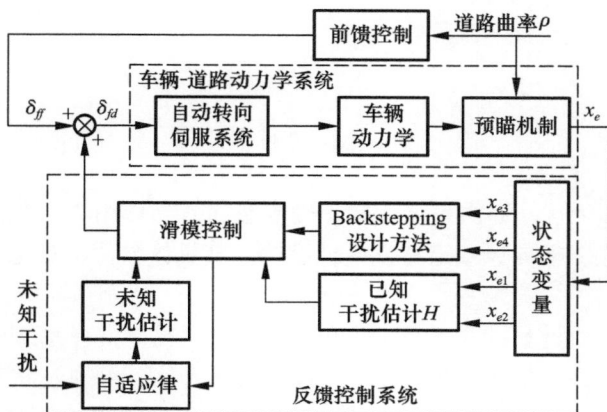

图 7 – 14 基于 Backstepping 的自适应滑模控制系统框图

从图 7 – 14 可以看出，反馈控制系统中设计了对于未知干扰能够进行精确估计的干扰估计自适应律，以保证控制系统对外界未知干扰具有鲁棒性；同时，对于已知干扰 x_{e1} 和 x_{e2}，则通过模型计算 H 的值。反馈系统中只考虑了状态 x_e，而未考虑执行机构的状态 x_a。这是因为若对状态 x_a 进一步采用 Backstepping 设计方法，则会衍生出状态 x_{e3} 和 x_{e4} 的高阶导数。然而传感器测量结果只能给出 x_{e3} 和 x_{e4}，而其导数值也只能通过数值微分进行计算。这将导致控制系统难以实现。因此，设计控制器时，首先对模型进行降阶，忽略转向执行机构影响而得到期望的前轮偏角。然后，调整控制器参数，以获得适用于考虑转向执行机构动力学模型的控制系统。

另外，本节中的状态约束（7 – 18）右端最大值不依据乘坐舒适性条件计算，而是根据车辆所能达到的最大值进行计算。无人驾驶汽车行驶的横向加速度指标可以通过调整控制器参数得到满足。

（1）降阶控制模型。基于上述分析，对模型进行降阶，得到二阶模型为：

$$\begin{cases} \dot{x}_3 = x_4 \\ \dot{x}_4 = \alpha_{44}x_4 + \alpha_{45}w_d + H \end{cases}$$

$$y = \begin{bmatrix} 1 & 0 \end{bmatrix} \begin{bmatrix} x_3 \\ x_4 \end{bmatrix} \qquad (7 – 31)$$

式中，H 为方向偏差及其变化率的函数，$H = \alpha_{41}x_1 + \alpha_{42}x_2$（实际上 H 可通过状态计算而得，因此可被视为已知干扰）；w_d 为期望输入，$w_d = x_5$，实际上就是计算得出的控制律；y 为系统输出，$y = x_3$。

同时，考虑到系统不确定性和外界干扰，模型（7-31）可表示为：

$$\begin{cases} \dot{x}_3 = x_4 \\ \dot{x}_4 = \alpha_{44}x_4 + \alpha_{45}w_d + H + \Delta \end{cases}$$

$$y = \begin{bmatrix} 1 & 0 \end{bmatrix} \begin{bmatrix} x_3 \\ x_4 \end{bmatrix} \tag{7-32}$$

式中，Δ 为未知干扰，即由系统参数不确定性和外界作用力引起的干扰，如轮胎侧偏刚度变化、横向风或道路横向坡度等。其具体数值很难通过模型计算或直接测量得出。

此处控制器设计目的是求解 w_d 随时间的变化规律，在系统已知干扰和未知干扰作用下始终使输出 y 收敛于 0。对于已知干扰，可通过状态变量的组合直接计算具体值。然而对于未知干扰，其作用是无规律的、不确定的，因此只能通过自适应算法对未知干扰进行估计，以获得良好的控制效果，使系统对干扰具有较强的鲁棒性。

（2）Backstepping 滑模控制器设计。以下采用 Backstepping 设计方法对模型（7-32）逐步计算期望控制量。

第 1 步：定义跟踪偏差函数 e_1 如下，其中 y_d 表示期望的输出量：

$$e_1 = y - y_d \tag{7-33}$$

定义 Lyapunov 函数为：

$$V_1 = \frac{1}{2}e_1^2 \tag{7-34}$$

为使 $\dot{V}_1 < 0$，e_1 趋近于平衡点 0，采用 x_{4d} 作为虚拟控制输入，并记偏差 e_2，得到：

$$\dot{V}_1 = e_1 e_2 - c_1 e_1^2 \tag{7-35}$$

如果 $e_2 = 0$，则 $\dot{V}_1 < 0$。为此，需要进行下一步设计。

第 2 步：对偏差 e_2 求导，得到：

$$\dot{e}_2 = \alpha_{44}x_4 + \alpha_{45}w_d + H + \Delta - c_1\dot{e}_1 \tag{7-36}$$

定义 Lyapunov 函数为：

$$V_2 = V_1 + \frac{1}{2}s^2 \tag{7-37}$$

式中，s 为切换函数，选取为：

$$s = ce_1 + e_2 \tag{7-38}$$

式中，c 为切换函数系数，且 $c > 0$。

设计滑模变结构控制律为：

$$w_d = \frac{1}{\alpha_{45}}(-e_1 - c\dot{e}_1 - \alpha_{44}e_2 + \alpha_{44}c_1e_1 - c_1\dot{e}_1 - H - \bar{\Delta}\mathrm{sgn}(s) - ks - \varepsilon\mathrm{sgn}(s))$$

$$(7-39)$$

式中，$\bar{\Delta}$ 为干扰项 Δ 的上界；c_1，c，k 和 ε 为所需设计的控制参数。

得到：

$$\dot{V}_2 = -c_1e_1^2 - ce_1^2 + s(-H - \bar{\Delta}\mathrm{sgn}(s) + (H + \Delta) - ks - \varepsilon\mathrm{sgn}(s))$$

$$= -c_1e_1^2 - ce_1^2 - \bar{\Delta}|s| + \Delta s - ks^2 - \varepsilon|s|$$

$$\leqslant -c_1e_1^2 - ce_1^2 - (\bar{\Delta} - |\Delta|)|s| - ks^2 - \varepsilon|s| \leqslant 0 \qquad (7-40)$$

因此，在控制律（7-39）作用下，反馈控制系统（7-31）是稳定的。

该控制律中对未知干扰 Δ 采用其上界 $\bar{\Delta}$ 设计控制律。然而，其上界是无法确定的，而且由于无人驾驶汽车行驶环境的不确定性，位置干扰的变化趋势和上界也是不确定的。因此，需要通过合适的算法对位置干扰进行估计，并采用估计值设计反馈控制律。下面就未知干扰的上界采用自适应控制律对其进行估计。

（3）自适应控制律设计。仍按照上述 Backstepping 设计方法的思路进行自适应控制律的设计。令未知干扰 Δ 的偏差为 e_3：

$$e_3 = \Delta - \hat{\Delta} \qquad (7-41)$$

式中，Δ 为未知干扰的准确值，这里假设未知干扰 Δ 是缓慢变化的，即 $\dot{\Delta} \approx 0$；$\hat{\Delta}$ 为未知干扰的估计值。

第 3 步：对偏差 e_3 求导，得到：

$$\dot{e}_3 = -\dot{\hat{\Delta}} \qquad (7-42)$$

定义 Lyapunov 函数为：

$$V_3 = V_2 + \frac{1}{2\lambda}e_3^2 \qquad (7-43)$$

式中，λ 为所需确定的自适应控制参数，且 $\lambda > 0$。

对式（7-29）求导，得到：

$$\dot{V}_3 = s(e_1 - c_1ce_1 + ce_2 + \alpha_{44}e_2 - \alpha_{44}c_1e_1 + \alpha_{45}w_d + H + \hat{\Delta} + c_1\dot{e}_1) -$$

$$c_1e_1^2 - ce_1^2 - e_3\left(\frac{1}{\lambda}\dot{\hat{\Delta}} - s\right) \qquad (7-44)$$

取自适应控制律为：

185

$$\dot{\Delta} = \lambda s \tag{7-45}$$

那么，自适应 Backstepping 滑模变结构控制律为：

$$w_d = \frac{1}{\alpha_{45}}\Big(- e_1 - c\dot{e}_1 - \alpha_{44}e_2 + \alpha_{44}c_1e_1 - c_1\dot{e}_1 - H - \int \lambda sdt - ks - \varepsilon \mathrm{sgn}(s)\Big)$$

$$\tag{7-46}$$

式中，c_1，k，ε，c 和 λ 为控制参数。其值根据自动转向系统的性能要求和期望的动态品质选取。

自适应 Backstepping 滑模控制律代入（7-44），得到：

$$\dot{V}_3 = - c_1e_1^2 - ce_1^2 - ks^2 - \varepsilon |s| \leqslant 0 \tag{7-47}$$

因此，在控制律（7-46）作用下的自动转向控制系统是稳定的。

7.4　考虑环境信息与车辆约束的无人驾驶汽车路径跟踪

为了保证无人驾驶汽车行驶安全，路径跟踪控制器除了能够满足跟踪规划路径的功能外，还必须能够规避障碍。本节介绍一种考虑环境信息与车辆约束的无人驾驶汽车路径跟踪方法。首先计算无人驾驶汽车从当前位置到达期望路径上一定预瞄距离的多条满足运动微分约束的局部路径。通过避障分析排除其中的不安全路径后，根据与期望路径的匹配程度，确定当前的最优局部路径。然后利用该最优局部路径计算控制无人驾驶汽车进行路径跟踪的横向控制参数。横向控制参数被确定后，进行纵向速度规划。纵向速度规划分两步完成：第一步进行初步速度规划；第二步在第一步的规划结果中加入动力学约束后进行修正，最终确定执行该路径时的实际行驶速度。

7.4.1　考虑环境信息与车辆约束的行驶曲线生成

1）行驶曲线建模

行驶曲线是在未来一段时间内的行驶路线，是在运动规划中运用模型预测原理的关键。该部分首先通过验证高阶多项式曲线模型满足车辆运动微分约束，将车辆运动方程转换为高阶多项式形式，然后添加额外的自由度，用于调节曲线形状。最后，根据曲线模型选择合适的约束条件和目标函数，通过最优化计算确定行驶曲线。

首先在期望路径上以不同预瞄距离确定若干预瞄状态。对每个预瞄状态，沿其法线方向按照不同横向位置偏差确定若干个目标状态，且各目标状态航向与预瞄状态相同，然后计算当前状态和各目标状态之间的行驶曲线

（如图 7 - 15 所示）。

　　运动微分约束体现在行驶曲线的计算过程中。车辆的控制输入、车速和前轮偏角变化率是连续变化的，而无人驾驶汽车本身也有最小转弯半径的限制。位置连续需要曲线是连续的，前轮偏角连续要求曲线是一阶连续的，前轮偏角变化率连续要求曲线是二阶连续，而最小转弯半径约束则要求曲线至少是二阶连续。初始状态和目标状态提供的 8 个已知边界条件已经能够唯一地确定三次多项式曲线，而为了给行驶曲线增加更多的自由度，同时进一步减少曲线上的冲击度，采用五次多项式模型描述行驶曲线：

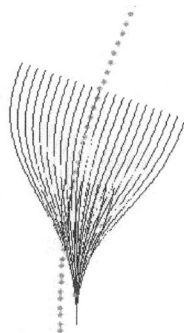

图 7 - 15　行驶曲线集合

$$x(u) = x_0 + x_1 u + x_2 u^2 + x_3 u^3 + x_4 u^4 + x_5 u^5 \quad (7 - 48)$$

$$y(u) = y_0 + y_1 u + y_2 u^2 + y_3 u^3 + y_4 u^4 + y_5 u^5 \quad (7 - 49)$$

其中，x，y 是位置参数；u 是参数变量，取值范围为 $[0, 1]$。当 $u = 0$ 时，(x, y) 对应起点位置；而当 $u = 1$ 时，(x, y) 对应终点位置。增加额外的约束参数（η_1，η_2，η_3，η_4），并设计合理的目标函数（比如平均曲率最小和曲线长度最短）和约束条件（如最大曲率不能超过无人驾驶汽车的限制），通过最优化求解确定这些调节参数得到行驶曲线。

　　规划的路径不仅仅是一组空间位置点的集合，路径中还以曲率的形式提供了横向控制信息，而这种横向控制信息是进行跟踪控制所必需的。路径上的曲率可以由下式计算：

$$\rho_L(u) = \frac{\dot{x}(u)\ddot{y}(u) - \ddot{x}(u)\dot{y}(u)}{(\dot{x}(u)^2 + \dot{y}(u)^2)^{\frac{3}{2}}} \quad (7 - 50)$$

　　图 7 - 16 给出了一组根据相同的起止点位置和不同目标航向角，以平均曲率最小为优化目标计算得到的行驶曲线。

　　2）行驶曲线评价

　　路径评价包含两部分内容：第一部分是对已经生成的行驶曲线进行碰撞分析，除去可能发生碰撞的部分，得到无碰撞的安全行驶曲线；第二部分是根据相应的驾驶策略对处理后的行驶曲线进行评价，得到当前驾驶策略下的一条最优行驶曲线。

　　（1）碰撞分析。首先根据行驶曲线上每一状态的坐标和航向增加车辆

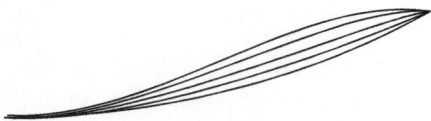

图 7 - 16　行驶曲线计算结果示例

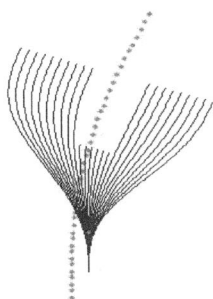

图 7 – 17　完成碰撞
分析后的候选行驶
曲线

的宽度和长度信息，与构型空间中的障碍物检测结果进行比对，判断在行驶曲线上与障碍物发生碰撞的位置，仅保留此位置以前的行驶曲线。处理后行驶曲线的实际长度便是能够安全行驶的长度。对于具有相同横向位置偏差而预瞄距离不同的行驶曲线，仅保留实际长度最长的一条用于路径评价（如图 7 – 17 所示）。碰撞分析后，在每个横向位置偏差最多仅保留一条完全安全的行驶曲线。无论选择哪条作为待执行路径都满足避障安全和路径跟踪要求。

（2）基于驾驶策略的行驶曲线选择。车辆面对的环境是一个复杂的不确定动态环境。这需要车辆能够根据环境信息自主判断和选择合适的驾驶策略。典型的驾驶策略包括跟随、超车以及换道等。如图 7 – 18 所示，当车道内没有动态障碍时，选择跟随策略；当车道内出现动态障碍，如行人或者车辆时，判断车道是否仍然可用。当车道可用时，依然选跟随策略；而当车道不可用时，选择换道策略。

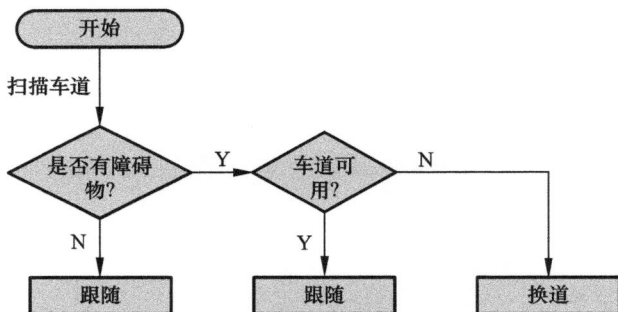

图 7 – 18　无人驾驶汽车驾驶策略

对行驶曲线的评价采用评价函数的方式。评价函数根据相应的驾驶策略，确定不同横向位置偏差的行驶曲线对应的评价值，具有最佳评价结果的行驶曲线将被选为待执行路径。由常规的驾驶知识可知，在跟随策略下，横向位置偏差越小，行驶曲线的评价值越高（见图 7 – 19（a））；而在超车或者换道的驾驶策略下，横向偏差位置越小，行驶曲线评价值越低（见图 7 – 19（b））。根据驾驶策略确定待执行路径，能够避免由于环境的动态特性造成待执行路径跳变的情况；同时，当驾驶策略变化时，行驶曲线对应的评价值将逐渐地变为新驾驶策略对应的评价值。评价值的平顺变化能够有效地减少不确定动态环境中行驶时方向盘的剧烈变化，而通过调整评价值变化率的大小则可以控制无人驾驶行为切换的时延和平顺性。

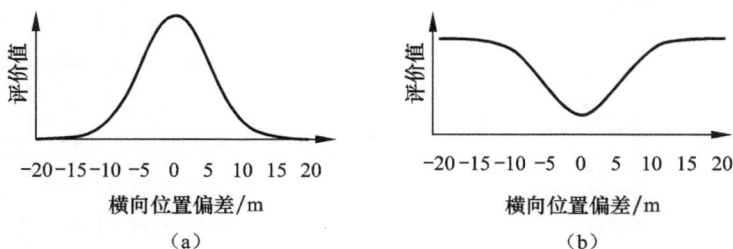

图 7 - 19 跟随与超车

(a) 跟随策略；(b) 超车策略

7.4.2 基于车辆动力学约束的速度规划

在车辆行驶过程中合理的纵向规划除了保证车辆的平顺行驶外，还直接影响行驶中的横向稳定性和纵向安全性。横向稳定性指车辆的最大横向加速度不超过预设阈值，而纵向安全性则是指不会因制动距离不足导致与前方障碍物碰撞。基于环境信息的自主局部路径规划与跟踪功能模块确定了车辆当前待执行的路径。本部分首先进行基本的速度规划，然后根据最大横向加速度、最大纵向加减速度等动力学约束对速度规划进行修正，最终确定执行该路径时的实际速度规划结果。以图 7 - 20 中给定路径为例，初始状态在路径下端点处，而终止状态在上端点处。

1）基本速度规划

车辆要求在保证足够制动距离的前提下尽可能地高速行驶。一方面考虑到运动规划是局部的，假设每个规划周期规划范围外的环境都是危险的，只有使待执行路径末端车速为零才能保证不会因为制动距离不足而发生正面碰撞；另一方面则需要在待执行路径的其他部分尽可能保持最高速度行驶。基本速度规划程序以给定路径的长度、车辆的初始速度、最大速度、期望加速度和期望减速度作为输入，确定实际的速度—路径长度关系并计算输出给定路径任意位置的基本速度规划值（图 7 - 21 给出了图 7 - 20 中某行驶曲线的纵向规划结果）。车辆执行给定路径的速度规划，其基本过程由加速—匀速—减速 3 部分组成。需要注意

图 7 - 20 用于速度规划的给定路径

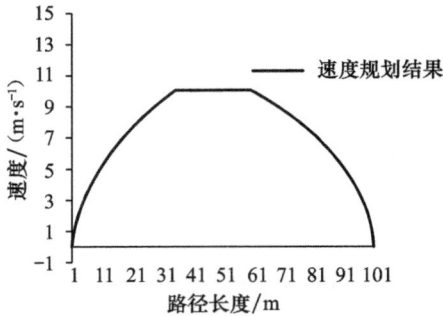

图 7-21　基本速度规划结果

的是，速度规划在车辆运行过程中不断执行，而每一个控制周期只能执行速度规划最初阶段的结果，因此速度规划的终止状态为零并不意味着车辆实际移动到该状态时速度会降为零，而是由于车辆移动，终止状态也随之发生变化。车辆在规划路径的实际速度由实时的速度规划结果决定。将给出路径的终止状态速度设置为零的好处在于，上层规划根据实际情况实时

调整终止状态，能够方便地实现连续行驶、避障停车和到全局终点位置的停车。当车辆连续行驶时，终点状态随车辆运动不断前移，车辆将一直不会进入减速阶段，而当遇到障碍物或到达任务终点时，上层规划将给出路径的终点固定在障碍物前方或任务终点处，车辆便能够按照速度规划结果，安全顺利地完成制动。

根据输入的不同，实际的速度—路径长度关系可能有若干种变形。如图 7-22（a）所示，给定路径的长度较短，如距离前方障碍物的距离较近，不足以使车辆加速到最大速度，在规划过程中会使车辆到达一定速度后直接减速到 0，没有匀速阶段；图 7-22（b）表示车辆初始速度不为 0 的情况，规划使车辆加速到最大速度，经历一段匀速，然后减速至 0。此外，上层规划根据任务调整期望加速度和期望减速度，可以控制车辆在速度变化时的响应特性。

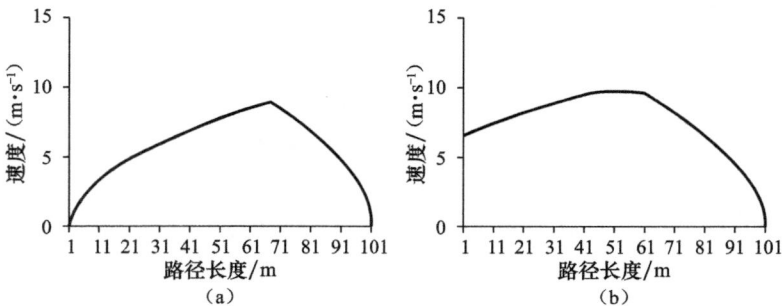

图 7-22　基本速度规划的两种变形

2）速度规划修正

动力学约束对速度规划的影响主要体现在维持无人驾驶汽车运行过程中的侧向安全性上。行驶过程中，只有对无人驾驶汽车在转弯时的侧向加速度进行

限定，才能保证无人驾驶汽车不发生侧滑，甚至侧翻等失稳事故。根据给定路径的曲率信息和侧向加速度要求，能够确定速度—曲率容许空间，限定在给定路径上每一位置的安全速度范围内，对基本速度规划结果进行修正。假设任务要求无人驾驶汽车的最大侧向加速度为 a，路径的曲率为 ρ_L，那么无人驾驶汽车的最大速度可以由 $v = \sqrt{a \mid \rho_L \mid}$ 得到。实际行驶过程中的侧向安全性丧失包括侧滑和倾覆两个层次，而发生侧滑需要达到的侧向加速度远远小于发生倾覆所需要达到的侧向加速度。在无人驾驶汽车正常运行过程中需要避免发生侧滑，而此时侧向加速度应保持在 $0.4\,g$ 以内。在特殊情况下需要车辆尽快运行时，侧向安全性标准则可以降低为不发生倾覆，而此时可以采用更大的侧向加速度。图 7 - 23 中给出了 $0.2\,g$ 的侧向加速度限定的速度—曲率空间（虚线以下的部分）修正图 7 - 21 基本速度规划结果后得到的速度规划结果。

　　基于模型预测原理进行路径规划，确定车辆的期望路径。图 7 - 24 中给出了图 7 - 23 所对应的待执行路径的速度规划。路径上的深浅表明该位置上速度的高低。

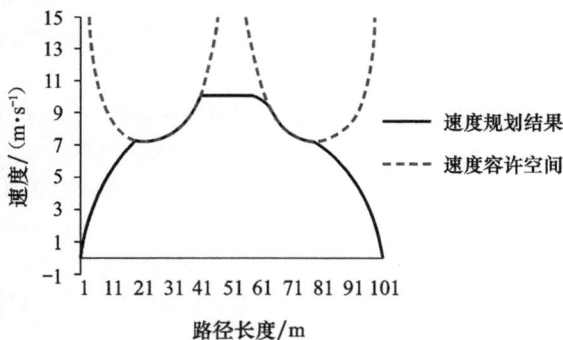

图 7 - 23　加入动力学约束的速度规划结果

图 7 - 24　完成速度规划的
待执行路径

参 考 文 献

[1]　龚建伟. 移动机器人横向与纵向控制方法研究 [D]. 北京：北京理工大学，2002.

[2]　张相洪，龚建伟，陆际联. 基于油门与制动的轮式移动机器人纵向速度控制 [J]. 北京理工大学学报，2003，23（1）：62 - 65.

[3]　高峻峣，龚建伟，熊光明. 轮式机器人横向纵向统一遗传模糊神经网络控制研究 [J]. 计算机测量与控制，2004，12（5）：443 - 444.

［4］ 宋士伟，陈慧岩. 基于模糊 PID 的遥控转向技术［J］. 汽车技术，2006（2）：17 – 20.

［5］ 赵熙俊. 智能车辆横向动力学控制研究［D］. 北京：北京理工大学，2011.

［6］ 权苗苗. 具有时间与距离一致性特征的智能车辆速度规划［D］. 北京：北京理工大学，2014.

［7］ 徐威. 基于模型预测控制的智能车辆运动规划与控制算法研究［D］. 北京：北京理工大学，2014.

［8］ Utkin V. Variable Structure Systems with Sliding Modes［J］. IEEE Transactions on Automatic Control，1977，22（2）：212 – 222.

［9］ Ackermann J，Utkin V. Sliding Mode Control Design Based on Ackermann's Formula［J］. IEEE Transactions on Automatic Control，1998，43（2）：234 – 237.

［10］ Slotine J. J. E，Li W. P. Applied Nonlinear Control［M］. New Jersey：Prentice Hall，1991.

［11］ Kanellakopoulos I.，Kokotovic P. V.，Morse A. S. Systematic Design of Adaptive Controllers for Feedback Linearizable Systems［J］. IEEE Transactions on Automatic Control，1991，36（11）：1241 – 1253.

［12］ Keviczky T.，Falcone P.，Borrelli F.，et al. Predictive Control Approach to Autonomous Vehicle Steering［C］. American Control Conference，Minneapolis，June 14 – 16，2006：4670 – 4675.

［13］ Hiraoka T，Nishihara O，Kumamoto H. Automatic Path-tracking Controller of a Four-wheel Steering Vehicle［J］. Vehicle System Dynamics，2009，47（10）：1205 – 1227.

［14］ Broggi A.，Bertozzi M.，Fascioli A.，et al. The ARGO Autonomous Vehicle's Vision and Control Systems［J］. International Journal of Intelligent Controland Systems，1999，3（4）：409 – 441.

［15］ 姜岩，龚建伟，熊光明，陈慧岩. 基于运动微分约束的无人车辆纵横向协同规划算法的研究［J］. 自动化学报，2013，39（12）：2012 – 2020.

［16］ 姜岩，赵熙俊，龚建伟，熊光明，陈慧岩. 简单城市环境下地面无人驾驶系统的设计研究［J］. 机械工程学报，2012，48（20）：103 – 112.

第8章

无人驾驶汽车一体化设计

在国内外无人驾驶汽车技术的研究中，大多通过对传统汽车添加外部机构进行改造的方法实现无人驾驶。本书将这种方法称为传统的无人驾驶汽车设计方法。本章首先介绍传统的无人驾驶汽车设计方法，并简要分析这种方法带来的一些问题。然后介绍无人驾驶汽车的一体化设计方法，包括提出无人驾驶汽车研究时应该考虑的车辆动力学，构建无人驾驶汽车一体化设计的体系结构，并介绍一体化设计方案。最后介绍基于 V 循环的无人驾驶汽车开发设计方法。

8.1　传统无人驾驶汽车

在无人驾驶汽车研究早期，无人驾驶汽车主要由传统汽车改造而成。北京理工大学在 20 世纪 90 年代参与了由我国有关部委"八五"计划支持的"军用地面机器人" Autonomous Test Bed（ATB）项目，在国内首次针对国产手动变速器车辆（跃进汽车）成功开发车辆自动操纵系统，实现了油门、制动、转向、换挡等的自动控制。其执行机构如图 8 - 1 所示。

在 2004 年、2005 年和 2007 年的美国 DARPA 比赛中，参赛队伍大多采用了加装执行机构的方式。参加"中国智能车未来挑战赛"的无人驾驶汽车大多也采用了这一方式。2009 年，北京理工大学研制的 BIT 号无人驾驶汽车由一款 AT 自动挡汽车改造而成。由于该平台的车辆总线系统不对外开放，不能

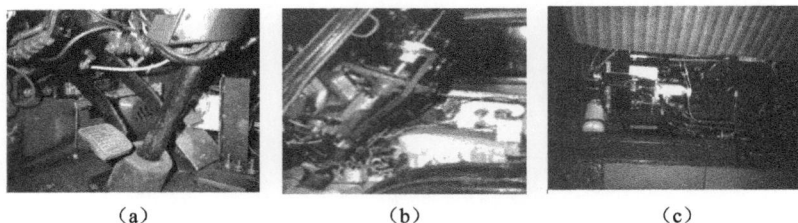

（a） （b） （c）

图8-1 北京理工大学"八五"期间开发的无人驾驶汽车自动操纵系统
（a）油门、制动执行机构；（b）转向执行机构；（c）换挡执行机构

通过车辆本身总线进行数据采集和控制，故轮速与前轮偏角是通过加装传感器的方式获取的。其安装如图8-2所示。如图8-2（a）所示，将齿盘固定到分动器输出轴的圆盘上，并把霍尔传感器安装到正对齿盘的地方。将前轮偏角传感器安装在前轮主销销轴处，如图8-2（b）所示，车轮转向时拉动传感器拉杆绕着传感器中心转动，标定后可测量得到车轮转向时的角度。

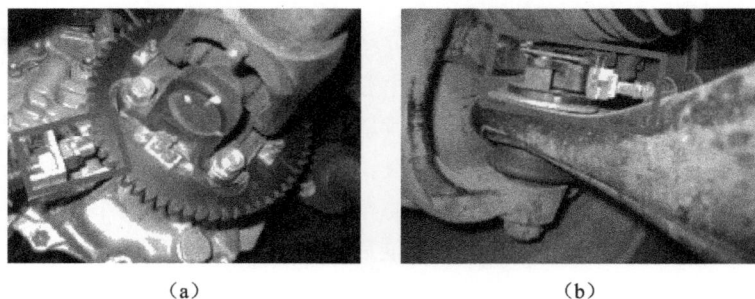

（a） （b）

图8-2 车辆数据采集传感器
（a）车速传感器；（b）前轮转向偏角传感器

控制执行机构也进行了相应的改造，包括油门控制机构、制动控制机构、转向控制机构和换挡手柄控制机构，都采用外加执行机构的方式完成控制任务，如图8-3所示。

传统的无人驾驶汽车设计方法可使研究人员把更多的研究重点投入到上层算法方面的研究中。这种方法在无人驾驶汽车研究的早期阶段起到了积极的作用，但是这种方法在整车的动力性、可靠性及上层控制系统与下层执行系统的融合方面存在着许多问题。随着现代汽车电控化水平的不断提高，出现外加控制机构与汽车电控化设备无法融合、性能无法协调等多方面的问题。下面分别从纵向、横向动力学方面着手，对无人驾驶汽车外加机构改造可能产生的问题进行分析。

（a）

（b）

（c）

图 8 - 3　车体控制执行机构

（a）油门与制动控制执行机构；（b）转向控制执行机构；（c）换挡手柄控制执行机构

1）纵向动力总成

传统汽车要实现自动驾驶，需要进行底层改造工作。因车辆总成配置的差异，特别是发动机、变速器等动力传动方式的差异，可能导致不同的改造方案和改造工作量。就目前的技术成熟度而言，在进行车辆自动驾驶改造时，对于不是专门从事车辆研究的单位而言，选用液力自动机械变速器（Automatic Transmission，AT）的车型更为方便。装有 AT 的汽车，纵向动力总成一般由发动机、变速器、传动部分及车轮等部件组成。其示意图如图 8 - 4 所示。

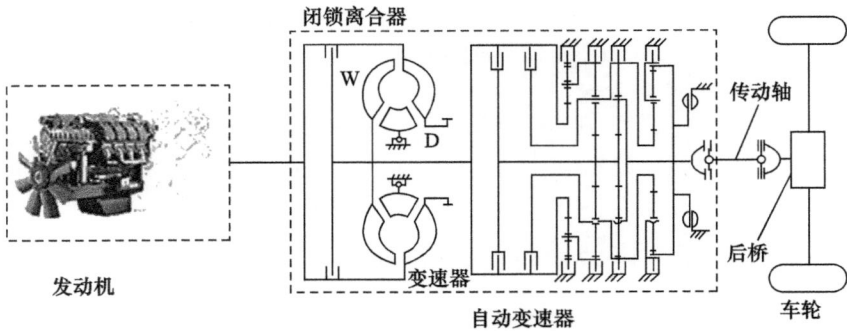

图 8-4　纵向动力总成示意图

　　无人驾驶汽车在行驶过程中，随着行驶工况的不断变化，动力传动系统中大量的未知和非线性因素，以及液力传动系统中众多液力液压环节的动态变化特性等都给系统控制的实现带来了不同程度的困难，尤其是对换挡、液力变矩器闭解锁、制动等过渡过程。具体来说，在传统设计方法下单独设计各个部件，主要存在以下问题：

　　（1）动力传动系统输出特性问题。发动机运转时，其功率、扭矩和耗油量这 3 个基本性能指标都会随着负荷的变化而变化。发动机在稳态工况下运行时，控制主要依据发动机特性曲线。只有将发动机特性曲线与变速器、减速器传动比及传动系挡数相互匹配，才能得到良好的车辆动力性和经济性。因此，在传统汽车出厂前，已经将发动机与其他动力元件匹配好。在传统汽车基础上改装无人驾驶汽车，如果单独改装发动机，将破坏原有的特性曲线，则将改变原始匹配好的性能指标，造成车辆动力不匹配，燃油消耗恶化，过渡过程的控制品质较差等一系列问题。

　　（2）换挡品质的控制问题。在换挡过程中输出转矩扰动与两个交替摩擦元件的摩擦转矩有很大的关系。在常见的离合器—离合器、离合器—制动器换挡过程中，摩擦转矩交替过程定时不当，换挡重叠不足或重叠过多，都会产生不应有的换挡冲击。另外，换挡过程中的缓冲油压特性，液力变矩器闭锁过程中闭锁离合器的缓冲控制等，对换挡品质控制尤其重要。传统外加机构式的改造对换挡过程的控制比较生硬，不能考虑到变速器内部的特性，影响换挡品质，与换挡过程相关的各摩擦元件会产生过度磨损，导致改造之后无人驾驶汽车的可靠性和稳定性下降。

　　（3）换挡过程中发动机的协调控制。变速器输出轴上的转矩波动，会产生冲击和动载。换挡过程中发动机转矩和离合器缓冲控制不协调，会影响车辆的换挡品质和系统的动力性能，降低了整个控制系统的可靠性和一致性。

外加机构式的改造方案仅仅是在制动踏板和加速踏板处施加力来控制车辆的纵向运动，而不能控制发动机和换挡过程以及变矩器闭解锁过程，也就同样不能协调它们的合理运行，使得无人驾驶汽车的纵向动力性和燃油经济性变差。

根据纵向动力传动系统无人驾驶汽车使用环境和性能要求，在设计最初就要系统地设计动力、传动和制动系统，进行系统的选型与匹配，确保纵向控制性能的实现。

2）横向动力总成

汽车的横向控制部件的发展主要经历机械转向系统（Mechanical Steering System，MS）、液压助力转向系统（Hydraulic Power Steering System，HPS）和电动助力转向系统（Electric Power Steering System，EPS）3 种类型。其中，电动助力转向系统 EPS 是汽车动力转向技术的发展方向，如图 8 - 5 所示。EPS 系统由转矩传感器、车速传感器、电控单元、助力电机、减速机构等几部分组成。其工作原理是：方向盘转动时，转矩传感器检测方向盘转矩的大小和方向，产生一个转矩电信号；同时，车速传感器也产生一个车速电信号。转矩信号和车速信号传给控制单元，控制单元根据转矩信号和车速信号并通过一定的控制算法决定助力电机的旋转方向和助力电流的大小，从而完成实时控制助力转向。方向盘转矩越大，助力电机提供的助力力矩也越大，以提高汽车的转向轻便性；同时，控制单元根据车速的大小来控制路感。车速低时提供较大的助力，而车速高时提供较小的助力，以增强驾驶员的路感。

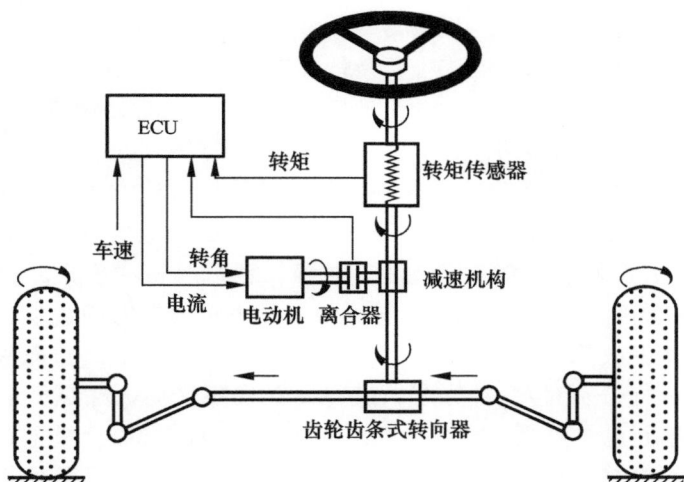

图 8 - 5　EPS 结构简图

197

以配备了 EPS 的车辆为例，在进行无人驾驶汽车改造时，转向部分需要实现代替人完成方向盘操纵的功能。根据实际情况，可以通过外加执行机构，即在转向柱或转向盘上外加伺服电机，以改造车辆的转向系统。通过对伺服电机进行实时位置控制达到自动转向的目的。该方法具有稳定和容易实现的优点，但是该方法对车内安装空间有一定的要求。此外，该方法需要先控制伺服电机的运动，再由伺服电机带动转向柱或转向盘运动，经 EPS 系统再到转向轮。而转向系统都有一定的空行程，所以此方法会存在一定的滞后性。另外，此种改造方法不能充分考虑转向系统在速度变化时的非线性，控制策略和原 EPS 系统内部的参数不能合理地匹配，会导致转向控制不协调等问题。

3）无人驾驶汽车故障表现

无人驾驶汽车要想达到理想的控制效果，对合理一体化控制策略有着极高的要求。外加机构式的改造方案，使整车控制不协调，影响了车辆性能，降低了整个控制系统的可靠性和一致性；同时，外加机构会影响原车结构布置，与原车设计不协调。此外，在传统设计方法中，上层感知决策系统与底层执行平台的脱离，也是造成无人驾驶车辆性能不稳定的原因。

美国 DARPA 比赛中，参赛队伍遇到的部分问题暴露了外加机构式改造的缺点。有的无人驾驶汽车在行驶过程中发动机熄火，不得不中途退出比赛。有的无人驾驶汽车发动机机油压力过低而系统没有及时报警，导致发动机故障。正常汽车在行驶时可以长距离无故障行驶，然而经过外加执行机构的改造后，无人驾驶汽车很容易发生发动机、变速器控制不当所造成的故障。无人驾驶汽车行驶中使用工况不断变化、动力传动系统中未知和非线性因素以及液力传动系统中众多液力液压环节的动态变化特性等都给系统控制的实现带来了不同程度的困难。在传统设计方法下单独设计各个部件，改变原车结构，会使整车控制不协调，会降低整车的可靠性。

无人驾驶汽车故障频发的另外一个原因是外加机构方式改造下，感知决策系统与底层控制系统设计脱节。同样是在 DARPA 比赛中，有的无人驾驶汽车仅行驶 17.6 英里，变速器就发生故障。赛后分析中发现，是上层控制系统与下层执行器没有正确标定，导致执行器电机通电时间过长，最终被烧毁而引发的车辆故障。该无人驾驶汽车是在某全地形车上改造而来的，通过控制两个操纵杆分别对左/右侧车轮进行制动实现转向。操纵杆的控制则通过螺杆线性执行结构实现。当执行机构的电机通电时操纵杆被推动；而电机断电时，操纵杆的位置保持不变。设计中将执行机构的行程标定为 0~1，其中 1 对应所期望的操纵杆的最大位移。由于在比赛中车辆传动系统出现故障后，该队未重新标定执行机构行程与操纵杆位置之间的关系，导致 1 所标示的位置操纵杆无法达到，致使电机负载过大，电机在峰值电流处持续了 45 min。按照设计要求，这个电流下电机只能持续很短的时间，从而导致了执行器上的电机烧毁。

"中国智能车未来挑战赛"从 2009 年第一届到 2013 年第五届，每次比赛中都暴露出通过外加机构改造无人驾驶汽车出现制动机构失灵，转向外加机构与原车转向之间相互干扰，挡位与制动油门控制不协调烧坏制动器而导致控制功能失灵等问题。

尽管外加执行机构的控制方法在早期无人驾驶汽车的设计中有着广泛的应用，但随着对无人驾驶车辆整体综合性能要求的不断提高，无人驾驶汽车的性能并未达到预期目的。综合 DARPA 比赛和"中国智能车未来挑战赛"中暴露出的问题，可以看出，外加机构式的设计方法在整车的动力性、协调性、可靠性及上层控制系统与下层执行系统的融合方面存在许多问题。

8.2　无人驾驶汽车一体化设计

通过上一节的分析，传统的无人驾驶汽车设计方法存在诸多的弊端。这种方法将上层决策系统的指令施加于外部机构，有可能导致附加控制系统和汽车原有控制系统不能合理地兼容，难以达到预定的控制效果，甚至有可能导致严重的控制功能失效。此外，外加机构的安装减少了汽车的空间，增加了环节和控制的复杂性，并且降低了无人驾驶汽车的可靠性。目前国内无人驾驶车辆研究采用的合资或自主品牌车辆中，大部分影响车辆动力学的关键部件使用的是国外技术，难以获得准确的控制参数，不易于进行控制性能的协调。这在一定程度上减缓了国内无人驾驶汽车的发展速度。而实现无人驾驶汽车感知决策系统与车辆本身系统的一体化设计将在很大程度上缓解，甚至消除这些问题。

无人驾驶汽车一体化设计是指综合考虑无人驾驶汽车对行驶环境的感知和决策以及车辆的动力学特性之间的相互联系和影响，将汽车动力学特性与环境感知决策进行有机的结合，在构建的无人驾驶汽车平台上集成设计各个模块及其相关过程。它注重设计的整体性和系统性，以获得无人驾驶汽车设计的整体最优为目标，在控制、结构、性能、布局、强度、可靠性、人机工程、维修性和寿命周期费用等多方面进行综合分析和协调权衡，从而最终提高无人驾驶汽车的质量和设计效率，缩短设计周期，降低研发和生产成本。通过一体化设计将无人驾驶汽车的"大脑"（无人驾驶汽车的环境感知规划决策系统）与"小脑"（车辆各部件的电子控制系统）进行有机的结合，提高无人驾驶汽车的整体控制效果，如图 8-6 所示。

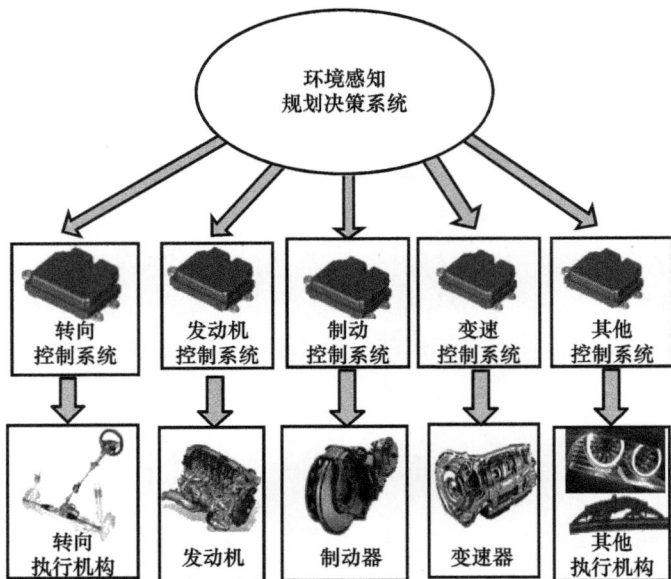

图 8-6　无人驾驶汽车的感知决策与执行机构的关系

无人驾驶汽车的一体化设计内容包括：

（1）设计无人驾驶汽车集成平台，构建开放式模块化的多模态异构信息集成体系，并与汽车信息交互系统、仪表电器和电控系统协调控制。

（2）车辆发动机与变速器、制动系统的一体化纵向系统性能设计。

（3）车辆转向系统有人驾驶与无人驾驶系统性能一体化设计。

（4）结合传统的汽车动力学，研究无人驾驶汽车的动力学试验体系与方法。

通过完善以上内容，达到无人驾驶汽车的环境感知规划决策圈和汽车动力学圈良好匹配（如图 8-7 所示），以实现在保证无人驾驶车辆的安全性能与可靠性能的基础上，使乘坐人

图 8-7　环境感知规划决策圈和汽车动力学圈

员有一个良好的舒适性，使车辆有一个较好的经济性能和动力性能。

8.2.1 无人驾驶汽车动力学

当有人驾驶汽车发展为无人驾驶汽车后，其操控性能也会随之发生变化。一方面无人驾驶汽车在行驶过程中不再需要考虑操纵系统人机工程学的约束，另一方面输入激励参数也发生了变化。这便要求对无人驾驶汽车参照有人驾驶汽车的相关国家标准，重新进行参数测试和标定。

有人驾驶汽车的纵向控制有油门踏板、挡位手柄和制动踏板的操作，而横向控制主要指方向盘的操作。无人驾驶同样需要实现纵向和横向控制；纵向控制量包括油门位置信号、手柄逻辑编码信号和制动位置信号，而横向控制量指方向盘转角信号。

有人驾驶和无人驾驶的区别如图 8-8 所示。

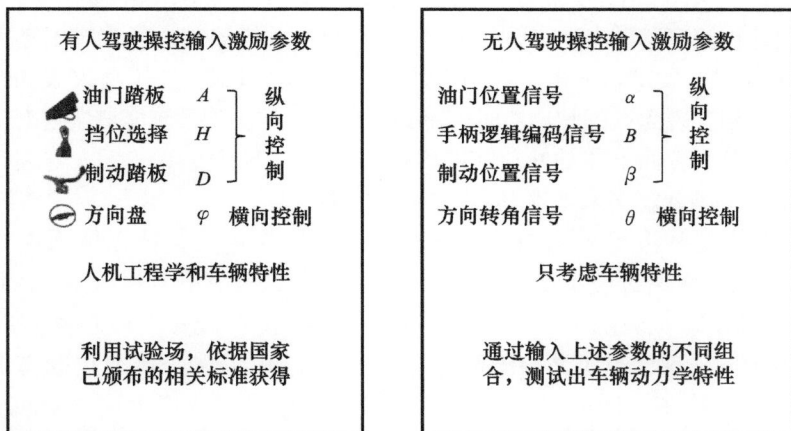

图 8-8 无人驾驶汽车和有人驾驶汽车控制参数的对比

有人驾驶汽车在设计的时候需要参考人机工程学和车辆特性；需要利用专用试验场，依据国家已颁布的相关标准，进行动力学特性的测试。相关标准如下所示：

《GB/T 12544—2012 汽车最高车速试验方法》

《GB/T 12543—2009 汽车加速性能试验方法》

《GB/T 12539—1990 汽车爬陡坡试验方法》

《GB 12676—2014 商用车辆和挂车制动系统技术要求及试验方法》

《GB 21670—2008 乘用车制动系统技术要求及试验方法》

《GB/T 12549—2013 汽车操纵稳定性术语及其定义》

《GB/T 6323—2014 汽车操纵稳定性试验方法》

《QC/T 480—1999 汽车操纵稳定性指标限值与评价方法》

《GB 17675—1999 汽车转向系基本要求》

无人驾驶汽车在设计时只需考虑车辆特性,结合不同的地面附着系数,通过对上述参数进行不同的组合试验,测试出无人驾驶车辆的动力学特性。这项工作既是无人驾驶车辆底层控制的核心技术,也是无人驾驶设计中工作量最大和耗时最长的工作内容。

目前,无人驾驶汽车的动力学研究还处于起步阶段。随着无人驾驶汽车向安全、高速、可靠、稳定的方向发展,无人驾驶汽车的动力学研究必然会得到人们的高度重视。

8.2.2　无人驾驶汽车一体化体系结构

北京理工大学 2013 年研制的 Ray 无人驾驶汽车,采用了一体化体系结构,在比亚迪速锐汽车基础上,实现了车辆底盘 CAN 总线控制,对汽车电动助力转向系统(EPS)、发动机电控、自动变速器、电动驻车制动、组合仪表和灯光的协调控制。当实现无人驾驶功能时,感知系统和规划决策系统能够实现对车辆的纵向和横向控制,而不需要外加辅助机构。2013 年 11 月,Ray 无人驾驶汽车参加第五届"中国智能车未来挑战赛",获得了第一名。

Ray 无人驾驶汽车采用的是一种开放式、模块化的一体化体系结构,如图 8-9 所示。它通过应用 JAUS 的框架定义服务语言(JAUS Service Definition Language,JSDL),规定了一种统一格式的 XML 接口服务。该服务同时符合 SAE 标准中的框架服务定义的语言规范,保证各功能节点模块可以动态地添加到整个体系结构中,同时又能够被准确识别。它将工业以太网(Ethernet for Control Automation Technology,EtherCAT)与 JAUS 体系相结合,保证了系统的实时性。

整个结构分为 4 层:交互层、系统层、节点层和硬件层。交互层、系统层和节点层,通过信息总线的方式实现信息共享;节点层和传感器硬件层,通过传感器原始数据规范实现各传感器数据传输机制统一;节点层和执行机构硬件层,通过车载总线实现车辆底层控制。4 个层次各自的功能如下所述。

系统层:主要由环境感知、环境建模、智能决策和行为生成等若干个子系统组成。每个子系统都维护一个知识库,并通过自身的知识库与其他子系统进行信息交互,从而实现环境感知与理解、智能决策与控制等相关功能。

节点层:主要由模块化的单项技术节点和信息总线组成。通过总线式的节点信息共享,可实现动态的增加或卸载节点,保证系统的开放性与模块化。这

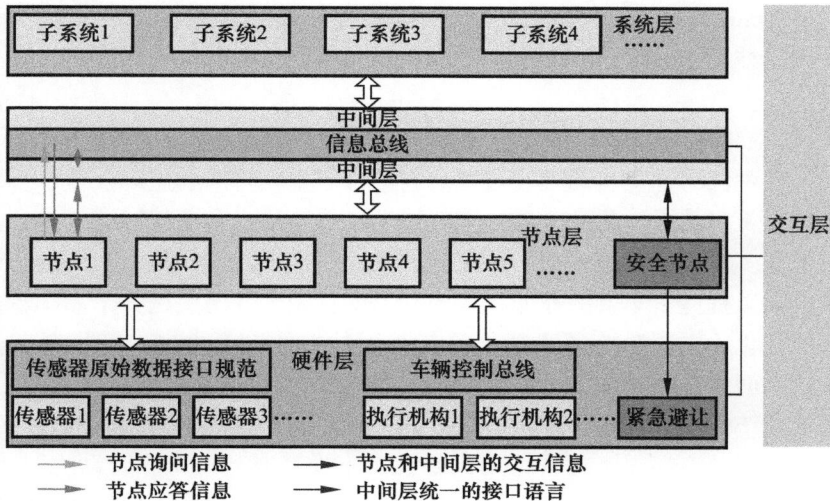

图 8-9　一体化体系结构

些节点服务于系统层的子系统，而每个节点实现特定的功能，协作完成系统层分配的子任务。

硬件层：主要由系统所需的传感器（CCD 摄像机、激光雷达、声传感器等）及执行机构（车辆平台）组成，用于探测周围的环境信息，将其传输给节点层中的相关节点，并接受节点层的相关控制量，实现智能行为。

交互层：交互界面能够显示车辆所处的三维环境场景，能够实时显示本车和周围行驶环境中的静态障碍、动态车辆和行人，并融合了周围其他车辆的感知信息。操作者可以通过交互界面进行任务命令输入，系统行为修改，控制模式切换（自主、遥操作、单步、暂停、离线三维仿真），系统状态变量观测等操作。另外，该界面也可用于系统维护、程序设计及调试；记录全局规划路径与局部运动规划轨迹及运动状态信息，记录测试中人工干预次数等，方便无人驾驶汽车的测试。

软件系统达到一个良好的集成，并具有开放性、模块化的同时，在硬件方面，无人驾驶汽车的一体化设计要求车辆的所有零部件，包括转向系统、制动系统、发动机、变速器、灯光、仪表和多媒体信息系统等都能够实现线控，并在数据总线上得到汽车的所有状态信息。无人驾驶汽车要能够实现无人驾驶和有人驾驶的无缝接合，做到在无人驾驶模式下，一旦人工因素介入，立即转换为有人驾驶模式。

在体系结构中，各子系统之间、各节点之间、子系统与节点之间采用有限状态机（Finite State Machine，FSM）标准的消息格式实现信息共享，保证了信息在体系结构中顺畅通行。

8.2.3　无人驾驶汽车底层一体化设计

无人驾驶汽车是全自动驾驶汽车。它综合了主动转向、主动安全、环境感知、规划决策等技术，是一个集计算机技术、信息技术和人工智能技术、汽车设计技术等多项技术于一体的高科技综合系统。这种以高科技为基础的车辆电子技术大大地提高了车辆的性能，成为开发商竞相开发的关键技术。车辆之所以要高科技化，主要是为了不断地提高车辆的整体综合性能，特别是安全性能。在这方面，车辆的底层一体化设计尤其重要，其中动力传动一体化设计和电控制动系统的设计决定了车辆的纵向动力性能，而自动转向系统的设计决定了车辆的横向动力性能。在进行无人驾驶汽车设计时，应该综合动力、传动、制动、转向、车辆稳定性等整个汽车电控系统特性进行相应设计。除此之外，车辆的信息系统、灯光、仪表等信息涉及车辆与车辆之间交互的安全性能，也应在一体化设计中加以考虑。

1）动力传动一体化

车辆传动系统一体化对车辆的综合性能有着重大影响。车辆动力传动系统匹配得好坏直接影响到汽车制造商和用户普遍关心的汽车动力性、经济性、排放性、乘坐舒适性、驾驶安全性和操纵简易性等重要指标。在有人驾驶的整车性能方面，车辆的动力传动一体化已经进行了相当长一段时间的研究工作，并取得了不少成果；而在无人驾驶汽车领域，这方面的研究尚未引起高度重视，车辆的性能并不能按照预期超过有人驾驶。要实现无人驾驶汽车一体化设计，首先要实现的是车辆零部件的一体化设计，以及各系统构件的一体化设计。

无人驾驶汽车动力传动系统主要包括车辆的发动机和变速器两大部分。由于动力和传动系统的匹配原因，即使装上一流的发动机和一流的变速器，也不一定能得到一流性能的汽车。其关键问题就是它们各自一流的优良性能不一定能够得到充分发挥。动力传动系统的合理匹配是保证车辆总体性能的重要组成部分。无人驾驶汽车的动力传动一体化设计实现方案大体分为以下3种：

（1）使用两个ECU分别控制电控发动机和自动变速器，在二者之间实现非总线的数据通信。在这种系统中，每个子系统的功能虽然可以设计得较为复杂，但非常不利于车辆电子控制系统的扩展，并且系统布线也十分复杂，从而使得系统的集成度与可靠性均明显降低。

（2）使用一个ECU同时控制电控发动机和自动变速器。这种方式的优点是可靠性会随着元件的减少而得到提高，但它需要开发更加复杂的软件系统，且系统的扩展性受到了很大的限制。

（3）使用两个 ECU 分别控制电控发动机和自动变速器，并在二者之间实现通过总线的数据通信，并与车上其他电控单元进行数据共享。这一方案使各 ECU 成为总线网络上的一个节点，各节点之间可以实现数据的高速共享，以此使大规模并行计算成为可能，同时也有利于在原有动力系与传动系电控技术的基础上开发整车的综合电控系统。

车辆动力传动系统从各总成的单独控制向一体化综合控制方向的发展已成为必然，从一般控制向智能化、网络化控制方向的发展也势必带来更为优良的控制效果。

2）自动转向系统方案

自动转向控制系统的功能是，通过对前轮偏角的合理控制使无人驾驶汽车始终沿着期望道路行驶，且保证操纵稳定性和乘坐舒适性，从而实现：①根据期望道路与车辆之间的相对运动关系，精确跟踪期望道路；②通过对自动转向执行机构的控制实现对期望前轮偏角的精确控制；③高速行驶时保证车辆的操纵稳定性和乘坐舒适性；④实时、准确地估计车辆横向运动状态。

现在的汽车上基本都配备有电动助力转向系统（Electric Power Steering，EPS）。EPS 控制器根据方向盘转矩和车速信号进行助力控制。在进行无人驾驶汽车的自动转向系统设计时，如果可以获得相关参数，直接提取 EPS 控制器的输入和输出信号，运用 EPS 的内部算法和方向盘转矩传感器的输出信号等信息，就可以直接进行转向系统的自动控制。直接对 EPS 控制器进行控制，系统响应快，可以实现对整车 EPS 控制系统精确建模并对其进行精确控制。

3）制动系统电控方案

无人驾驶汽车在制动方面涉及的电控系统有防抱死制动系统（Anti-lock Braking System，ABS）、驱动防滑系统（Acceleration Slip Regulation，ASR）以及电子稳定系统（Electronic Stability Program，ESP）等。不同的研发机构对电子稳定系统的命名不尽相同，不论是汽车动力学控制系统（VDC）、汽车稳定性控制系统（VSC）、汽车稳定性辅助系统（VSA）、汽车电子稳定控制系统（ESC）、动力学稳定控制系统（DSC），还是 ESP，其实现的功能和方法都是类似的，都是在传统的汽车动力学控制系统，如 ABS 和 TCS 的基础上增加一个横向稳定控制器，通过控制横向和纵向力的分布和幅度，以便控制不同路况下汽车的动力学运动模式，从而能够在各种工况下提高汽车的动力性能，如制动、滑移、驱动等。ESP 的电子部件主要包括电子控制单元（ECU）、方向盘传感器、纵向加速度传感器、横向加速度传感器、横摆角速度传感器、轮速传感器等。其发展对无人驾驶汽车的技术集成具有明显的推动作用，使车辆的底层一体化中制动系统的主动电控成为可能。

4）数字化信息

在无人驾驶汽车行驶过程中，需要充分利用车辆本身测量的信息对车辆安全进行实时监测，以供上层系统参考、决策。车辆本身测量的信息完全可以取自于汽车数字化信息系统。汽车数字化信息系统是一种网络化、智能化的信息系统，涵盖了发动机转速信息、发动机温度信息、换挡柄位信息、变速器挡位信息、机油压力信息、水温信息、燃油信息、车载电源充放电监控信息、车灯信息等与汽车行驶安全密切相关的信息。因此，在无人驾驶汽车底层一体化设计中，应该实现汽车信息数字化，方便车辆信息的实时获取，更好地实现稳定、可靠的自主驾驶。

8.3 无人驾驶汽车仿真平台与实车测试

无人驾驶汽车的开发设计通常采用 V 循环研发理念，如图 8 - 10 所示。V 循环研发过程分为仿真设计、实车验证以及离线场景再现 3 个阶段。

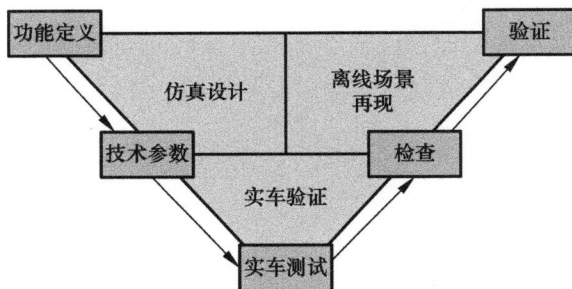

图 8 - 10　V 循环研发理念在无人驾驶汽车开发中的应用

8.3.1 无人驾驶汽车仿真平台

在开发无人驾驶汽车的过程中遇到的大多数问题，通过仿真就可以发现并得到解决，从而提高设计质量和效率，大幅度降低开发时间，减少研发成本。下面以 PreScan 软件为例，介绍无人驾驶汽车的仿真设计平台。

PreScan 软件采用面向特性的参数化建模手段，可以用于仿真并分析智能车辆的性能，包括传感器参数、车辆动力学参数以及复杂的交通场景等对驾驶员操纵（转向、制动和加速）的响应，主要用来预测和仿真车辆对外界环境的感知、车辆碰撞检测以及对车车/车路通信进行性能评价等。它可以应用于很多无人驾驶汽车和主动安全相关的领域，如自动紧急制动（Autonomous

Emergency Braking，AEB）（如图 8 – 11 所示）、自适应巡航控制（Adaptive Cruise Control，ACC）、辅助车道线保持、辅助换道、行人检测（如图 8 – 12 所示）、智能车灯系统、停车辅助系统、夜视功能、车联网（V2X）等。

图 8 – 11 通过毫米波雷达实现 AEB

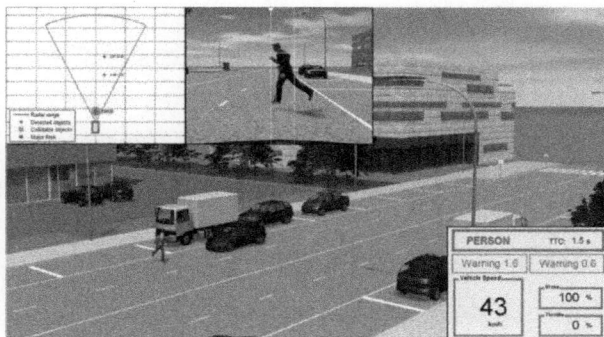

图 8 – 12 采用摄像机和毫米波雷达数据融合进行的行人检测

PreScan 的建模过程主要由搭建场景、建立传感器模型、添加控制系统，以及运行仿真实验 4 步构成，如图 8 – 13 所示。

（1）交通场景建模：主要在用户界面 GUI 里面进行操作。面向用户的 GUI 操作界面为用户提供场景建模需要的道路模型（包含交叉口、弯道、匝道等多种道路形式）、交通参与者模型（包括各种车辆模型和行人模型等）、交通环境模型（包含树木、建筑物和交通标志等）、传感器（GPS，以及雷达、激光雷达、摄像机等），以及用于车车/车路通信的数据传输和接收天线、天气状况（雾、雨、雪等）等数据库，数据库中元素的分类显示，使软件易于操作使用。

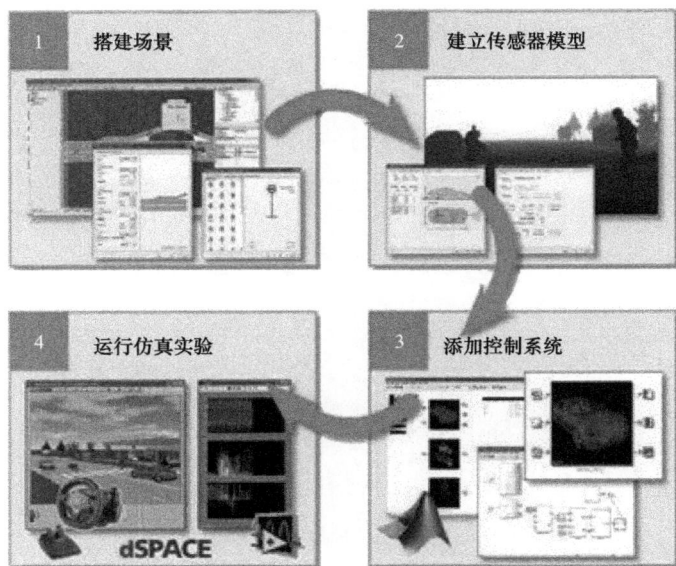

图 8 – 13　PreScan 软件的四个主要步骤

（2）车辆建模及车载传感器配置：构建各种车辆仿真模型，包括车辆内外造型、动力学参数等。这些车辆仿真模型在几何外形上具有很高的逼真度，且车辆动力学参数也较精确。车辆动态模型可以被移植到任何车辆上，且可更改模型中的数据，详细定义整车各系统的特性参数，以适应研究的需要。不仅如此，还可以与 Carsim 联合进行仿真，引进 Carsim 更加逼真的车辆动力学模型。另外，可以在车辆上安装传感器模型，并对传感器模型进行相关设置，用于车辆感知外界的行车环境。

（3）车辆控制系统建模：控制系统模型是实现车辆正常驾驶的核心，可以在 PreScan 中的 Simulink 窗口中建立控制系统的仿真模型，且控制算法可被转换成 Simulink 逻辑图。

（4）实验模拟仿真：既可以在 3D 可视化界面中观察场景的三维效果图以及车辆行驶效果，也可以选择输出某些特性参数随时间或另一特性参数变化的曲线。

在开发无人驾驶汽车时，利用 PreScan 软件能大大缩短开发周期，降低开发成本，减小试验的危险性。PreScan 是用于先进驾驶辅助系统和主动安全系统开发验证的仿真工具。系统采用传感器监测车辆的周围环境并使用获得的信息采取行动。这类行动既可以是警告驾驶员回避潜在的危险，也可以是通过自动制动或自动转向主动回避危险。

通过 PreScan 仿真平台可以对无人驾驶汽车的算法进行仿真验证，并通过采集无人驾驶汽车实际运行过程中的数据进行离线场景再现。PreScan 可用于无人驾驶汽车上使用的各类传感器的仿真，包括毫米波雷达、激光雷达、摄像机、GPS 等，能够覆盖车辆周围主要检测区域。在虚拟样机半实物过程中，也可将 Google 地图或者 OpenStreetMap 地图中的路网导入软件系统，生成仿真的交通环境，从而快速建立车辆行驶的模拟场景，如图 8 - 14 所示。

　　采用实际环境中的数据进行离线仿真时，将离线数据以其自带的传感器的数据格式输入到仿真环境中的控制系统里，借助 PreScan 的三维仿真技术，并通过控制系统中的算法，输出仿真控制量，对无人驾驶汽车相关技术进行测试，或对实际行驶中出现的问题进行离线再现。图 8 - 15 所示为两组跟踪算法的结果。其中左图是实际测试环境中在两个时刻检测车辆的结果，而右图则是将左边两个时刻的离线数据导入到 PreScan 环境的仿真环境中的效果。

图 8 - 14　PreScan 通过路网导入生成逼真的道路交通环境

209

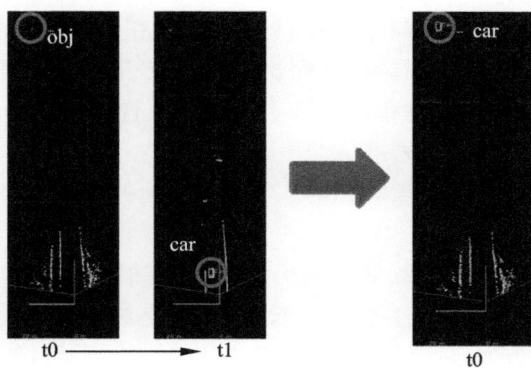

图 8 - 15　在线（左）和离线（右）跟踪算法结果

8.3.2　无人驾驶汽车实车测试

　　经过仿真平台的验证，无人驾驶汽车的研发中最重要的环节便是反复的实车测试。无人驾驶汽车的实车测试包括基本单项测试和综合测试。基本单项测试包括直道、弯道、避障、动态超车、汇入车流、交通标志检测、听觉检测等各种基本单项测试实验，而综合测试包括简单城市道路环境、复杂城市道路环境、城际道路环境、高速公路环境测试、夜间行驶测试等。本节以卡内基·梅隆大学的 Boss 为例，介绍无人驾驶汽车的实车测试情况。

Boss 无人驾驶汽车在正式参加比赛之前进行了超过 3 000 km 的自主驾驶测试。Boss 的研究团队使用两辆测试车，在多种测试场地对系统进行调试、测试和评估。

测试和开发紧密地交织在一起，在算法开发一开始，Boss 的研究团队便定义了 Boss 能够完成任务的需求，而该需求带动算法的开发。算法通过仿真或使用数据回放进行离线测试。这些离线测试中经常会出现的算法问题往往导致大量返工，并延长离线调试周期。当算法足够成熟时，将对它进行车载测试，这时可以全面评估系统和环境交互。当开发人员对该算法感到满意时，算法的测试就被添加到正式的、定期的系统测试中。最终，这项技术被视为接受，并为城市挑战赛做好准备。

在 2007 年 2—10 月期间，研发团队进行系统测试的时间累计达到 65 天。测试项目在整个过程中被不断调整。举例来说，在 2 月份进行的系统测试里程不到 16 km；而在 10 月份，测试里程超过了 1 500 km。在测试中，团队用场景中的一套标准来评估 Boss 的性能。场景中有 250 多个不同的驾驶事件。每一个场景都标注了优先级，看它如何与需求关联、Boss 遇到这种情况应该如何反应。这 250 个场景涵盖了从简单情况（正确地停在停车标志前）到具有挑战性的情况（在拥堵路口成功导航）。每次系统测试后都将测试结果迅速传递给开发团队，并在 48 小时内发布测试报告。测试报告包括差距分析。差距分析是团队为完成城市挑战赛而做准备的一项基本措施。测试报告提供了一项对系统在多大程度上满足任务要求的说明。对测试发现的软件缺陷进行跟踪，并且每周对其进行一次正式审查。

Boss 的研发团队还进行周期性耐力测试，以确保 Boss 可以安全地操作至少 6 h 或 60 英里（城市挑战赛的要求长度）。这是对性能的严峻考验，可使团队找到软件与硬件方面存在的间歇性和细小的缺陷。测试过程中发现的最难以捕捉的问题是电气短路的问题。在一次测试中 Boss 无人驾驶汽车无法正常工作，经过检查发现，车辆总线中 2 mm 信号线短路了。如果团队没有进行耐力测试，则不容易发现这种微小却致命的故障。

无人驾驶汽车的可靠性保证，包括故障诊断和行为恢复等机制。与一般汽车相似，无人驾驶汽车的故障诊断是指依照相关技术标准，使用专用的工具、仪器、设备和软件，对无人驾驶汽车的故障进行检测排查、分析判断，从而查明故障成因，确认故障部位的操作过程。无人驾驶汽车故障的诊断方法一般包括人工直观经验诊断法和仪器设备诊断法。随着汽车技术的发展，特别是电子技术、计算机技术在汽车上的应用，无人驾驶汽车故障诊断将越来越向以数字化、集成化和智能化的诊断设备为辅助手段，以信息技术为依托的系统完整的现代汽车故障诊断技术体系发展。

通过在无人驾驶汽车执行任务过程中行为执行失败时引入行为恢复机制，保证了集成系统具有较好的鲁棒性。无人驾驶汽车针对特定任务会产生一系列行为。如果一个行为执行成功，则继续执行下一个行为，直到任务完成，否则系统进入行为恢复模式。如果行为恢复成功，则进入行为执行；如果失败，且行为恢复次数小于规定次数 n，则继续执行行为恢复。如果大于规定次数 n 次，则认为整个系统陷入困境，此时需向交互层寻求帮助，以脱离困境。

参 考 文 献

[1] 辛建国. 智能汽车驾驶纵向控制策略的研究及应用 [D]. 北京：北京理工大学，1994.

[2] 李果. 汽车自主驾驶控制理论与控制策略研究（博士后出站报告）. 北京：北京理工大学，1995.

[3] 齐晓东. 智能汽车自动驾驶侧向控制系统的研究和实现 [D]. 北京：北京理工大学，1996.

[4] 杨东来. 遥控驾驶车辆的车速控制 [D]. 北京：北京理工大学，2002.

[5] 王京起. 应用无刷直流电动机控制自动转向技术的研究 [D]. 北京：北京理工大学，2003.

[6] 何忠波，陈慧岩，郑慕侨，吴绍斌. 遥控车辆电液操纵系统开发与数字化控制研究 [J]. 液压与气动，2003（7）：15 – 17.

[7] 刘耿. 车辆动力传动一体化系统中的 CAN 通信网络应用研究 [D]. 北京：北京理工大学，2004.

[8] 宋士伟. 轮式车辆电控转向驱动技术研究 [D]. 北京：北京理工大学，2006..

[9] 林鼎武. 无人驾驶车辆纵向控制技术仿真研究 [D]. 北京：北京理工大学，2007.

[10] 王娟. 数字化自适应换挡控制策略的研究 [D]. 北京：北京理工大学，2008.

[11] 原堃. 猛士铁甲 4×4 轮式车横向控制技术研究 [D]. 北京：北京理工大学，2008.

[12] 赵熙俊. 智能车辆横向动力学与控制研究 [D]. 北京：北京理工大学，2011.

[13] 洪涛. 基于无刷直流电机的智能车辆自动转向系统研究 [D]. 北京：北京理工大学，2011.

[14] Atreya Anand R., Cattle Bryan C., Collins Brendan M., et al. Prospect Eleven：Princeton University's Entry in the 2005 DARPA Grand Challenge [J]. Journal of Field Robotics，2006，23（9）：745 – 753.

［15］ Miller Issac, Lupashin Sergei, Zych Noah, et al. Cornell University's 2005 DARPA Grand Challenge Entry ［J］. Journal of Field Robotics, 2006, 23 (8): 625 –652.

［16］ Leedy Brett M., Putney Joseph S., Bauman Cheryl, et al. Virginia Tech's Twin Contenders: A Comparative Study of Reactive and Deliberative Navigation. Field Reports ［J］. Journal of Robotic Systems, 2006, 23 (9): 709 –727.

［17］ Arun Lakhotia, Suresh Golconda, Anthony Maida. CajunBot: Architecture and Algorithms ［J］. Journal of Field Robotics, 2006, 23 (8): 555 –578.

［18］ Tassinternational. PreScan: Simulation of ADAS & Active Safety ［EB/OL］. https://www. tassinternational. com/prescan.

［19］ Urmson Chris, Anhalt Joshua, Bagnell Drew, et al. Autonomous Driving in Urban Environments: Boss and the Urban Challenge ［J］. Journal of Field Robotics, 2008, 25 (8): 425 –466.

第 *9* 章

无人驾驶汽车的机遇与挑战

　　无人驾驶汽车面临着前所未有的发展机遇与挑战。车联网使无人驾驶汽车不再是单独的移动车辆个体。通过车辆与车辆（Vehicle to Vehicle，V2V）以及车辆与基础设施之间（Vehicle to Infrastructure，V2I）的通信，可以实现无人驾驶汽车与其他车辆、基础设施以及人类之间的交互，形成一个庞大的信息网络。凭借这种优势，多个无人驾驶汽车之间可以完成编队，通过交叉口、多任务分配等多种方式的协作，从而形成一种全新的智能交通方式，为现有的交通系统注入新的血液，促进智能交通系统的进一步升级与发展。与此同时，现有的智能交通系统也可以为无人驾驶汽车在道路上行驶提供丰富的交通信息，为无人驾驶汽车早日融入现实交通，为社会与人类服务奠定良好的基础。为了实现这一目标，国内外的政府机构、科研单位与相关企业已在无人驾驶汽车的政策法规、技术研发等方面做出了很多努力，并提出了许多新的发展目标与规划。

　　本章首先介绍与无人驾驶汽车密切相关的技术——车联网与智能交通系统，然后介绍国内外在无人驾驶汽车发展过程中所做的工作和制订的计划，包括政府机构制定的相关政策法规，科研单位与相关企业在无人驾驶汽车技术研发以及产业化方面做出的努力和规划。最后分析无人驾驶汽车在进一步的发展中可能面临的机遇与挑战。

9.1　车联网与智能交通系统

　　无人驾驶汽车替代传统汽车还需要一定的时间，而这期间必然会存在无人驾驶汽车与传统汽车并行的时期。无人驾驶汽车不仅要实现有人驾驶与无人驾驶的无缝接合，能够进行良好的人机交互，还要具有车与车交互的功能。车联网和智能交通系统将人、车、路综合起来，用系统的观点进行考虑，并把先进的计算机、通信、控制技术运用于交通系统，能够治理城市交通拥堵，提高交通安全水平，并为无人驾驶汽车提供技术和智能化道路设施的支持，使无人驾驶汽车预知道路环境（如交通信号灯、交叉口、匝道等）的信息。可以说，车联网和智能交通系统是无人驾驶汽车技术发展的催化剂。

1）车联网

车联网通常是指通过车与车（V2V）、车与路面基础设施（V2I）、车与人（V2P）、车与传感设备等的交互，实现车辆与公众网络通信的动态移动通信系统，如图9-1所示。它利用通信、互联网和物联网技术将各种车辆进行广泛联网，进而展开各种综合应用；通过车与车、车与人、车与路互联互通实现信息共享，收集车辆、道路和环境的信息，并在信息网络平台上对多源采集的信息进行加工、计算、共享和安全发布。

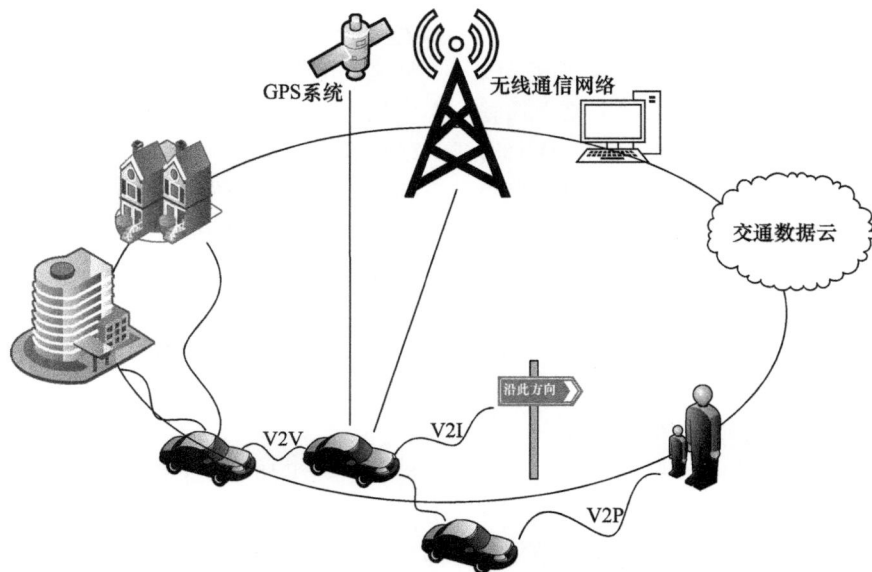

图9-1　车联网结构示意图

无人驾驶汽车之间的通信，可以大大降低交通事故的发生率。如图9-2（a)所示，在公路上正常行驶的一辆汽车突然制动，后面有一辆汽车跟随，车中驾驶员从发现制动灯亮起到踩下制动踏板，这个过程需要一段时间。若驾驶员注意力不集中，需要的时间则更长。如果这两辆车可以进行通信，只要前车踩下制动，就可以同时向后车发出信号，而后车接收到信号后能迅速采取减速，甚至紧急制动。不仅如此，V2V 还可以让无人驾驶汽车提前知道彼此存在，能降低视野盲点较大的交叉口的交通事故率，如图 9－2（b）所示。

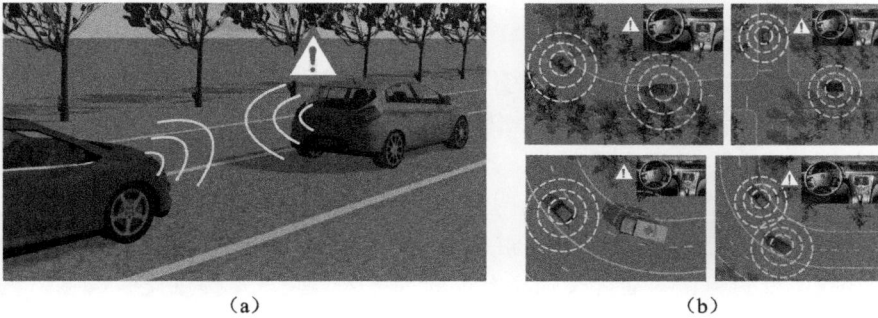

（a）　　　　　　　　　　　　　　（b）

图 9－2　无人驾驶汽车之间的通信（V2V）

　　无人驾驶汽车与道路基础设施之间的通信技术可以使汽车提前得知路口交通信号灯的状态，且道路旁的通信装置也能侦测附近一段路的拥堵情况，并发送信号给较远距离的车辆，从而使汽车绕开拥堵路段。道路信号也可以上传到网络，再传送给更远的车辆，以便更多的汽车合理规划出行线路，如图 9－3 所示。

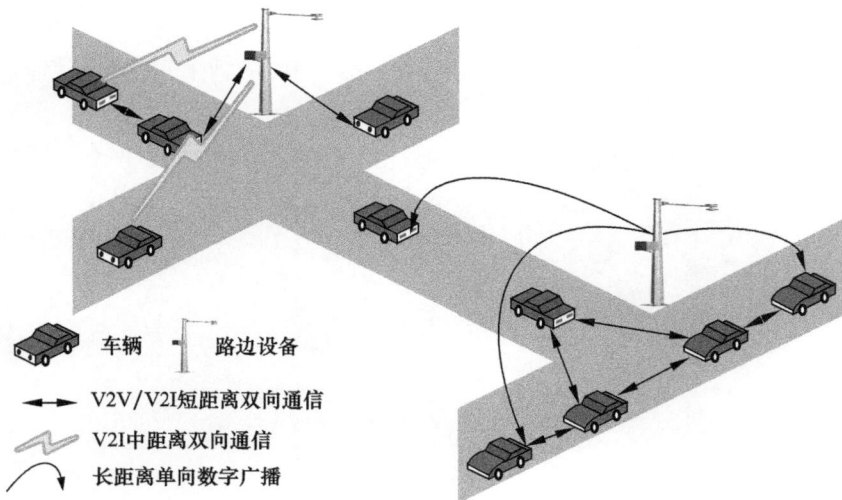

车辆　　路边设备

←→ V2V/V2I短距离双向通信

V2I中距离双向通信

长距离单向数字广播

图 9－3　无人驾驶汽车与基础设施之间的通信（V2I）

2）智能交通系统

智能交通系统是将先进的信息技术、通信技术、传感技术、控制技术以及计算机技术等有效地集成运用于整个交通运输管理体系，从而建立起一种在大范围内全方位发挥作用的，实时、准确、高效的运输和管理系统。它以信息的收集、处理、发布、交换、分析和利用为主线，为交通参与者提供多样性服务，即利用高科技使传统交通模式变得更加智能化，更加安全、节能、高效率。

智能交通系统借助系统的智能化，可以将车辆运行调整到最佳状态，使车辆在道路上安全、自由地行驶，保障人、车与路和谐统一，在极大地提高运输效率的同时，充分保障交通安全，改善环境质量，提高能源利用率，且管理人员能实时掌握道路与车辆的情况。智能交通还可为未来高度智能的无人驾驶汽车提供良好的交互设施，使无人驾驶汽车能够更方便地服务于人。

在技术支持方面，智能交通系统能够为无人驾驶汽车提供先验信息，提高无人驾驶汽车的识别效率和识别准确率，促进无人驾驶汽车的安全可靠运行。例如，现在的无人驾驶汽车在识别交通信号灯方面仍然有一定的困难。如果其交通信号灯识别模块在无人驾驶汽车行进的过程中全程起作用，会占用大量的处理器内存，而这会造成处理器资源的浪费并且识别率和准确率较低；将智能交通系统和无人驾驶汽车结合后（如图9-4所示），无人驾驶汽车可以提前得知交通信号灯的大致位置和可能出现的图像区域，这样在离交通信号灯一定距离时启动交通信号灯识别模块，将会大大降低其占用内存，而且在交通信号灯的高度信息预知的情况下，需要处理的图像像素也会大大减少，这样针对某一块区域进行红、绿、黄的识别将大大提高其识别的准确率和效率，提高无人驾驶汽车的运行可靠性。

图9-4　交通信号灯检测

目前的智能交通系统主要涉及车辆控制、交通监控、车辆管理和旅行信息等。其组成可分为交通信息服务系统、交通管理系统、公共交通系统、车辆控制系统、物流管理系统、紧急救援系统、电子收费系统和紧急救援系统等 7 个部分。无人驾驶汽车的发展必将促使智能交通系统发展新的技术，以适应二者之间的交互，如无人驾驶汽车与道路设施之间的传感信息交互。在交互信息的引导下，无人驾驶汽车视觉感知与导航将会更加准确、实用。

智能交通技术和无人驾驶技术的相互促进，传感器技术和信息技术的不断发展，处理器与芯片性能的不断提高，都可能为未来的出行提供新的解决方案。无人驾驶汽车将会是未来智能交通中的重要组成部分。无人驾驶技术和车联网技术的发展将助推智能交通迈上新的台阶。

9.2 国外无人驾驶汽车

智能交通系统的发展，会加快无人驾驶汽车的发展，而无人驾驶汽车的发展又会为智能交通系统的发展开辟新的方向。车联网的兴起，更将为无人驾驶汽车的路口交会、多车协作提供良好的依托平台。在这样的技术背景下，国外无人驾驶汽车相关行业发展迅速，政府机构、汽车企业、互联网公司、汽车零部件厂商、芯片厂商等纷纷投入到无人驾驶汽车的研究中来，共同为无人驾驶时代的早日到来做出努力。

1）国外政府机构

第一章已经提到，为了促进无人驾驶技术的发展，美国 DARPA 在 2004 年、2005 年和 2007 年共举办了 3 届挑战赛。自此，无人驾驶技术开始在民用领域引起广泛关注。随着无人驾驶技术的日渐成熟，2012 年 5 月，美国内华达州机动车辆管理部门为谷歌的无人驾驶汽车颁发了首张驾驶许可证。这意味着谷歌无人驾驶汽车能够合法地在内达华州上路。2013 年 5 月，美国运输部国家公路交通安全局（National Highway Traffic Safety Administration，NHTSA）首次就无人驾驶汽车发表正式的声明。声明称，除测试用途外，无人驾驶汽车还不允许上路；但 NHTSA 也表示，具有自动制动和控制方向等功能的汽车可以防止汽车偏离车道，从而可以帮助挽救乘客的生命。无人驾驶汽车技术"有望给人们带来长期的安全利益"。这也意味着该部门对无人驾驶汽车这一新兴产品的全力支持。

2013 年 12 月，英国政府在公布的《国家基础设施计划》中表示，将建立适当的法律和管理框架，为无人驾驶汽车在公共道路上的行驶开启绿灯，并设立 1 000 万英镑的奖金，奖励给有意打造无人驾驶汽车实验基地的城市，并计划到 2017 年中期，实现 100 辆无人驾驶汽车在城市道路上行驶的目标。

另外，自 2013 年 9 月获得日本政府批准后，日产公司的无人驾驶汽车 Leaf 又向前迈出了里程碑式的一步——成功地在日本高速公路上进行了测试。这也是日本本土首辆在高速公路上行驶的无人驾驶车型。在德国高科技战略框架下，德国教育与研究部资助了柏林自由大学人工智能组织的创新实验室 AutoNOMOS，并于 2010 年推出了名为 MIG（MADE IN GERMANY）的无人驾驶出租车，实现用 iPad 或智能手机"打车"，并且已上路运行。

2）国外科研单位与企业

在各国政府的大力支持下，科研单位和汽车企业、软件公司、传感器生产商、芯片厂商等都参与到了无人驾驶汽车相关技术的研发行列中，共同推动无人驾驶汽车技术的发展，迎接无人驾驶时代的到来，为无人驾驶汽车的合法化与普及化做出贡献。

沃尔沃在研制无人驾驶汽车方面的表现令人关注。从 2005 年推出第一款盲点警报系统，2009 年推出行人检测系统，2013 年全面提升自动泊车技术，再到宣布与瑞典政府合作，共同出资 7 000 万美元，启动"DriveMe"无人驾驶汽车项目，计划于 2017 年完成 100 辆无人驾驶汽车在瑞典哥特堡的公路上的测试，沃尔沃正有条不紊地实现旗下车辆"无人驾驶"的宏伟目标。

2013 年 9 月，梅赛德斯奔驰用一辆 S500 智能驾驶试验车向全世界展示未来自动驾驶技术实现的可能性。这辆 S500 智能驾驶试验车完成了 100 km 的无人驾驶试验。梅赛德斯奔驰的特点在于其运用的不是大型昂贵的传感器，而是采用嵌入式的传感器做导航。该公司相关人员称最快 10 年内就能够看到这一技术成熟运用在量产车上了。

英国牛津大学 Mobile Robotics Group 下设的"牛津大学机器汽车计划"研究小组，于 2013 年 2 月用一辆改造的汽车在牛津大学科技园内完成了自动驾驶的测试。2013 年 7 月，英国交通运输部和高速公路管理局发布了《道路行动——着眼于 21 世纪的网络》，计划投资 280 亿英镑以减缓英国公路的拥堵状况，并在该计划中宣布，在公共道路上进行无人驾驶汽车的测试工作。

荷兰方面则着重考虑车与车之间的交互。由荷兰应用科学研究组织与代尔夫特大学启动的荷兰自动车辆计划（Dutch Automated Vehicle Initiative，DAVI）研发的高度自动化的车辆，于 2013 年 11 月在阿姆斯特丹进行了路测。DAVI 完成了可以在正常交通中的自主驾驶。其特点在于：人车可交互，可相互信任，并探求无人驾驶汽车的可接受性；注重车与车之间的交流，而不是简单的无人驾驶；单个汽车的性能和多车之间的协作在此项目中同等重要。研发人员表示，此系统使车辆具备一种沟通能力，车载计算机能分析路况并做出决定。

2013 年 7 月，意大利帕尔玛大学研究的无人驾驶汽车 BRAiVE 开进了帕尔马市中心。测试项目包括乡村道路、人行横道、交通信号灯、行人专用区等。为了迎合市场的需求，BRAiVE 无人驾驶汽车将传感器分为低成本的传感器套件与昂贵的用于收集地面实况数据的传感器，将所有的传感器、驱动装置和控制设备进行结合，为乘客提供舒适的服务。

除此之外，关于无人驾驶汽车的测试设备也在逐渐完善中。美国密歇根大学于 2013 年 10 月批准了一项 600 多万美元的项目，建造用于测试自动驾驶汽车的设施。该大学正与汽车行业及政府部门通力合作，计划在 2021 年向该州安娜堡市交付无人驾驶车车队。这一项目被命名为"安全驾驶"，车队里所有的无人驾驶汽车都进行联网。

综上所述，2013 年，国际知名汽车企业开展了一场无人驾驶汽车的研发竞赛，沃尔沃、福特、特斯拉、日产等企业研发的无人驾驶汽车相继亮相，并宣称在 10～15 年内实现量产；同时与新能源汽车发展相结合，如福特推出混合动力汽车，特斯拉推出全电动无人车。此外，未来无人驾驶都是与目前实用的辅助驾驶技术相结合进行研发，例如沃尔沃和福特的全自动泊车技术。

除了各大车企和科研机构，芯片厂商也开始瞄准无人驾驶汽车的应用开发。显卡生产厂商 NVIDIA 推出无人驾驶汽车片上系统，集成了 CPU 和图像处理单元（GPU），可选择运行 Linux，Windows 或者 Android 系统，并使用 CUDA 和 OpenCV 进行编程。系统具有并行处理能力，能够充分发挥 NVIDIA 的图像处理计算能力。开发者能够基于计算机视觉对车辆、行人、车道和交通信号灯等进行检测，并且通过屏幕显示检测结果，从而在辅助驾驶或无人驾驶时让乘坐者更加放心与舒心。

汽车零配件供应商，例如美国的德尔福公司和德国的博世公司，也为无人驾驶汽车的发展提供了相应的支持。以色列的 Mobileye，美国的 OpenJAUS 等 IT 公司也对无人驾驶汽车的发展给予了关注，并提供了相关的技术支持。Mobileye 公司的相关技术有基于单目视觉的自适应巡航控制系统，单目视觉高级预警系统，在视频流中检测动态人群的实时系统，基于视觉的正向碰撞预警系统，以及立体视觉辅助驾驶系统等。Mobileye 还开发了 EyeQ 系统。该系统被集成在系统级芯片上，实现了包括车道检测、汽车检测和行人检测在内的诸多应用。OpenJAUS 公司为无人系统中与 JAUS 兼容的中间件提供主要技术支持。OpenJAUS 为广大无人驾驶系统研究人员提供免费的开发平台，在无人驾驶汽车的发展历程中做出了一定的贡献。

9.3 我国无人驾驶汽车

无人驾驶汽车的研究在国外受到了广泛的关注，而在国内，尽管存在对这项技术开发价值的不确定性，但政府部门、汽车企业与科研机构仍对此抱有很大希望。无人驾驶汽车的发展不仅能提高交通的安全水平，减少交通拥堵现象，减少汽车运输对环境的影响，更能提高交通运输生产效率和经济效益，促进合理有效地利用社会资源，而这些问题都是我国密切关注的问题。为此，国家自然科学基金委、工信部、财政部以及车载信息服务产业应用联盟都制订相关计划，颁布相关标准，有效地促进了无人驾驶汽车技术的研发交流和产业化应用。与此同时，国内汽车产业也受到无人驾驶汽车技术的启发，纷纷与科研单位展开合作，探索自主汽车研发的新思路。

1）国家自然科学基金委

国家自然科学基金委"视听觉信息的认知计算"重大研究计划于2008年启动，从2009年起，国家自然科学基金委每年都举办一届"中国智能车未来挑战赛"（Future Challenge）。该比赛作为重大研究计划的重要组成部分，旨在集成创新研发无人驾驶汽车，并通过在真实道路环境下的自主行驶来检验研究成果，以促进研发交流及产业化应用。在2012年，"无人驾驶车辆关键技术与集成验证平台"作为"集成项目"受到研究支持。

此项目的目标是围绕城区道路和城际公路正常交通环境中的无人驾驶车辆环境感知与理解、智能决策与控制等方面的基本科学问题，开展融理论、关键技术与工程优化于一体的创新性综合集成与试验验证研究，构建具有开放式、模块化体系结构的无人驾驶车辆集成验证平台，实现真实城区和城际道路正常交通环境下长距离自主行驶，使我国的无人驾驶车辆研究总体上达到世界先进水平。

2）国家工信部、财政部

在政策层面，国家也释放了要支持发展汽车智能化技术的信号。2012年，国家工信部、财政部联合发布了《2012年物联网发展资金拟支持项目》。其中有19项应用于智能交通领域的项目受到支持，如基于物联网的智能交通信息感知与指挥调度平台，车路协同城市道路交通信号控制与服务系统，基于北斗车辆移动物联网（车联网）等。这些项目从基础设施方面，为车辆提供丰富的交通和道路信息，为正在兴起的无人驾驶汽车，提供了良好的行驶环境，极大地促进了无人驾驶汽车的发展。

3）车载信息服务产业应用联盟

在工业和信息化部、交通运输部、国家标准化管理委员会、国家知识产权局等有关部委的指导下，车载信息服务产业应用联盟以智能汽车、汽车软件体系、汽车信息安全和车联网为4条工作主线，推动我国车载信息服务的自主创新的研究。

2012年，车载信息服务产业应用联盟正式组建了汽车智能化等级评定工作小组并在第2届车载信息服务产业年会首次发布了由一汽、上汽、中国联通、奇瑞、中国电信、启明、博泰、东风、中标软件、中标普华等企业参与制定的汽车智能化等级评定规范、车载信息服务人机交互、车载信息服务基础术语、车载信息服务软件文档开发规范、车载信息服务软件故障应急响应等5个标准和车载信息服务软件标准体系。

2013年，车载信息服务产业应用联盟在年会上发布了《汽车（主被动）安全技术体系》《汽车无人驾驶技术体系》《汽车软件技术体系》《汽车信息化指数（智商）综合评价体系》等4个体系的工作组征求意见稿。当汽车经历机械车、机电车、电子车3个阶段而进入信息化和智能汽车阶段的时候，汽车软件技术体系对于确定软件技术在汽车和车联网领域的应用地位和价值，汽车安全技术体系对于分析自主技术在汽车主被动安全领域中的分布和现状，汽车智商等级标准在汽车智能化的趋势中，为制造者和使用者可提供一个生产、购买的评价指标体系。

4）国内科研单位与企业

无人驾驶技术这项极具前瞻性的技术，不仅被欧美汽车企业列为主要研发项目之一，我国的自主汽车企业也已开始涉足这一领域。

2001年，一汽集团公司与国防科技大学展开合作，研究自主驾驶技术。2010年，奇瑞汽车股份有限公司与北京理工大学签署智能车辆领域合作协议。2013年8月，上汽集团与中国航天科工三院签署战略合作协议，以提高自主创新能力为目标，建立长期战略合作关系，在包括无人驾驶车辆技术等领域进行合作，共同推进国家自主品牌汽车产业发展。广汽集团汽车工程研究院与中国科学院签订《新能源汽车项目自动驾驶技术开发》合同，拟进军自动驾驶领域。吉利汽车充分利用与瑞典研发中心的技术共享优势，拟推出无人驾驶系统。

2013年3月，北京理工大学和比亚迪汽车有限公司签订了"智能车辆技术合作协议"。在比亚迪速锐汽车基础上进行改进，实现了车辆底盘部分CAN总线控制，并对汽车电动助力转向系统（EPS）、发动机电控、自动变速器、电动驻车制动、组合仪表和灯光进行协调控制。实现无人驾驶功能时，感知系统和规划决策系统能够实现对车辆的纵向和横向控制，而不需要外加辅助机构。2013 年 11 月，双方合作研发的无人驾驶汽车 Ray，参加第五届"中国智能车未来挑战赛"，获得了第一名。

9.4　无人驾驶汽车发展面临的机遇与挑战

发展无人驾驶汽车已经成为一种趋势。无人驾驶汽车将会给社会很多行业带来颠覆性的改变，促进许多新兴行业的兴起，同时也将带来一些巨大的商机和财富。发展无人驾驶汽车和车联网技术解决的不仅仅是个人出行的有效性，同时在如何更加有效利用社会资源方面也提供了新的可能。近年来，北京、上海、广州等一线城市的汽车限购凸显了严峻的交通拥堵问题。一旦实现真正意义上的无人驾驶，通过智能化交通信息平台，车与车、车与路之间能够及时获取有效信息，进而实现对行程的智能化管理，汽车拥堵与停车难现象将能够得到有效解决，而由此带来的排放问题和能源消耗问题也可得到缓解。

无人驾驶汽车的进一步发展也面临着很多挑战。虽然经过多年的发展，国内外无人驾驶汽车技术取得了显著的进展，但是实际交通环境复杂多变，且目前人工智能与人脑智能之间尚存在较大的差距，现有传感、处理与控制技术在实时、精准等方面达不到要求。历届"中国智能车未来挑战赛"中也暴露出了一些问题。例如，部分车队的无人驾驶车辆在逆行车道上长时间行驶，部分车队无人驾驶车辆长时间压线（黄线）行驶，还有部分车队的无人驾驶车辆在正常车道上出现蛇行行驶现象，甚至有个别车辆撞上了前方静态车辆。这些现象表明，无人驾驶车辆是一个复杂系统，要具有自然环境感知与智能行为决策能力；但是，仅仅研究环境感知与智能行为决策能力还远远不够，还需要建立在稳定的控制系统基础之上。这不仅仅涉及理论研究，更需要考虑工程实现。因此，复杂交通环境下车辆无人驾驶仍需要进一步研究并解决如下问题：

（1）复杂交通环境下的可靠环境感知。复杂交通环境可分为静态环境和动态环境。静态环境包含道路基本构造物及附属设施。附属设施包括标志、标线、信号等。动态环境包括其他机动车辆、非机动车辆和行人等地面移动体以及气象、气候等天时状况。上述交通要素按不同复杂度组合成复杂交通环境。目前视觉、听觉、脑信息处理等单项感知能力方面虽然已经取得一系列研究成果，但大部分研究尚局限在实验环境下，或者只适合简单交通环境。因此，需要集成面向上述复杂交通环境的有效视听觉感知理论与技术，形成面向高动态交通场景与多环境元素的可靠识别能力。

（2）拟人认知的视听觉信息处理与决策。因多模态异构传感器设备数量增多，并且无人驾驶汽车对实时反应能力的要求不断提高，以及车上计算资源有限，使得环境感知信息具有不完整、高度动态变化、多模态，甚至不一致等特点，对无人驾驶车辆中的认知与决策模型提出了准确性、实时性、鲁棒性等方面的严峻挑战，而人类能够迅速而全面地把握当前的视听觉信息并做出正确的决策，因此，需要建立参考人类认知机理的无人驾驶车辆视听觉信息认知模型，并在实际车载环境下进行综合应用、验证和完善。此外，交通系统是一个人—车—路（环境）相互作用的复杂系统，只有通过基于相应高层拟人认知模型指导下的选择性反馈处理与理解，并引入人机交互形成智能决策体系，才能得到正确的驾驶决策。

（3）适用于无人驾驶车辆的控制系统一体化设计。研究初期的无人驾驶车辆大都通过在既有车辆上集成摄像机、激光雷达、毫米波雷达等多种视听觉传感器，通过外加执行机构对车辆进行无人驾驶控制。但是，车辆本身具有固有的动力学特性，如来源于电控自动变速、电控转向、电控制动等方面的特性。采用外加机构的方式没有充分考虑车辆固有的动力学特性，导致附加控制系统和车的原有控制系统不兼容，难以达到预定的控制精度，甚至导致严重的控制失效。因此，需要对无人驾驶车辆感知系统、控制执行系统、车载固有系统等进行一体化设计，同时还要考虑有人驾驶与无人驾驶特性要求。这是无人驾驶技术走向应用并且产业化的关键步骤，也是反映一个国家无人驾驶车辆研究水平的重要标志。汽车电子产业近些年的快速发展，包括电子油门、助力转向系统等成熟的技术，为实现无人驾驶车辆的有效控制奠定了坚实的基础。

此外，法律诉讼问题也是无人驾驶汽车必须面对的。现有法律都规定，车辆的驾驶者必须是人类。如果一辆汽车上只有一个心不在焉的人和一套可能会出现判断失误的计算机系统，那么一旦出现事故，谁将负责？这可能需要在无人驾驶汽车中安装功能强大的黑匣子，以便发生事故后通过数据分析进行责任界定。如果是车内人员操作失误，其责任必然归于该操作员；但如果确实在无人驾驶过程中出现的事故，那责任只能由无人驾驶车辆的生产厂商承担。

新事物的产生过程，就是一个发现并解决问题的过程。一旦无人驾驶汽车技术得到广泛应用，那么如何满足出行方便、安全、快捷的需求，如何提高社会资源的利用效率，如何治理环境污染等问题就能得到满意的答案。

参 考 文 献

［1］　朱茵，王军利，周彤梅. 智能交通系统导论［M］. 北京：中国人民公安大学出版社，

223

2007：1-6.

[2]　Jake R. C. A Glimpse into the Future：Road Pricing & Driverless Cars ［EB/OL］. http://scholar. googleusercontent. com/scholar? q = cache：pIMpPWTKc8kJ：scholar. google. com/ + NHTSA + driveless&hl = zh – CN&as_sdt = 0,5.

[3]　Ford H J. Shared Autonomous Taxis：Implementing an Efficient Alternative to Automobile Dependency ［D］. Princeton University，2012.

[4]　Open JAUS. The Leading JAUS Software and Consulting Company ［EB/OL］. http://www. openjaus. com/company/about – openjaus – llc.

[5]　Mobileye. Mobileye-research. ［EB/OL］. http://www. mobileye. com/technology/mobileye – research.

[6]　Berlin T. Spirit of Berlin：An Autonomous Car for the DARPA Urban Challenge Hardware and Software Architecture ［J］. Technical Semifinalist Paper of DARPA Urban Challenge，2007，12（02）：1-25.

[7]　Markoff J. Google Lobbies Nevada to Allow Self-driving Cars ［EB/OL］. http://www. ece. ucdavis. edu/ ~ bbaas/6/slides/News. Self – DrivingCars. NYT. pdf May 10,2011.

[8]　Alex Ricciuti. Volkswagen's Temporery Auto Pilot Makes for a Self-driving Car ［EB/OL］. http://www. worldcarfans. com/111062334412/volkswagens – temporary – auto – pilot – makes – for – a – self – driving/lowphotos#0.

[9]　Mercedes-Benz. Using All the Senses ［EB/OL］. http://www5. mercedes – benz. com/en/innovation/mercedes – benz – intelligent – drive – driver – assistance – systems – safety – comfort/.

[10]　国家自然科学基金委. 关于发布视听觉信息的认知计算重大研究计划项目指南的通告 ［EB/OL］. http://www. nsfc. gov. cn/nsfc/cen/yjjhnew/2013/20130918_01. htm.

[11]　中华人民共和国工业和信息化部. 工业和信息化部、财政部2012年物联网发展资金拟支持项目公示 ［EB/OL］. http://www. miit. gov. cn/n11293472/n11293832/n12845605/n13916913/14971139. html.

[12]　车载信息服务产业联盟. 汽车软件、汽车安全、汽车智商三个领域再发新的成果 ［EB/OL］. http://www. tiaa. org. cn/faw_online/news/lmdt/lmdt/20130821130700029. htm.

[13]　一汽集团. 红旗车实现高速公路自主驾驶 ［EB/OL］. http://www. faw. com. cn/faw_online/news/xwzx/qydt/20090721184300000. htm.

[14]　中国航天科工三院. 三院与上汽集团签署战略合作协议　携手推动汽车产业发展 ［EB/OL］. http://www. casic. com. cn/n103/n135/n1008323/c1504844/content. html.

[15]　龚建伟. 北理工与比亚迪汽车研制线控自动驾驶汽车实验平台 ［EB/OL］. http://www. bit. edu. cn/xww/xwtt/88713. htm.